女性特

NÜXING T

U0594377

# 礼仪文化与女性修养

LIYI WENHUA YU NÜXING XIUYANG

董彦菊　樊桂林 ◎主　编

王紫薇　刘雪梅 ◎副主编

编　者

段　莎　范　月　侯静怡

东北师范大学出版社
NORTHEAST NORMAL UNIVERSITY PRESS

长　春

**图书在版编目（CIP）数据**

礼仪文化与女性修养/董彦菊，樊桂林主编—长
春：东北师范大学出版社，2022.1
ISBN 978 - 7 - 5681 - 8659 - 9

Ⅰ.①礼… Ⅱ.①董… ②樊… Ⅲ.①礼仪－文化－
中国－高等学校－教材 ②女性－修养－高等学校－教材
Ⅳ.①K892.26 ②B825.5

中国版本图书馆 CIP 数据核字（2022）第 018330 号

□责任编辑：王雨萌 □封面设计：迟兴成
□责任校对：石 斌 □责任印制：许 冰

东北师范大学出版社出版发行
长春净月经济开发区金宝街 118 号（邮政编码：130117）
电话：0431—84568023
网址：http：//www.nenup.com
东北师范大学音像出版社制版
河北亿源印刷有限公司印制
石家庄市栾城区霍家屯裕翔街 165 号未来科技城 3 区 9 号 B
（电话：0311—85978120）
2022 年 1 月第 1 版 2022 年 1 月第 1 次印刷
幅面尺寸：170mm×240mm 印张：12.5 字数：255 千

定价：38.00 元

# 前　言

作为河北女子职业技术学院的一名礼仪教师，我深深地体会到礼仪修养对女性成长发展的影响。礼仪修养不仅影响女性的事业发展，而且影响女性的人生幸福。在十几年的礼仪教学实践中，我亲眼看见了接受礼仪培训之后的女学生，无论是言谈举止，还是容貌气质，甚至是思想品格都发生了巨大变化。在社会发展历程中，女性一直发挥着重要作用，女性的素质不仅对其子女产生影响，而且会影响国民的整体素质，因此在和谐社会的建设中，女性的作用不可小觑，提升女性礼仪文化修养，对国家和民族的发展具有深远意义。

在教学中，我接触了各种礼仪教材和著作，但总觉得缺少专门针对女性礼仪修养提升的教材。即使有一些相关教材，要么侧重理论，要么侧重实操，但是都没有将礼仪文化和培训指导很好地结合在一起。因此，我一直想汲取众家之长，结合自己的实践经验，编写一部理论与实践兼容并蓄的教材，为提升女性礼仪修养贡献绵薄之力。恰逢学院梳理女性特色教育研究成果，立项编写女性特色教育系列丛书，借此良机，我们组织礼仪教学团队，编写了这本书。

我们在编写中紧紧围绕"立德树人"基本原则，着眼于女性礼仪修养提升，强调礼仪的德育作用。本书在每个章节，从不同角度为女性提供了学习礼仪的具体指导。我们在编写过程中，坚持突出本书的广泛性、系统性、科学性，力争做到通识性与可读性并存、理论性与实践性结合。本书既有礼仪文化的普及传播，又有礼仪培训的实践指导；既适用于在校女学生的礼仪教育，也适用于各行各业女性礼仪培训。

本书参编人员均多年从事礼仪文化教育或具备丰富的礼仪实践经验，主编、副主编均为高级职称，具有较强的科研能力和写作能力。参编人员有的熟悉礼仪培训流程，有的有留学经历，熟悉国际礼仪。主编董彦菊负责本书编写风格定位、统稿和审稿工作，并参与第一章（绪论）的编写工作；主编樊桂林负责编写团队的组织、全书体系的构思、编写大纲的确定、内容的统一和修订完善，同时负责前言的撰写和第一章（绪论）的编写工作；副主编王紫薇负责第三章（仪态礼仪提升女性高雅气质）和第四章（仪表礼仪培养女性审美品位）的编写工作；副主编刘雪梅负责第五章（社交礼仪塑造智慧女性）的编写工作；范月负责第二章（仪容礼仪扮靓女性）的编写工作；段莎负责第六章（职场礼仪打造成功女性）的编写工作；侯静怡负责第七章（国际礼仪开阔女性国际视野）的编写工作。

本书内容丰富，信息量大，图文并茂。因此，我们查阅、研读了大量礼仪文化资料，收集了多年来的礼仪教学心得，反复研讨，几经修改，耗费了大量心血。但由于编写水平局限，仍有不尽如人意之处，希望读者给予宝贵意见，我们将精益求精，努力使本书日臻完善，以飨读者。

樊桂林于 2021 年立秋

# 目　录

# 第一章 绪 论

　　礼仪，是人类社会文明的标志。礼仪文化是中国传统文化的精髓之一，其对民族文化发展产生了重要影响。随着社会的发展与进步，礼仪逐渐成为人们生活、工作、社会交际必不可少的素质。"不学礼，无以立。"人们不具备礼仪修养，不仅影响人们的自我发展，还会直接影响国家的发展。国民礼仪素质直接关系到"构建和谐社会"的实现。由于女性为人妻、为人母的社会角色，其承担着家庭教育的重要责任，其礼仪修养对后代产生直接影响。在提升国民礼仪修养方面，女性的影响不可忽视。中华人民共和国成立后，女性在社会建设发展中顶起了半边天，她们对社会发展功不可没。因此，关于女性与礼仪文化的研究具有深远的社会意义。

## 第一节　礼仪文化的起源与演变

　　我国是具有五千年文明史的礼仪之邦，因此礼仪文化的产生远远早于西方国家，礼仪文化体系更加完善。礼仪文化是历代统治者治国理政的重要法宝。虽然现代社会是法治社会，但礼仪文化对社会治理的影响仍然不可忽视。作为国家建设力量"半边天"的现代女性要想知礼、懂礼、行礼，首先要了解礼仪文化发展、演变的历史轨迹。

### 一、礼仪文化的产生

#### （一）礼仪的萌芽

　　礼仪萌芽于100多万年前的原始社会时期。在原始社会中晚期（大约是旧石器时代），逐渐从动物群体分离的人类出现了礼仪。清华大学彭林教授认为"礼"是人与动物区分的根本所在。人们在1.8万年前的北京周口店山顶洞人遗址中发现，那时的人类开始将兽骨、石头加工成装饰品并挂在脖子上，人去世后身旁会撒上赤铁粉并举行原始的祭祀仪式，等等。我们从这些方面可以看出那时的人类仪容礼仪和葬礼开始萌芽。

### （二）礼仪的初创

公元前1万年左右，人类进入新石器时代，由于工具的进步、农牧业的出现，人们的物质生活得到改善，人们开始有更高层次的追求，逐渐从与动物没有区别、秩序混乱的原始群体中萌发出尊卑长幼的文明思想。我们从半坡遗址和仰韶文化遗址的殉葬品中可以发现，那时死者的身份开始有所区别。相关资料表明，那时人们在日常生活中开始注意男女有别、尊卑有序，礼仪的雏形浮出水面。

### （三）礼仪的形成

公元前2000年左右，中国进入青铜器时代。金属器具的产生和使用大大推动了农业、畜牧业、手工业的发展。随着生产力的提高，物质逐渐丰富，剩余物品开始产生，人们掌握的财富出现了多寡之分。随着财富逐渐集中在少数人手里，阶级开始产生，原始社会解体。

由于科学不发达，许多突如其来的雷电、暴风雨、洪水等自然灾害在当时人类看来是无法解释的，他们对这些自然现象产生了敬畏之心，并认为神灵和死去的祖先是主宰这一切的力量。于是人们开始通过仪式祭祀神灵和祖先，祈求神灵和祖先保佑大家消灾免难，即"礼立于敬而源于祭"。关于这一点，汉代学者许慎在《说文解字》中说："礼，履也，所以事神致福也。"舜帝时期，礼仪有了文字记载；夏朝出现了尊神的祭祀活动；殷商时期开始出现婚礼方面的仪式，但还是突出祭拜神鬼。随着阶级的出现，森严的等级制度逐渐被建立起来。为了区分贵族、庶民和奴隶的等级，统治者需要一套约定俗成的制度来规范人们的行为，于是便制定出门类繁多的"礼"，比如朝觐、盟会、聘问、射御、宾客、婚嫁、丧葬等。商朝殷墟出土的甲骨文中出现了"礼"字，之后礼仪典籍也随之出现。至周武王推翻商王朝，周公（姬旦）总结历史经验，认为治理国家不能缺少礼仪制度，于是他制礼作乐，形成中国第一部礼仪专著——《周礼》（最初叫《周官》）。《尚书·大传》记载："周公摄政……四年建侯卫，五年营成周，六年制礼作乐，七年致政成王。"《周礼》详细叙述了六类官名及其职责分工，六官分别是天官、地官、春官、夏官、秋官、冬官，其中春官主管吉礼、凶礼、宾礼、军礼、嘉礼，即五礼。人们根据五礼，大到治理国家，小到家庭生活，都会按照一定的程序仪式进行相关活动。《周礼》的内容完备且系统，这意味着中国礼仪文化正式形成。

吉礼，指祭祀之礼。人们通过祭祀以求吉祥，故称吉礼。古人将祭祀对象分为人鬼、天神和地祇三大类，每类之下再细分成若干分支。比如，祭祀中的天神就有多种且尊卑有别，因此祭祀方式也略有不同。天神大体分为三等。第一等是天皇大帝，为百神之尊、天神之首。第二等是日月星辰。第三等是除五纬、十二辰、二十八宿之外职有所司、有功于民的列星。祭天是国家最重大的典礼，仪式盛大且经过精心设计。只有天子可以祭天。对地祇的祭祀也依照尊卑分为三等，第一等是对社稷、五祀、五岳的祭祀。用牲血祭祀，即将祭牲的血浇灌于地下。第二等是对山林、川泽的祭祀。用狸沈祭祀，"狸"通"埋"，将牲体、玉帛埋入土中，表示对土地、山林之神的祭奠；"沈"通"沉"，将牲体、玉帛沉入川泽，表示对川泽之神的祭奠。第三等是对四方百物，即掌管四方百物的各种小神的祭祀。用疈辜祭祀，"疈"是剖开祭牲之胸，"辜"是将剖过的牲体进一步分解。祭祀人鬼，是指对祖先的祭祀。

凶礼，指救患消灾的礼仪，《周礼·春官·大伯宗》中言："以凶礼哀邦国之忧。"凶礼主要包括丧礼和荒礼两大类。丧礼是中国古代礼仪中重要的礼仪之一，其通过对死者遗体的处理表达对死者的敬重。荒礼是指国家针对年谷不登，也就是通常说的荒年而采取的救灾措施。《周礼》中提到的"荒"，除了农业上的收成欠丰外，还包括流行病疫情等。

军礼，指国家有关军事方面的活动。军队的组建和管理等离不开礼。军队的车马、兵器、击剑、阵营、行列等方面，无不依照军礼进行，严格训练，严格管理。军队的日常训练和打仗等都遵循严格的礼节规定。

宾礼，《周礼·春官·大宗伯》言："以宾礼亲邦国。"古代中国的天子和诸侯之间，大多有亲缘关系，为联络感情，天子会定期举行礼节性的会见。根据《周礼·春官·大宗伯》所言，宾礼就是天子、诸侯接待宾客的礼仪，即针对季节、时间、征伐等不同情况遵循的相关礼仪。另外，朝廷之中有朝礼，士与士之间有相见礼，各地方藩王朝见天子有藩王来朝礼，诸侯之间也有定期会见的礼仪。

嘉礼，《周礼·春官·大宗伯》言："以嘉礼亲万民。"嘉礼是饮食、婚冠、宾射、庆贺之礼的总称。"嘉"是好、善的意思。嘉礼的范围十分广泛，除上述几类之外，还包括巡守礼、朝贺礼、养老礼、职官礼、学校礼、即位改元礼等。

以上五礼是中国传统礼仪文化的基础，后经过 2000 多年的演变与发展，逐渐形成中国礼仪文化。

## 二、礼仪文化的发展

根据"周公制礼"的相关记载和传说，人们认为《周礼》是周公一人所制的最高礼仪，但从礼仪学的角度来看，《周礼》并非周公一人所制。其中，一部分是从氏族社会沿袭下来的礼俗演变而来的，比如男女婚姻礼仪制度、来源于氏族社会的成丁礼和冠礼等；一部分是周公在殷礼的基础上进行取舍修改，制定出的适合周王朝统治需要的礼；还有一部分是周王朝历代统治者根据需要制的礼。因此，礼仪的数量不断增多，礼仪也日益繁缛起来，《礼记·礼器》中有"经礼三百，曲礼三千"的说法，而这些不断增多、繁缛的礼被统称为《周礼》。此外，成书于商周之际的《易经》和定型于周代的《诗经》也有一些涉及礼仪的内容，这些为中国礼仪文化的发展奠定了基础。

## （一）春秋时期——礼仪文化的发展

春秋时期，随着生产力的提高，王室衰落，新的阶级力量开始崛起，诸侯纷纷称霸。这时，旧的等级制度和等级关系开始动摇，而维护旧的等级关系的礼也逐渐被破坏，出现了"八佾舞于庭"等"礼崩乐坏"的局面，整个社会动荡不安，人民深受其苦。于是，以孔子为代表的儒家面对这种情况提出了以"仁"和"礼"为核心的儒家思想。孔子系统地阐述了礼以及礼仪的本质与功能，孟子继承和发展了孔子"仁学"思想，丰富了礼仪思想。孔孟儒家的礼仪思想，构成了中国持续 2000 多年的传统礼仪文化的基本思想和框架，并对中国传统礼仪文化产生了深远的影响。

孔子的理想就是恢复西周时期和谐安定的礼治社会，而"克己复礼为仁"即孔子的政治抱负。因此，孔子开始整理古人先贤的礼仪典籍，修订加工《周礼》，并按照他的个人理想使之更加完善和严密，同时用文字记录下来，作为他教育学生的教材，而这个教材就是《仪礼》的初本。根据《史记·孔子世家》记载，孔子在周游列国 14 年之后，又返回鲁国，开始"追迹三代之礼"，从事"编次"工作。"故《书传》《礼记》自孔氏"，这里提到的《礼记》就是《礼》（汉代以后称《仪礼》）。《仪礼》是儒家礼学最早的文献，是研究儒家礼学最基础的文献资料。《仪礼》详细记录了战国以前贵族生活的各种礼节仪式，比如，"士冠礼"记载了古代男子成年礼，"士昏礼"记载了男女婚姻纳采、问名、纳吉、纳征、请期和迎亲各个环节的礼节，并对穿戴、举止、器具、礼品都有详细的描述。《论语》中记载孔子关于"礼"的言论有 70 多次。另外，我们从《史记·孔子世家》中记载的晏婴批评孔子的文字——"孔子盛容饰，繁登降之礼，趋详之节，累世不能殚其学，当年不能究其礼。"可以看出，《周礼》被孔子加工得更加烦琐了，因此操作起来有些困难，而这一点从《仪礼》17 篇原文可以得到证实。孔子重视礼，传播礼，践行礼，他认为礼对一个人来说非常重要，因此他说"不学礼，无以立"。在孔子关于礼的思想的基础上，孟子提出了"仁学"思想，强调"修身"和培养"浩然正气"；荀子主张"隆礼""重法"，他指出，"礼之于正国家也，如权衡之于轻重也，如绳墨之于曲直也。故人无礼不生，事无礼不成，国无礼不宁"。在这一时期，儒家把礼仪文化进一步丰富和完善，很好地发展了中国礼仪文化。

## （二）秦汉时期——礼仪文化的强化

公元前 221 年，秦国吞并六国，秦王嬴政统一中国，结束了春秋战国以来诸侯分裂割据的局面，建立了中国第一个中央集权的封建王朝。秦王嬴政称帝后，开始在全国实行"书同文""车同轨"，统一度量衡，为中国经济文化的发展奠定了基础。

由于孔子编写的《礼》，即《仪礼》，经过秦"焚书坑儒"之灾，留存下来的17篇已经残缺不全，不能满足统治阶级的需要，西汉初期，叔孙通协助汉高祖刘邦制定了朝议之礼，发展了礼的仪式和礼节。之后，董仲舒提出了"罢黜百家，独尊儒术"的建议，并提出"三纲五常"等儒家理论，进一步把儒家礼仪理论化、系统化。

西汉礼学家戴圣编撰了《礼记》。《礼记》亦称《小戴礼记》，共计49篇，是一部先秦至秦汉时期的礼学文献选编。《礼记》包罗万象，有记录古代风俗的《曲礼》，有记录礼的发展演变和运用的《礼运》，有记录家庭礼仪的《内则》，有记录仪容、仪表、仪态、礼仪的《玉藻》，有记录师生关系的《学记》，等等。《礼记》内容驳杂，各篇内容虽有相对侧重的某个方面，但也有互相交错的部分，同时《礼记》在辗转传抄的过程中衍生出很多版本。总之，《礼记》涉及社会生活的所有方面，是中国封建社会礼仪文化的主要源泉，是难得的文化宝库。

东汉末年，郑玄给《仪礼》《周礼》《礼记》三部书作注，于是《周礼》《仪礼》《礼记》被统称为"三礼"，这是中国最早、最重要的礼仪文献。

### （三）唐宋时期——礼仪文化的繁盛

唐朝时期，中国的礼仪文化达到前所未有的繁盛时期。唐朝统治者十分重视儒教。贞观四年，唐太宗命颜师古校订五经。唐高宗永徽四年，《五经正义》正式颁布。《五经正义》独收"三礼"中的《礼记》，这是以朝廷名义第一次正式将《礼记》升格为"经"。《礼记》由"记"上升为"经"，成为"礼经"三书之一，且在《周礼》《仪礼》之上。此外，唐朝在封建社会当中相对开放，因此唐朝在女性服饰礼仪方面有所变革，出现多元服饰文化，其中最大的突破是"半臂"和"祖胸"，这与汉服礼仪有很大的不同。

宋初经学沿袭了唐代经学，将"三礼""三传"《易》《诗》《书》列于官学，且研究《仪礼》的著作层出不穷。同时，宋代出现了以儒家思想为基础，兼容道学、佛学思想的理学，主要代表是程颢、程颐兄弟（合称"二程"）和朱熹。"二程"认为："礼即理也。"也就是说，礼使万事万物合乎道理。朱熹指出："仁莫大于父子，义莫大于君臣，是为三纲之要，五常之本。人伦天理之至，无所逃于天地间。"宋代礼仪著作中，以司马光的《涑水家仪》以及朱熹的《朱子家礼》最为著名。可以说，宋代在家庭礼仪方面硕果累累，直接影响了人们为人处世的行为，并使礼学更加丰富严密。礼仪文化在宋代达到鼎盛时期。

### （四）明清时期——礼仪文化的衰微

到明代，《仪礼》几成绝学。虽然明代的交际之礼更加完善，但忠、孝、节、义等礼仪日趋繁多。我们从《明会典》《明史》等文献中可以看出，那时的婚丧、节庆、典礼等有繁缛的礼节规定，礼仪呈现衰微趋势。

到清代，人们对礼学的研究走向歧途。清代的礼仪更重视浮夸的仪式和森严的等级，这使得人们不免对此产生抵触情绪。清代晚期统治者腐败昏聩，民不聊生，古代礼仪盛极而衰，且西学东渐，人们逐渐接受了简洁、平等的西方礼仪，一些腐朽的古代礼仪逐渐被摒弃。

### （五）民国时期——现代礼仪的萌芽

1912年，中华民国成立，清王朝土崩瓦解，结束了统治中国2000多年的君主专制社会。革命者破旧立新，用自由、平等取代宗法等级制度，移风易俗，取消了"三跪九叩"的腐朽见面礼，用握手取代不合时宜的作揖打千礼，现代礼仪开始萌芽。

古代礼仪主要由两部分构成，一部分是礼俗，另一部分是礼制。虽然古代礼仪是中国礼仪文化不可或缺的部分，但其中有许多封建糟粕逐渐与社会发展脱节。古代礼仪中的各种零碎、烦冗的礼节被人们视为不切实际。那些强调尊卑的等级制度、丧服礼制、祭祀礼制，以及宣扬男尊女卑的婚姻礼制，随着封建社会的灭亡，失去了赖以存在的社会基础，它们对现代社会追求民主、平等、简洁、高效的人们来说是无用的东西，但作为了解礼仪文化历史资料，仍有研究价值。同时，古代礼仪中的优秀文化精髓也是值得继承的，比如"仁"和"敬"作为儒家礼学的核心思想在当今社会仍有价值。

## 三、当代礼仪文化的形成

中华人民共和国成立以后，中国进入了一个崭新的历史时期，封建礼教彻底被废除，当代礼仪逐渐形成，大致可分为三个阶段。

### （一）礼仪文化的革新阶段

1949年10月，中华人民共和国成立以后，一直到1966年，这个时期是中国当代礼仪改革创新阶段。一方面，摒弃了束缚人们思想的"神权天命""愚忠愚孝""三纲五常""三从四德""男尊女卑"等封建礼教，确立了平等简洁的新风范，比如见面不再是跪拜、作揖，而是用握手礼，等等。另一方面，传统礼仪文化中的尊老爱幼、讲究信义、以诚待人、先人后己、礼尚往来等精华部分则得到很好的继承和发扬。

封建礼仪主要是建立在封建等级制度上的，比如"九宾之礼"，这是我国古代最隆重的礼节。它原是周朝天子专门接待天下诸侯的重典。"九宾之礼"十分隆重，九位礼仪官员迎接宾客时高声呼唤，上下相传，声势威严。按古礼，"九宾之礼"只有周天子才能用，但到了战国时期，周朝衰微，诸侯称霸，"九宾之礼"也为诸侯所用，演变为诸侯国国君接见外来使节的一种最高外交礼节，而这些外交礼仪显然不再适合当代。礼仪的革新表明，封建礼仪的主要作用是维护封建统治秩序，而当代礼仪是为了人际交往的顺利与和谐，为了建设团结和谐社会。当代礼仪是以社会平等、人格平等为基础的。古代礼仪主要适用于上层社会，"礼不下庶民"。从《仪礼》的内容来看，古代礼仪大部分适用于"士"，而不是普通百姓。而当代礼仪包含对所有人的行为举止、人际交往的规范。

### (二) 礼仪文化空白期

1966 年到 1976 年，中国经历了特殊的历史时期，儒家文化受到冲击，许多优秀传统礼仪文化被扔进了"垃圾桶"，因此中国礼仪文化出现断层。

### (三) 礼仪文化复兴时期

1978 年，党的十一届三中全会召开，会上提出的"改革开放"不但带来了经济复苏，也带来了文化繁荣，中国的礼仪文化建设进入全面复兴时期。从推行文明礼貌用语到积极树立行业新风，从"18 岁成人仪式教育活动"到创建文明城市，各行各业的礼仪规范纷纷出台，礼仪教育被提上日程，礼仪培训、礼仪教学逐渐被重视，讲文明、讲礼貌蔚然成风。《公共关系报》《现代交际》等一批涉及礼仪内容的报刊应运而生，同时涌现出金正昆、彭林等著名礼仪学家。关于礼仪方面的图书更是层出不穷。在习近平总书记提出"文化自信"的理念之后，继承传统优秀礼仪文化被推上新高潮。

在当代社会，礼仪同道德一起为建设良好的社会公德、提高国民素质做出了巨大贡献。当代中国礼仪文化既继承了中华民族优秀传统礼仪文化的精髓，又吸纳了世界各国各民族的先进礼仪文化，从而形成了人们之间坦诚相待、助人为乐、团结和谐的良好社会风气。改革开放以来，国际交流日益频繁，我国为了与国际礼仪接轨，逐渐建立了中西交融的礼仪文化。

礼仪作为一种社会规范从属于伦理道德，是人类社会文明的标志，是人类为维护社会正常秩序而必须遵循的约定俗成的基本道德行为规范。礼仪作为一种文化现象，在人们长期交往中逐渐形成，并以风俗、习惯等形式固定下来，同时随着人类社会的进步而不断发展变化。

# 第二节　礼仪的内涵特征

礼仪文化的产生是人类文明和社会进步的重要标志。礼仪既是道德文化的外在表现形式，也是人们交往活动的重要内容。礼仪的内涵十分丰富，正确理解礼仪的内涵对学好礼仪文化至关重要。

## 一、礼仪的含义

礼仪概念的内涵深刻，外延广泛，理解礼仪的内涵需要从多角度进行。

### (一) 德是礼的灵魂

礼仪是做人的道德规范。古人把无形的"德"外化为具象的"礼"。礼是人与动物区别的根本所在，人讲礼，人有德。因此，人类社会是有秩序的，人类行为有礼制的约束。古希腊哲学家毕达哥拉斯提出了"美德即是一种和谐与秩序"的观点。亚里士多德指出德行就是公正，他认为："人类由于志趣善良而有所成就，成为最优良的动物，如果不讲礼法，违背正义，他就堕落为最恶劣的动物。"可见，德是礼仪的根本，是礼仪的灵魂，抛开德讲礼仪、讲文明、讲和谐都是空谈。从这个角度来看，礼仪是人类和谐、公正、善良、正义、诚信、友爱等社会公德的具体表现，也是指导人类履行社会公德的道德规范。

构建和谐社会离不开社会公德的建设，离不开礼仪的约束与引导。一个社会一旦缺失了公德，就会出现秩序失控的问题。作为社会人，我们会出现在各种公共场合，比如街头、巷尾、楼梯、走廊、公园、车站、码头、机场、商厦、图书馆、娱乐场所等。我们在公共场合的行为不仅代表着个人的素质，而且是社会公德的名片。比如，行人横穿马路、翻越栏杆；人们骑自行车闯红灯、不按道行驶；司机驾车过程中打电话、发短信、不系安全带、超速驾驶、与行人抢道、猛按喇叭、酒驾、疲劳驾驶；乘客乘公交车不排队、不主动投币、不主动让座、下车时没有任何谦让一声不响地往外挤；路人乱扔废物、随地吐痰、随处大小便；个别人在公共场所大呼小叫、大声喧哗、随意吸烟、乱弹烟灰、乱扔烟头、衣衫不整；等等。这些现象都反映出社会公德问题，即个别人不文明、没修养、没礼貌。

### （二）敬是礼的核心

礼仪是个人和社会的行为准则，其核心就是"敬"。《礼记·曲礼》开篇第一句就是"毋不敬"。敬在礼仪文化当中占据了核心地位。《说文解字》这样解释"礼"：礼，履也，所以事神致福也。"礼"的本意就是敬神，向神表示敬意，祈求降福，因此有"礼立于敬而源于祭"的说法。比如，古代祭祀雨神这种礼俗在我国的水族还流传着。每年五月中旬栽秧之后，以村为单位，各家各户准备香纸、酒水、牛羊肉等祭品，挑选好日子，全村男女老幼聚集在田坎，敲锣打鼓，将祭品陈列在田坎上，祈求神灵保佑风调雨顺，这种仪式就是古代祭祀礼的一种。人们在生产力低下的时候，难以抵御地震、洪水、干旱、瘟疫等自然灾害，就希望天神保佑，从而举行敬神的仪式。后来，这种"敬"延续到人与人之间的交往关系上。《礼记·曲礼》中就有"礼，不逾节，不侵侮，不好狎"。孔子也曾说："礼者，敬人也。"孔子还提出："非礼勿视，非礼勿听，非礼勿言，非礼勿动。"这些对人际关系的规范都体现了人与人之间的相互尊敬。从这个角度来看，礼仪把人内心待人接物的尊敬之情通过美好、正确的形式表达出来。

因此，我们在人际交往当中，心怀敬意十分重要，正所谓"心怀敬意礼自现"。比如，我们注意仪容、仪表、仪态是出于对他人的尊敬；迎宾礼仪是出于对宾客的尊敬；升旗仪式是出于对国家的尊敬；等等。哪怕一个小小的细节，都要体现出一个"敬"字，比如一个人在公共场所是习惯放低声音说话还是习惯大声喧哗也能折射出这个人是否有礼，大声喧哗的人一定没有考虑到其对别人的影响。戏剧家夏衍在临终前十分痛苦，他的秘书对他说："我去叫大夫。"在秘书出门的那一刻，夏衍艰难地说了一句："不是叫，是请。"一字之差体现出夏衍先生对人始终心存敬意。一个人如果目中无人，就会出言不逊、动作粗俗，会表现出对别人不尊敬的各种行为。总之，凡是让别人感觉到不被重视、不舒服、不方便的行为都是不敬的行为，是不合乎礼仪规范的。

### （三）履是礼的保证

"礼者，体也，履也。"这句话的意思是礼要铭记在心，更要去践行。礼是以实践为先的，不去实践就是空谈，那么礼仪文献也就是废纸。在礼仪文化当中，主要是人际交往过程中表示敬重、友好的行为规范，这些行为规范被称为礼节。《不列颠简明百科全书》对"礼节"做了解释：礼节"是规定社会行为和职业行为的习俗和准则的体系，任何社会单位，都有由法规维持和实施的公认的行为准则，也都有为习惯和社团压力所强迫实行的行为规范。对违反礼节的人，不做正式的审讯和判决，但要受群体中其他成员的责难。不论社会物质文化水平如何，任何一个有高度层次结构的社会，都有它的礼节。根据这种礼节，每个人都知道应该怎样对待别人，也知道别人会怎样对待自己。"可见，礼节这种道德层面的规范，虽然不同于法律，但也有约定俗成的力量强迫人们去践行，人们如果不践行这些礼节，就会受到世俗力量的审判。从这个角度来看，礼仪是指在人们互相交往的过程中，要求人们践行庄严和顺的礼节以表示尊敬和友好的行为规范。这些礼节都摆在人们面前，如果人们不去践行它，礼仪就发挥不了作用，社会就会混乱，历史上因"礼崩乐坏"而造成的社会分崩离析的例子不胜枚举。因此，学礼、懂礼、知礼重要，行礼更重要。践行礼规，做到知行合一，方能保证礼仪发挥应有的作用。

### （四）仪是礼的呈现形式

礼仪的内容必须通过各种仪式和表现形式呈现出来。仪式是礼的秩序形式，即为表达敬意而举行的具有约定俗成程序的规范化活动，如升旗仪式、运动会开幕式及闭幕式、签字仪式、揭牌仪式、结婚仪式、追悼仪式等。人们通过这些隆重的仪式来表示尊敬。管仲说："礼仪者，尊卑之仪表也。"他所说的礼仪即仪式。在古代，仪式指典章制度和与之相适应的一整套礼节仪式。另外，仪也包含容貌和外表，如"令仪令色，小心翼翼"，说的就是外表。总之，不论是反映典章制度的礼节仪式，还是呈现人的形象的仪容、仪表、仪态，都是礼的载体。没有仪这个载体，礼是无法存在的。孔子说："质胜文则野，文胜质则史，文质彬彬，然后君子。"这句话阐释了一个人内外兼修的道理，但也可以用来解释礼和仪的关系，如果一个人心怀敬意，却没有正确的表达载体，那么这种敬意别人看不到，礼也无所依附。礼仪就是要用仪式来强化人内心的敬意。

总之，礼仪的内涵非常丰富，不同的角度有不同的解释。从道德角度来看，礼仪是为人处世的行为规范和行为准则；从个人修养角度来看，礼仪是一个人内在修养和素质的外在表现；从国家层面来看，礼仪是与典章制度相配套的礼节仪式。综合起来，礼仪是人类在社会活动中为了互相尊重而形成的约定俗成的交往规范和准则以及这些规范、准则的呈现形式。

## 二、礼仪的特征

礼仪作为人类文明的产物，是人们在社会交往中约定俗成的行为规范，具有鲜明的时代特征和社会特征。这些特征主要包括共同性、继承性、差异性、地域性、约定俗成性、时代发展性。学习礼仪的特征，能够进一步加深对礼仪文化的理解，从而更好地应用礼仪。

### （一）共同性

马克思指出："努力做到使私人关系间应该遵循的那种简单的道德和正义的准则，成为各民族之间关系中至高无上的准则。"马克思明确肯定了社会各阶级、各民族成员都必须遵守公共道德。礼仪文化涵盖了社会公德的主要内容，对调节社会公德发挥着广泛、普遍且微妙的作用，它不仅调节人际关系，而且净化人类的心灵，美化社会环境，促进人类文明发展。尽管不同国家不同民族礼仪文化有不同的表现形式，但"敬"这个礼仪的核心内涵是相同的。当今社会讲文明、讲礼貌、互相尊重的礼仪原则和在此基础上不断完善的礼节形式已经成为世界各民族所接受并共同遵守的规则。礼仪成为社会交往中衡量他人、判断自己是否符合社交规范的标准。任何人要想表现得合乎礼仪，就必须遵守礼仪规范。尽管不同国家不同民族的文化背景和历史传统不同，但尊敬他人、礼貌待人、礼尚往来、诚信守约等礼仪是不同民族共同认同的价值取向，这些基本的礼仪是全人类共同遵守的准则。从上述内容来看，礼仪具有共同性。

### （二）继承性

从礼仪发展演变的历史来看，礼仪具有继承性。任何一个国家或民族的礼仪文化都不是凭空产生的，它一定是在继承古代礼仪文化的基础上逐渐发展起来的。在人类发展的历史中，礼仪使人们将社会交往中的一些习惯做法以规则的形式固定并沿袭下来，然后经过一代又一代的改革完善，去其糟粕，取其精华，使适合时代的礼仪文化保留并世代相传。从现代一些通行的礼仪来看，礼仪确实是从古代继承下来的。比如，握手礼，原始社会氏族部落之间打仗结束后，双方把武器放下，然后握一下手，这表示手中没有武器，从此可以合作了。握手礼至今仍然保留了握手言和、友好、合作这一层含义。再比如，古代认为"来而不往非礼也"，现在我们仍然提倡"礼尚往来"；古代礼仪要求人们说话要"穆穆皇皇"，意思是说话要谦恭、和气、文雅,现在提倡的关于语言文明的礼仪要求就是从中继承而来的;古代在仪表方面要"……冠必正,纽必结。袜与履,俱紧切……衣贵洁,不贵华",现在的仪表礼仪规则与其是一脉相承的;《弟子规》可以算是古代礼仪的顺口溜,里面提到"长者先,幼者后","过犹待,百步余";古代主张要教儿童"洒扫、应对、进退之礼,爱亲、敬长、隆师、亲友之道"。这些传统礼仪同样适合于当今社会。

当然,这种继承性是有选择的继承,而不是全盘照抄。那些烦琐的、不可操作的、体现不平等关系的糟粕要逐渐被摒弃。比如,古代的"士昏礼",环节繁多,礼节烦冗,难以操作,现代婚礼仪式就没有照搬,改革简化后的婚礼更符合现代社会;古代的葬礼也十分隆重,仪式繁多,三年守孝,现在移风易俗,简化了仪式;古代晚辈见长辈、下级见上级要行跪拜之礼,现在跪拜礼已经被废弃不用,而是用握手礼或鞠躬礼代替。礼仪文化传承下来的一定是那些代表人类精神文明和社会发展的内容,而那些腐朽的、愚昧的、不平等的、不适合时代发展的礼俗、礼规已逐渐成为历史资料,人们不再践行它。

### (三)差异性

礼仪虽然是约定俗成、需要人们共同遵循的规则,但在具体实践中还要受到时间、环境和不同客体的影响和制约。同一种礼仪,对于不同年龄、不同性别、不同级别、不同民族的人有不同的方式,因此礼仪应用起来不能生搬硬套,而要根据以上因素的变化灵活变通。比如,握手礼仪,异性之间的握法、力度与同性之间就应不同,关于这一点,在后面握手礼仪里会详细阐述。再比如,对 9 岁的孩子可以祝福"长命百岁",而对一位 99 岁的老人就不能说"长命百岁"。礼仪的差异性使礼仪文化变得异常丰富多彩。因此,我们在掌握礼仪共同性的基础上,了解礼仪的差异性是学习礼仪文化不可忽视的重要部分。

### (四)地域性

礼仪文化与一个民族的风土人情、习俗习惯紧密联系在一起。在一定意义上,"礼出于俗,俗化为礼"。俗话说,"百里不同风,千里不同俗"。礼仪在形成过程中被打上了明显的地域烙印。随着不同民族、不同国家之间的交往日益密切,我们应当重视礼仪的地域性,否则会做出不合礼规的行为。比如,见面礼,西方通用握手礼,日本行鞠躬礼,东南亚一些国家行合十礼。再比如,在我国,大人抚摸小孩的头表示亲昵喜爱,但在东南亚一些国家,大人摸小孩的头就犯了大忌;"9"对中国人来说是个吉利数字,但对日本人来说就是不吉利的数字,因为"9"与日语"苦"谐音;中国人喜爱荷花的"出淤泥而不染",但日本人认为荷花是不吉利的花,因为在日本荷花是用来祭奠逝者的;"13"是西方人忌讳的数字,因此在安排房间、座位时,他们会尽量避开这个数字。不同民族、不同国家的礼俗文化千差万别,因此我们学习礼仪不仅要掌握国际通用的礼仪,还要掌握不同地域的不同礼俗，从而"入乡随俗""客随主便"。

### （五）约定俗成性

礼仪是在社会发展的过程中逐渐约定俗成的，是人们在人际交往中必须遵守的行为规范。"必须遵守"是指不能根据个人的意愿随便改变它，它就像"通用语言"一样，只有大家都按相同的标准做了，才能体现人们的行为是否符合礼仪规范，从而使礼仪成为衡量自律和敬人的尺度。礼仪的约定俗成性要求人们在人际交往时不能标新立异、自作主张、另搞一套。比如，握手都用右手，就不能用左手；递送名片需要双手捧递，就不能随便扔；倒茶要倒七分满，就不可以倒得太满。礼仪为什么要这么做？最初也许有其原因，但长久履行下来后也就不必追究其具体原因了，大家就是约定俗成地这么做了，是得到公众认可的。如果不遵守这些规矩，就是失礼的表现。

### （六）时代发展性

礼仪规范不是一成不变的，不同的时代，礼仪的内容也不同。礼仪随着社会的发展而不断更新发展。礼仪文化是体现时代精神和时代要求的。因此，每个时代的礼仪既继承了传统礼仪文化的精髓，又有新时代的礼仪特征。比如，在等级观念很强的封建社会，礼仪更多体现的是尊卑观念，人们的言行要遵循当时的礼仪规范，如晚辈见长辈、下级见上级要行跪拜礼。但在现代平等社会，这些礼仪规范就不适用了，因此被淘汰了。再比如，在古代，男女之间不能有越界行为，因此在古代人际交往中，男女不能随便握手，但现代男女行握手礼不再是有失体统的行为。古代的婚礼、葬礼、迎宾礼等礼仪十分烦琐，环节之多、规矩之繁令人眼花缭乱，因此"礼繁则难行，卒成废阁之书"。现代的婚礼、葬礼更加文明、简洁、实用，摈弃了那些虚浮、腐朽的仪式和繁缛的礼节。因此，礼仪文化具有时代特征，我们学习礼仪文化要有发展的眼光，切忌因循守旧。

## 三、礼仪的原则

所谓礼仪原则，是指在日常的社交活动中，应该遵循的、具有普遍指导意义的、一般的、共同的礼仪规律。只有掌握了礼仪的原则，才能更好地运用礼仪。一般来说，我们要遵循礼仪的尊重原则、遵守原则、自律原则、适度原则、从俗原则、平等原则。

### （一）尊重原则

礼仪的核心是"敬"，因此礼仪的第一原则就是尊重。尊重包含自尊和尊敬他人，自尊就是在人际交往中要保持自己的人格和尊严；尊敬他人就是在人际交往中既要互尊互敬、互相谦让、友好相待、和睦相处，又要让交往对象感到被重视、被尊敬、舒适、方便。要坚持这一原则，首先，我们在人际交往中要真诚接受，对待别人热情坦诚，不怠慢不冷落，不分亲疏远近，一律以礼相待；其次，我们要重视他人，简而言之就是要"目中有人"，比如记住对方的姓名、交谈时看着对方、倾听时专心致志、待客时衣冠整洁、迎送时热情周到等；再次，我们要学会赞美，根据对方的实际特点进行恰如其分的评价，表达欣赏、肯定、喜爱、钦佩之情；最后，我们要学会换位思考，不让别人尴尬，要善于化解难堪的局面。为人处世要懂得替别人着想，做到宽厚、宽容、大度，让别人觉得和你相处很舒服。

### （二）遵守原则

礼仪作为人际交往的准则规范，体现了人们的共同道德标准和共同利益，这就需要人们自觉遵守，共同维护。不论身份、地位、学历、年龄、性别、贫富如何，人们都应该自觉地应用礼仪，自觉地遵守规范。礼仪不是单方面的，而是多方面的，不能一方遵守，另一方不遵守。如果违背了礼仪规范，就会受到社会舆论的谴责和公众的指责，交际就难以成功。比如，在公共场所，大家需要共同遵守公共秩序，如果排队时出现插队的人，不论这个人是什么身份，都会引起别人的不满和谴责。伟大的革命导师列宁去理发，都自觉排队。人们发现是列宁同志后，都请他先理，列宁却拒绝说："这样做是不对的，每个人都应该遵守公共秩序。"列宁自觉遵守公共秩序的行为得到了人们的尊重。在礼仪规矩面前，不论什么人都要自觉遵守，这样文明礼貌才会蔚然成风。

### （三）自律原则

自觉遵守礼仪规则需要每个人都自律，即在践行礼仪时，做到自我约束、自我控制、自我对照、自我反省、自我检查。古人云："己所不欲，勿施于人。"礼仪像一面镜子，可以反照出自己的道德性情，因此我们要知礼、守礼、自我约束，严于律己，宽以待人，不断提高自我克制的能力，努力塑造良好的社会形象，成为一个受欢迎的人。孔子告诉自己的学生颜渊："克己复礼为仁。"也就是说，我们要克制自己，一切事情归于礼仪。比如，在公共场所，我们要克制自己的言行，不能随心所欲地大声喧哗，不能为了自己舒服而衣衫不整，更不能为了自己方便随地吐痰、大小便；我们在听课、开会时要保持正确的坐姿，不可以趴着、歪着，还要将手机关机或调为静音，不随意接打电话。这些日常行为若要做到合乎礼仪规范，我们则必须克制自己随心所欲的想法。

### （四）适度原则

古人曰："过犹不及。"我们在践行礼仪时，要把握适度原则。我们运用礼仪要把握分寸，适可而止。按照礼规，与人交往应该谦卑，彬彬有礼。但如果做得过了头，见谁都点头哈腰，不但有损自己的人格尊严，还会让别人觉得虚假不真实。按照礼仪要求，见人应该保持微笑，但如果把握不好分寸，不分场合地微笑，甚至始终保持露出八颗牙齿，就显得虚伪，让人反感。见面时握手用力要适度，如果用力过度或握手时间太长，就会让对方尴尬。礼仪的表现一定是发自内心的真情实感，我们要把握好分寸，做到自然得体、恰到好处。我们在任何场合都要做到不卑不亢、落落大方。另外，礼仪用于社交场合，当我们在家或处于私人空间时，就不必过于拘泥于礼仪。否则，熟人之间过分强调礼仪，反而拉远了人与人之间的关系。

**（五）从俗原则**

运用礼仪必须遵守入乡随俗的原则，要与绝大多数人的礼俗保持一致。由于国家、民族、地域以及经济文化背景不同，礼仪的表达方式有一定的差异。我们到一个地方，要先提前了解当地的风俗习惯、礼俗禁忌，做到"入境问禁，入国问俗，入门问讳"，切勿目中无人，自行其是，否则就会造成误会，破坏友好交往的气氛。不论国家大小、民族强弱，都不能要求对方适应自己的礼俗。现在有的农村在婚丧嫁娶方面还保留了一些习俗，如婚礼上的闹洞房，在无伤大雅的情况下我们应该给予理解和包容，而不应用城市婚礼的规则来苛责，或者因此闹翻脸。有些民族在饮食上有一些禁忌，我们也要尊重他们的习俗。

**（六）平等原则**

如果人与人交往中没有以平等作为基础，礼仪就成了施恩与受恩，不但有辱受恩一方，而且会使对方对自己的行为感到厌烦。现代礼仪要求交往对象必须平等相待，一视同仁。不管年龄、性别、种族、文化、职业、身份、地位、财富是否相同，也不管对方与自己的关系亲疏远近是否相同，我们都应以礼相待，绝不可厚此薄彼。比如，见面握手，直接越过身边的人和远处的领导握手，这是非常失礼的行为；再比如，上茶，尽管上茶讲究尊卑次序，但也不能给地位高的人上好茶，给地位低的人上次茶。平等是人与人交往时建立情感的基础，因此礼仪的施行必须讲究平等原则。我们给对方施礼，对方自然也会给予还礼；别人递给我们一张名片，我们也要递上自己的名片。这就是古人所讲的"礼尚往来"。

在现代社会，礼仪无所不在，它渗透到人们日常生活和工作的方方面面，在社会治理、国民素质提升方面发挥着巨大的作用，是衡量一个国家、一个民族的文明程度、社会风尚和道德水准的重要标准。我国著名思想家颜元曾说："国尚礼则国昌，家尚礼则家大，身尚礼则身修，心尚礼则心泰。"加强礼仪教育，对提升国民道德素质、构建文明和谐社会具有重要意义。作为对社会有着巨大影响力的女性，更应学习礼仪文化，深刻理解礼仪的丰富内涵，全面了解礼仪的特征，掌握礼仪的原则，从而知礼、守礼、懂礼、行礼。

# 第三节 女性学习礼仪文化的意义

中华人民共和国成立以后，我国女性的社会地位发生了翻天覆地的变化，女性享有了不同于以往历史时期的更多权力和平等。现代社会给女性提供了更大的舞台。女性活跃在社会各个层面，为社会发展发挥了不可磨灭的作用。马克思和恩格斯在《神圣家族》一书中指出："某一历史时代的发展总可以由妇女走向自由的程度来确定，妇女走向自由的程度取决于妇女的素质。"德国有句谚语："推动世界的手，就是推动摇篮的手。"这些均表明女性在人类社会发展中的巨大影响力，同时表明女性素质的重要性。可以说，社会的发展，人类文明的程度，从一定意义上讲，要以女性素质的提升为尺度。而女性素质，很大一部分是礼仪修养。女性的礼仪修养有着广泛的社会影响力。2013年，习近平在同全国妇联新一届领导班子集体谈话时指出，要注重发挥妇女在弘扬中华民族家庭美德、树立良好家风方面的独特作用。"天下之本在国，国之本在家。"女性在家庭教育、家风建设中起主导作用，女性自身的礼仪修养直接影响着家庭成员，而家教家风建设离不开礼仪文化这一源泉。

## 一、提升女性国民礼仪修养的意义

国民礼仪修养涵盖了国民的道德、情操、衣着打扮、言谈举止、文化底蕴、社会公德意识及自我约束意识等。中国自古就有"礼仪之邦"的美誉，中华礼仪文化源远流长，甚至对世界各地产生长远影响。

### （一）国民礼仪修养对社会发展的影响

打开历史的画卷，我们可以发现中国有着深厚的礼仪文化。孔子曾说："不学礼，无以立。"荀子曾说："人无礼，则不生；事无礼，则不成；国无礼，则不宁。"颜元曾说："国尚礼则国昌，家尚礼则家大，身尚礼则身修，心尚礼则心泰。"从这些我们可以看出古人对礼仪的重视。中国自古重视礼仪教育，因此礼仪文化渗透到人们生活的方方面面，从而成就了一个华夏泱泱大国。关于这一点，有文字佐证："中国有礼仪之大，故称夏；有服章之美，故称华。"古代的华夏民族正是以其丰富的礼仪文化为周边各民族所仰慕，夏有夏礼，商有商礼，周有周礼，至《礼记》出现，中国已形成了较为完备的礼仪文化体系，特别是盛唐时期的礼仪文化，影响深远，今天在诸多华侨居住区仍然盛行，名曰"唐礼"。盛唐时中国人在国际上有着令人仰慕的良好形象，周边邻邦纷纷学习效仿中国的服饰、饮食、交际等礼仪文化，礼仪文化使中国尽显大国风范。

但由于礼仪教育的缺失，国民礼仪素养受到影响。改革开放以后，国家注意到因礼仪修养缺失而引起的问题和不良社会现象，意识到礼仪教育的重要性，开始强调国民礼仪修养的培养。在国际交流中，一个人的礼仪修养不是一个人的事，它代表着一个国家、一个民族的整体形象，不良的个人行为可能会给国家造成巨大的损失，严重的可能损坏民族的整体形象。

### （二）女性对国民素质提升的影响

首先，女性作为社会建设的"半边天"，承担着教育、卫生、管理等工作，尤其是在教育工作队伍中，她们占比较大，女性的素质直接影响着下一代的成长，甚至一个女性就可以改变很多人的命运，如时代楷模张桂梅就影响改变了一大批山区孩子的命运。女性在各行各业对身边的人也起到潜移默化的影响作用，因此女性对国民素质的提升具有很大的影响力。

其次，女性作为母亲，对其孩子的影响非常深远。在家庭中，母亲就是最好的老师。自古就有孟母三迁、岳母刺字等母亲对孩子产生影响的故事，可见母亲对孩子的教育作用非常大。毛泽东、周恩来、朱德也都曾提到母亲对自己的影响。在家庭中，母亲是孩子的第一个启蒙老师。母亲的言谈举止、形象气质、思想品德是孩子首先模仿和学习的。英国著名作家塞缪尔·斯迈尔斯曾在《品格的力量：史上最强的活法》一书中指出："把孩子托交给一个愚昧无知的女性去抚养，他日后就会毫无教养，无可救药。假如一位母亲好逸恶劳，心术不正，行为放荡，在家庭中吹毛求疵，性情暴躁，极不安分，那么，家庭就会成为充满不幸的人间地狱……在这样的家庭中长大，对孩子来说是一种极大的不幸，会让他们具有道德缺陷和在道德方面发育不良——这不仅会给他们本人带来灾难，而且会给社会中的其他人带来不幸。"我们从塞缪尔·斯迈尔斯这段话可以看出，母亲的修养对孩子的一生产生影响。因此，国家一再强调家教家风建设，只有做好家教家风建设，才能提升国民素质，才能构建文明和谐社会，而在家教家风建设中，母亲的修养起着巨大作用。

## 二、礼仪文化对女性素质的影响

女性的素质对家庭兴衰乃至国家的发展有着重大影响，正因如此，民族复兴不能忽视培养、提升女性的整体素质。德国教育家福禄培尔·弗里贝尔曾说过："国民的命运，与其说是操在掌权者手中，倒不如说是握在母亲手中。"苏联教育家克鲁普斯卡娅断言："如果你在家教育儿子，就是在教育公民，如果你在家培养女儿，就是在培养整个民族。"由此可见，一个民族的兴衰，一个社会的和谐，女性发挥的作用不可小觑。礼仪文化的熏陶是提升女性素质最有效的途径。

### （一）礼仪文化提升女性的道德修养

道德修养是一个人的根本所在，对其素质起着决定性作用。礼仪的核心是

"敬"，而这个"敬"是德的具体呈现。礼仪文化的学习可以使女性的内在品德、自我认知、言行、习惯、情感、信念得到提升。学习礼仪文化对加强女性道德建设有着重要的理论意义和实践意义。礼仪本身就是人们在长期共同生活和交往中形成的以风俗、习惯、传统的形式固定的道德行为规范。因此，礼仪的道德功能具体包括以下三个方面：

1. 以礼"引"德：礼仪作为一种基础性的行为规范，"引导"女性加强道德修养。"人而无礼，焉以为德。"如果人不学习礼，就无法立身处世；如果人没有礼，就谈不上道德修养。从人的一生来看，最初接触的行为规范就是"礼"和"礼仪"。人出生后，首先学习简单的礼仪知识和规范：在待人接物方面，要恭敬、谦逊、礼貌；在仪态仪表方面，要端庄、谦和、文雅。这是人生的第一堂德育课。此后，人们才学习善良、宽容、诚信等道德规范。以教"礼"为基础，学习礼仪文化，可以引导女性提升道德修养，提高道德素质。

2. 以礼"显"德：礼仪作为一种道德精神的外在形式，可以"显现"人们的道德水平。礼仪可以展现一个人的道德素质。我们从一个人的仪态和行为中可以看出其对"礼"的价值的认知水平和对"礼"的执行的修养程度。从"礼"和"礼仪"的关系来看，它们实际上是一种本质和现象的关系。"礼"是道德精神，"礼仪"是道德行为，"礼"是"礼仪"的内在本质，"礼仪"是"礼"的外在表现。在社会生活和交往中，人们总是通过"礼仪"来显现"礼"的修养，从而显现其内在的道德素质。人的道德素质是沉淀在内心世界的，但是它可以通过人的礼仪行为表现出来。因此，女性的仪态仪表、行为举止、语言文字往往呈现了她内心的道德世界，包括道德认识、道德倾向和伦理精神。礼仪修养决定了女性的道德水准和修养程度。

3. 以礼"保"德：礼仪作为一种操作性很强的道德规范，可以"保证"道德原则的实施。礼仪是待人接物的道德规范，也是保证"德"实施的基本条件。"礼义之始，在于正容体，齐颜色，顺辞令。容体正，颜色齐，辞令顺，而后礼义备。"礼的开始，就是要体态端正，面色和悦，而这些具体的礼仪表现，就是一个人道德的具体实践。礼仪教育和训练可以帮助女性增强内心的道德信念，掌握正确的行为准则，从而保证道德原则的实施。

### （二）礼仪文化提升女性人格魅力

人格对女性的成长发展至关重要。人格不健全往往会引发一系列的问题，如人际关系紧张、爱情婚姻不幸福、家庭不和谐，甚至会导致严重的社会问题。反之，一个人格健全、具有人格魅力的女性会更容易获得幸福和成功。

现代社会对女性的要求越来越高，不仅要求女性有文化技能，还要求女性有健全人格，而自尊、自信、自立、自强的"四自"精神是女性健全人格的基础。

礼仪的核心是"敬"，这个"敬"除了尊敬他人之外，还包括自尊自爱。一个具有独立人格的女性，参与一些社会活动是必不可少的。在整个社会活动中，女性要有自己的行为准则，凡事不可走极端。在正式的社交场合，女性要做到举止典雅、衣着适度、做事稳重、谈吐干练。在和亲友的交往中，女性要坦诚大度、热情周到、随和而不失庄重。如果女性能有这些表现，那么她无疑是一个具有人格魅力的人，而这离不开礼仪文化的学习。

### （三）礼仪文化提升女性审美品位

木心先生说："没有审美力是绝症，知识也救不了。"吴冠中先生说："……文盲不多了，但美盲很多。"蔡元培先生曾提出"以美育代宗教"的观点。由此我们可以看出，审美究竟有多么重要。我们懂得审美，就会有不一样的眼界。一个不懂审美的人，即便他富甲一方，也很难获得精神富足、有幸福感的人生。没有审美品位的女性容易缺乏对美的感知和热爱。

审美对个人和社会都至关重要。一个人不懂得审美，便会容忍自己衣着邋遢，自己的房间杂乱无章；一个社会不懂得审美，就会建筑不美，街道不美，整个城市也不会有韵味，甚至出现恶俗文化泛滥的情况。美育对一个人的修养，对一个人生活的幸福感，起着至关重要的作用。我们只有在一个有美感的环境里生活，才能成为心灵高贵、举止优雅、浑身散发着美好气息的人。如果我们生活在一个毫无美感的环境中，就无法成为举止、气度、谈吐不凡的人。

蔡元培先生曾经这样认为，美育的目的在于陶冶人的情操，培养高尚的兴趣以及积极进取的人生态度。美育会净化人的心灵，培养高尚、纯洁的人格，从而使人们追求一切美好的事物。只有懂得审美的社会才能够孕育出经典的文化、艺术果实。

现在，国家越来越重视美育，这是因为文盲逐渐减少了，而美盲越来越多了。审美教育严重缺位，公众集体审美力下降，从而为各种恶俗提供了疯狂生长的土地，人们连辨别真假、高雅的能力都失去了，任由恶俗戴着高雅的面纱兴风作浪。

学习礼仪无疑是提升审美品位的重要途径。礼仪文化里，对美的事物有着具体的规定，比如对一个人言谈举止的规定，对外貌形象的规定，等等。说话要"穆穆皇皇"，穿戴要"冠必正，钮必结"，环境要"洒扫厅堂"，品德要坚守"仁义礼智信"。"礼则雅态，仪则雅言。"礼仪修养可以使人知美丑，晓荣辱。正因有这样的礼仪文化，才有了华夏民族"礼仪之邦"的文化自信。华夏民族曾经有着很高的审美品位，这与礼仪文化的熏陶分不开。礼仪与审美、礼仪与文化艺术素养之间有着内在且直接的联系。女性审美品位是礼仪文化、艺术修养积累与量变的结果，是女性礼仪修养的高级形态。

### （四）礼仪文化塑造女性优雅气质

气质是指某个人的外表、言谈举止、待人接物的行为和态度所展示出来的思想、涵养、品德、风度等综合在一起留给他人的感觉。对于女性来说,优雅的气质往往表现在仪容美、仪表美、仪态美以及待人接物的素养美和更高层次的品德心灵美这几个方面,而礼仪修养是这一切的源泉。

优雅是女人由内向外散发的一种高贵气质,一个漂亮的女人也许称不上优雅,但一个优雅的女人一定是漂亮、迷人的。"优雅"这个词本身,对女性自身的要求很高,胸无点墨称不上优雅,没有品位称不上优雅,善良但多愁善感也称不上优雅。优雅是阳光、豁达、自立、自强、自尊的代名词,只有具备渊博的知识、大方的谈吐、得体的装扮、良好的行为举止等礼仪修养的女性才称得上"优雅"。优雅,需要岁月的积淀。女性有了丰富的阅历以及较高的礼仪修养之后,自然会呈现一种宠辱不惊、宽容大度、聪慧睿智、温文尔雅的气质。

漂亮的容貌如昙花一现,难以长久,唯有优雅的气质会随着岁月的流逝而更加璀璨夺目。

### (五)礼仪文化帮助女性获得成功

礼仪修养是一个人外在形象与内在素质的集中体现。对于女性来说,礼仪修养在其个人发展过程中起着决定性作用。礼仪可以提升女性的涵养,提高女性说话办事的社交能力,既可以融洽关系,又可以树立良好形象,从而营造和谐的工作和生活环境。

俗话说:"礼多人不怪。"懂礼仪、遵礼节、守礼规可以赢得别人的尊敬,从而可使他人认同你,亲近你,这在无形之中拉近了你同他人的距离,为日后合作共事创造了宽松的环境,从而使事情向好的方面发展。反之,若不注重这些细节问题,违反"礼规"则可能使人反感,甚至使关系恶化,从而使事情朝坏的方向发展。

古人云:"不学礼,无以立。"一个人不学习礼仪,无法立足社会。礼仪修养可以帮助女性实现理想,走向成功。研究表明一个人的成功与否,与他所学的专业和才能只有 13%的关系,而和他能否拥有良好的人际关系有 87%的关系。一个人的礼仪修养直接影响其人际关系,因此不断提升礼仪修养,可以帮助女性获得更多成功的机会。

## 三、提升女性礼仪修养的途径

提升女性礼仪修养就意味着提升女性立足社会的综合素质,意味着为女性增添了事业的羽翼,还意味着赋予女性获取人生幸福的能力。那么,如何提升女性礼仪修养呢?

### (一)加强礼仪文化学习

首先,女性要有意识地学习中华民族的优秀传统礼仪文化。我国自古是"礼仪之邦",我们应该很好地继承和发扬优良传统。女性在学习中,要抛弃那些落后于时代的繁文缛节，保留有普遍意义的礼仪习惯，吸纳有积极意义的礼仪文化。其次，女性要学习现代的礼仪。女性在吸收国际礼仪中通用的、具有积极作用和进步意义的内容的同时，要面对新时代新风尚选择符合时代精神的礼仪文化。我们应该将礼仪文化纳入女性教育的全过程。礼仪属于社会公德的范畴，涵盖了社会上一切人的行为，是每个公民都应该掌握和遵守的。因此，要把礼仪教育作为文化建设的一项重要任务，从孩子抓起，贯串于终身教育的各个阶段，使每个人都成为懂礼仪、知礼节、讲礼貌的好公民。对于女性的教育，要重视其礼仪文化的学习。

### （二）强化礼仪训练

中国自古以来就十分重视礼仪教育。周朝官学"六艺"把"礼"列为基本教学内容。春秋时期的孔子倡导普及礼仪教育。自汉代以来，礼仪教育与治国安邦联系起来，礼仪训练更加严格。强化礼仪训练是提升女性礼仪修养的重要途径。女孩子不管是在家庭，还是在学校，都要有意识地接受礼仪训练，从餐桌礼仪学起，再到化妆礼仪、服饰礼仪、举止礼仪、社交礼仪、职场礼仪。女性通过训练掌握系统的礼仪文化，从而做到内外兼修、知行合一。

### （三）灵活应用实践

"纸上得来终觉浅"。在人际交往日益频繁的现代社会，女性仅仅掌握理论上的礼仪文化是远远不够的。女性只有能够在实践中灵活应用礼仪文化，在实践中检验自己的礼仪修养，才能不断完善、不断提升自己的礼仪文化素养和思想道德修养。女性要把学习到的礼仪文化自觉运用到日常生活、学习、工作中去，从个人的仪容、仪表、仪态、待人接物等方面把礼仪修养呈现出来，把尊敬他人、与人为善、品格端正等礼仪内核用符合礼仪规范的形式表现出来，从而彰显女性的道德修养、礼仪文化素养、审美品位等精神内涵。

对于女性来说，具备礼仪文化修养好比拿到了人际关系的"通行证"，会使人际关系更和谐，事业更顺畅，人生更幸福。同时，学习礼仪、讲究礼仪、应用礼仪可以提升女性的精神品位，从而使其学习、生活、工作更加自信，更加成功。如果所有女性具备了礼仪修养，那么会对促进社会文明产生巨大的推动力，对提升民族整体素质意义深远。

# 第二章　仪容礼仪扮靓女性

在人际交往中，交往对象对一个人的好恶亲疏，决定于这个人的仪容给对方留下的第一印象。现代女性拥有靓丽的仪容无疑可以提升自己的魅力，获得更多的好感，从而拉近人际间的距离，建立良好的人际关系。

## 第一节　化妆对女性形象的提升

打开网页的搜索页面，输入"化妆"二字，可以看到这样的释义：化妆指运用化妆工具和化妆品，采用一定规则的步骤和技巧，对人的面部、五官、头发、颈部及其他部位进行修饰、渲染，增强头部的立体印象，并通过调整形色比例，掩饰缺陷，突出神采，从而达到美化视觉感受的目的。化妆不只局限于脸部修饰，对身体各部位（手部、足部等）进行的修饰行为都可以理解为广义的化妆。化妆在某种程度上折射了一定历史时期的社会文化。

### 一、女性化妆理念的养成

在《现代汉语词典（第7版）》里，"化妆"这一名词的解释为"用脂粉等使容貌美丽"。为何用"脂粉"来泛指化妆品？人类，特别是女性，又是从何时起开始通过化妆实现使容貌美丽这一目的的？作为女性，有必要了解化妆的历史文化。

#### （一）女性化妆的产生与发展

人类对美的追求和人类历史一样古老。早在原始社会，人们就已经用骨质或石质饰品"打扮"自己。在新石器时代的庙底沟遗址中，一件陶制的人面上已经使用朱砂之类的红色颜料进行涂绘。

最初，人类开始装扮，更多的是基于对自然的崇拜或者对抗。妆饰起初具有驱虫、伪装、威吓、作为神的化身来驱魔辟邪等功能。人们利用猛兽的骨骼或夸张的面部"修饰"来威吓、驱赶野兽。

随着人类使用工具本领的增强，野兽已不再是人类生存的主要威胁。然而，面对诸多灾害性质的自然现象，人类依然无法了解其中的奥秘，于是祭祀之风应运而生。我们从辽宁牛河梁文化遗址出土的远古女神头部可以看出，女神的脸部涂红彩，考古学家推测这是当时人们祭祀神灵时的装扮。人类一开始用利器在自己身上刺画出各种图形和符号，之后把红粉涂染在自己的身上、脸上，以作文身，寻求庇佑，再到后来从矿物质中提炼出脂、粉，用更丰富的颜色、图案祈祷平安。礼仪文化伴随祭祀活动开始萌芽之时，人类的化妆开始真正出现。

随着社会的进步，"化妆"逐渐由神话色彩转变为单纯地追求美，女性与"用脂粉等使容貌美丽"这一化妆内涵连接得更加紧密。当下比较认可的观点是中国女性的化妆习俗始于夏商周时期。中国古代的神话传说、历史文献、文学典籍、绘画等艺术作品对这一点多有描述和塑造。

### 1. 女性化妆的产生

在公元前1500年，古埃及的女性就将孔雀石研磨成的粉末涂于眼部周围，使眼睛显得"大而有神"。

夏商周时期，中国女性通过"敷白粉"使皮肤白皙，通过"涂红粉"使皮肤达到白里透红的效果。这是女性对美的原始追求。

商代武丁王的王后妇好以能征善战而闻名，但她同时喜好化妆、美饰。我们从她墓中出土的文物可以看出，有许多饰品和化妆物品，如玉佩、发笄，还有一套用来制作朱砂的杵臼，杵身和臼底还残留着朱砂的颗粒，与之配套的还有一个小盘子，上面也有朱砂。从妇好的出土文物判断，中国女性对容貌的重视与修饰，在商朝已经开始。

图 2 - 1 - 1
妇好墓——笄

又如，山东章丘女郎山的齐国墓出土的舞女陶俑的面部均涂有一层粉红彩色，且嘴唇呈朱红色。河南信阳出土的一件楚国女俑，其脸涂红色，楚楚动人。长沙出土的战国时期的"龙凤引魂升天图"中的妇女嘴唇的颜色也是朱红色。这些出土文物证明，春秋战国时期女性的化妆已经比较普遍了。

另外，我国文学作品中对春秋战国时期女性的化妆也有记载。《诗经·秦风·终南》篇有"颜如渥丹"的句子，这是较早记载关于朱砂的文字。战国时期宋玉的《登徒子好色赋》中有"著粉则太白，施朱则太赤"的句子。"著粉"与"施朱"正是当时女子用粉来妆饰脸部的真实写照。同一时期，中国女性开始重视眉毛的描画。《诗经·卫风·硕人》篇中有"螓首蛾眉"，《楚辞·大招》篇中有"峨眉曼只""青色直眉""曲眉规只"等。屈原在《楚辞·九歌》中写道"美要眇兮宜修，沛吾乘兮桂舟。"该句可以总结这一时期中国女性已经开始借助化妆使自己的容貌美丽，其中"要眇"形容容貌妙丽，"宜修"指装扮得恰到好处。

**2. 中国女性化妆的发展过程**

《事物纪原》中有这样的记载："周文王时，女人始傅铅粉。秦始皇宫中，悉红妆翠眉，此妆之始也。"

秦代，我国化妆品有了很大发展，其中最大进步是用"脂"代替了朱砂。"脂"包括面脂与唇脂。我们从《阿房宫赋》中"绿云扰扰，梳晓鬟也；渭流涨腻，弃脂水也"可以知道秦宫女子已将"脂"大量应用于化妆上。

汉代，我国化妆技术进一步发展。汉代文献里出现了"妆点""粉妆""妆饰"等专业术语。胭脂在那时被普遍使用，粉末状和固体状的铅粉开始出现。尤其值得一提的是，两汉时期的画眉技术，上承先秦下启隋唐，是中国女性画眉史上的第一个鼎盛时期。"愁眉""长眉""八字眉""远山眉""阔眉"等不同眉型在那时争奇斗艳。

隋唐时期，国家经济繁荣昌盛，社会风气开放多元。中国女性化妆达到鼎盛时期。此时女性化妆呈现技法多样、形式繁多、技艺高超的特点。"一敷铅粉、二抹敷脂、三涂鹅黄、四画黛眉、五点口脂、六描面靥、七贴花钿"。这一时期的女性妆面不再局限于面部，而是逐渐扩展到鬓角、耳朵、脖子等部位。妆型也发生了很大变化，出现了白妆、红妆、黄妆、墨妆等，而每一种类下又会细分。

宋元明清时期，女性在化妆方面延续了唐代的技法，同时有所创新。但面部妆饰不再华丽且富于变化，而是越来越偏向秀美、清新。"外检束，内静修"。随着礼教约束对女性越来越严苛，妆饰方面虽然偶有匠心，但不再有突出的表现。

辛亥革命之后，国外的美容美发产品和技术逐渐传入中国，中国女性在化妆方面开始受西方审美的影响。

随着改革开放的进行，我国与世界交往日益密切，经济高速增长，文化日益自信，人们的思想与审美重新定位，女性化妆行为日渐普遍，审美取向日趋多元化。化妆已不只是女性以美和装饰的法则来打扮自己的手段，更是女性崇尚美、追求美、表达自我、尊重自我的方式之一。

**（二）中国女性化妆理念的历史演变**

中国女性不同于西方女性大胆开放的风格，因此中国女性化妆相对传统保守。辛亥革命之前，除唐代女性的化妆风格比较大胆开放以外，其他时期女性化妆基本保持了传统的化妆风格。"颜如玉，肤胜雪，细腰若柳，青丝如瀑""清水出芙蓉，天然去雕饰""纤腰曳广袖，半额画长蛾""芙蓉如面柳如眉"。我们从这些诗词中可以发现，中国女性的主流审美在于以意为美，追求含蓄清丽。"面如凝脂""樱桃小口""乌发秀目"是女性美的基本格调。

**1. 明丽典雅的秦汉化妆风格**

受秦汉一统文化的影响，那时的化妆蕴含着当时的社会文化和审美风格。女性妆容明丽典雅，红妆浓淡相宜。具体来说，面妆方面，一改周朝的"粉白黛黑"的素妆风格，开始盛行较为娇艳的红妆；眉妆方面，眉型变得多样化，但细长纤巧的长眉最为流行；唇妆方面，采取点妆，以娇小浓艳为美。《孔雀东南飞》里描写刘兰芝"口如含朱丹"，即为写照之一。

### 2. 艳丽多彩的隋唐化妆风采

隋唐时期，是民族大融合的时代。中国成为统一的多民族国家，经济繁荣，文化艺术繁茂，更难得的是"女权高涨"。女性化妆大胆创新，妆容艳丽多姿，其精彩与丰富是其他任何朝代都无法比拟的。不论是敷粉，还是抹胭脂、贴花钿，化妆风格可谓浓墨重彩。其繁盛、其浓艳、其热烈、其张扬，无一不呼应了隋唐时期的宏大审美气象。仅以眉妆为例，就有云纹眉、蝶翅眉、柳叶眉、蝠形眉、螳螂眉、鸳鸯眉、花眉、直眉、环眉、刁眉、方眉、尖眉、点眉、鸭蛋眉、棒槌眉、葫芦眉、火焰眉、寿字眉等 20 余种。

### 3. 清丽温婉的宋元明清化妆特征

宋代开始，人们的审美情趣开始追求淳朴典雅、清淡秀美。女性化妆从唐代的华丽开放转向了含蓄、内敛。尽管沿用了唐代的一些化妆技法，红妆、檀晕妆、黄妆、白妆等仍然是女性喜爱的妆型，但宋代追求简与素，比起唐朝妆容要清淡自然了许多。至明清，"柳腰莲步，娇弱可怜"的审美风格逐渐被大家所接受。比如，《红楼梦》中的主角——林黛玉就生了"一双似蹙非蹙的罥烟眉"。

虽然女性对容貌的重视与修饰一脉相承，但各朝各代亦有女性自己独特的化妆风格。在很长历史时期内，美的定义是由男性决定的。以权力中心的皇帝为首，君王的一句话便能改变整个装扮潮流。"齐王好紫衣，国中无异色""楚王好细腰，宫中多饿死"，那时的女性为了迎合男性的审美视角，用符合男性眼光的妆容讨好男性。

### 4. 多元自由的近现代女性审美标准

随着封建王朝的灭亡，西方文化思想传入中国，女性追求美的标准也在悄悄发生着变化，西方女性的化妆风格逐渐被中国女性接受。中华人民共和国成立之后，随着女性地位的提高，改革开放的进行，独立、知性、自我成为新时代的女性新形象。"女为悦己者容"变为"女为悦己容"，中国女性的化妆也迈进了万花筒般的绚丽世界。清新的少女妆、干练清爽的职业妆、高贵妩媚的晚宴妆、新潮前卫的舞台妆……千姿百态，各领风骚。

可以说，今日的女性，是自我意识强烈的一代。她们用化妆修饰自己的容貌，目的是提升自己的形象气质。化妆成为女性的一种生活态度，是独立、自尊、自爱的一种表现，也是尊敬他人、有修养的体现。在这个繁荣昌盛的新时代，中国化妆文化再次呈现辉煌的繁盛景象。

### （三）养成正确的化妆理念

人们曾一度对化妆有误解，认为女性化妆是爱慕虚荣、品行不端，这导致很多女性不敢化妆、不会化妆。因此，现代女性必须养成正确的化妆理念，明白化妆是人们崇尚美的表现形式，也是体现现代文明及个人高雅气质的重要手段。适当的化妆，不仅可以修饰女性的容貌，使其更加靓丽，而且可以反映其美学观念和审美品位。

#### 1. 美化形象

化妆能从视觉效果上改变皮肤颜色和五官的辨识度，利用色彩分布，使面容看起来更健康，更有吸引力。具体而言，底妆可以改变皮肤的质感，让面部更加有光泽，肌肤更加均匀；眼妆可以让眼睛更明亮、传神；唇妆则可以让嘴唇更饱满红润；等等。社会人类学家马林诺夫斯基对人的界定里说："人享受着色、形、声等所造成的美感。"化妆是女性追求形象美的一种直接表现。女性运用化妆工具和化妆品修饰面部、颈部、手部及其他部位，"扬长补短"，可以在极大程度上弥补她们在外形上的缺陷，进而实现形象的美化与提升。

#### 2. 增强自信

在日常生活中，人们普遍有这样的体验：当自我形象不佳时，说话办事没有底气，不愿在人前表现；当自我形象良好时，不论干什么都信心十足，精神抖擞，甚至产生很强的表现欲。适度化妆会使女性精神饱满，给人一种乐观向上的感觉。尤其在社交场合，精心装扮会让人倍感自信，增添人格魅力，从而为自己带来良好的人际关系。研究表明，化妆能明显提高吸引力，尤其是相对甜美可人的粉色系妆容，会让女性更容易获得喜爱和信任。另外，化妆还是一种建构时尚认同的行动策略。尤其在"互联网＋"的信息时代，娴熟的化妆技巧已经成为人们打开人际交往的一把钥匙，为实现个人的自我表达提供无限可能。

#### 3. 愉悦身心

控制自己在他人面前的形象和行为，在心理学上被称为"自我展示"。女性通过化妆，使自己看起来更美好，这是进行自我展示的一种必要手段。女性在通过化妆使外貌变得更加美好的这一过程中，不仅享受着这种改变带来的愉悦，而且完成了身体控制。这种身体控制，往往是一种快乐的身体体验，这种快乐的身体体验不仅来自对目标达成的欣喜，而且暗示了自己对未来的可把握性。另外，女性在社会关系中扮演着多重角色，当其在社会上或生活中遇到某些不开心的事而感到失望时，化妆是一个将注意力转移到自身并立即可控的有效手段。女性可以在化妆提升形象的过程中，调整心态，愉悦身心。

#### 4. 潜心研习

潜心研习、勤加练习是养成正确化妆理念的一种途径。化妆不是简单的涂脂抹粉，其内涵十分丰富，不仅包含医学美容、护肤知识、色彩构图等基本的学问，而且包含礼仪学、美学、形象设计、心理学、民俗学、宗教等更为深奥的学问，可以说，化妆是一门综合性学科。要想真正掌握化妆，就需要潜心研习，把它作为一门必修的功课去学习。化妆的理论再丰富也需要实践去支撑。只有勤加练习、实践，反复尝试、试错，女性才能找到最适合自己的妆面风格，而适合自己的完美妆面，必然要通过娴熟的化妆技巧才能完成。

余秋雨写过："人类对于自身美，需要有一次再发现、再创造。这往往也是一个民族走向富裕和文明的重要标志，因为不讲美的富裕是低俗的，不讲美的文明是不可想象的，而世间诸美之首恰恰正是人类的自身美……我们为何不堂堂正正地来探索一下，如何把当代中国人打扮得更漂亮一点？"

天生丽质也许不是人人都能拥有的，但塑造美好的个人形象是每个人都可以尝试和追求的。明眸皓齿，朱唇如丹，面若桃花……化妆是修饰仪容的一种高级方法。女性可以通过化妆对个人的仪容进行修饰，突出优点，弱化缺陷。比如，眼睛的大小、鼻梁的高低、嘴唇的丰薄、额头的宽窄、头发的疏密等都能用化妆术加以改变。女性可以借助得体的化妆挖掘和表现自身潜在的独特美，这为个人表达和自我认同提供了无限可能。

时至今日，化妆已经成为女性塑造个人形象、体现个人素质和审美情趣的重要途径。培养正确的化妆理念，掌握科学的化妆技巧，正是新时代的女性增加自身的女性美、提升自己的女性魅力并以主人翁的姿态参与社会风尚建设的应时之举。

## 二、正确妆容靓丽仪容

孔子曰："野哉！君子不可以不学，见人不可以不饰。不饰无貌，无貌不敬，不敬无礼，无礼不立。夫远而有光者，饰也；近而逾明者，学也。""饰"即"修饰"，刻意塑造良好外在形象之意。孔子关于"饰"与"学"的论证，正是"形象"二字的外在与内涵。"形"指外在的表现，是个人仪容、仪表、仪态等外在元素的综合呈现；"象"指内在的形态，是个人思想品德、文化修养、审美品位等内在品质的综合表现。良好的形象不仅能缩短人与人之间的距离，还可以成为个人优势，从而最大限度地发挥个人潜力，为人际交往、职业发展和情感生活推波助澜。

### （一）干净整洁是靓丽仪容的基础

女性不一定要拥有沉鱼落雁的美貌，但一定要有整洁干净的面容和清新淡雅的妆容。首先，女性要养成良好的卫生习惯，保持干净清爽的形象。良好的卫生习惯是一个人礼仪修养的体现。其次，女性可以养成化淡妆的习惯，保持妆容干净靓丽。化妆是修饰容貌、弥补先天容貌不足的有效手段。女性可以通过化妆呈现积极健康的精神风貌以及想要表达的气质性格等。

化妆前的彻底清洁是必不可少的环节。只有皮肤干净，妆容才不会出现脱皮、冒油、晕妆等现象。化完妆一定要仔细检查，不要出现粉底涂抹不均、口红外溢、眼妆不洁的现象。另外，女性要养成及时补妆的习惯，保持妆容始终干净完整。妆容残缺不干净，不仅不能起到美化效果，而且会严重破坏形象，适得其反。

图 2-1-2 女性通过化妆提升形象

## （二）符合原则是正确化妆的关键

女性化妆应把握适宜性、时间性、和谐性、环境性四个基本原则。

### 1. 适宜性

化妆要考虑诸多因素，因个体而异，随个体变化，这样才能使妆容与个体相适宜。

一是妆容因"皮肤色彩属性"而异。每个人的肤色、发色、眼珠色以及唇色都是不同的，因此每个人都有自己的"皮肤色彩属性"。只有选对了适合自己色彩的化妆品颜色，才能使妆容与个体协调适宜。

比如，有的人肤色偏粉白色、乳白色，眼珠色偏深棕色，发色偏黑棕色，这样的人适合粉色、蓝色和紫色，在色彩搭配上，要避免反差大的颜色，适合在同一色系里进行浓淡搭配；有的人肤色偏暖，呈现浅象牙白色，眼珠色偏黄色，眼白偏湖蓝色，发色偏栗色，这样的人适合明亮、鲜艳的颜色，忌陈旧、暗淡的颜色；有的人肤色偏暗、发黄，眼珠色偏深棕色，眼白为象牙色或略带绿的白色，发色偏棕褐色，这样的人适合金色、苔绿色、橙色等浓郁而华丽的颜色，越浑厚的颜色越能衬托其气质；还有的人肤色呈现青白色，看不到红晕，眼珠色为深黑色，发色乌亮，呈现黑褐色、银灰或深酒红色，这样的人最适合黑白灰和藏蓝色，同时适合颜色鲜明、光泽度高的纯色。

二是妆容因年龄、气质而异。不同年龄、气质的女性对化妆的要求和其展现的风格不尽相同。年轻女性清新、纯情；中年女性优雅、成熟；老年女性高雅、持重。一个在化妆时注意自己年龄与气质的女性能不断赋予化妆色彩、线条、技法、层次在内的生命含义，使其妆容更具风格与魅力。

年轻女性化妆，宜突出两颊和嘴唇，不宜过分描眉、涂眼影和涂较夸张的粉底，色彩上宜用粉红色和棕色为基调，以凸显柔和鲜嫩的皮肤。中年女性化妆，需要在充分做好皮肤清洁及养护的基础上，通过化妆技巧，着重展现其风韵成熟的风姿。老年女性的面部肌肉已松弛，普遍布有皱纹，化妆宜突出自然、高雅之感，着重掩饰皱纹。

三是妆容因身份、角色而异。女性一生中有多重身份，需要扮演多重角色：清新自然的在校女生、简约清丽的职场女性、柔美端庄的婚恋女人、慈祥典雅的妻子、母亲。女性化妆应尽量使仪表妆容与自身身份、角色融洽协调，这样才能产生和谐的视觉效果。简要来说，在校女生的妆容适宜清新自然，切忌浓妆艳抹；职场女性要根据职业需要选择合适的妆容为自己塑造精力充沛、干练敬业的形象；婚恋女人的妆容宜柔美端庄。女性用适宜的妆容风格可以展现生命活力与生活基调。

### 2. 时间性

妆容因时间而异，随时间变化。这里的时间有三层含义：一是指白天或晚上的自然更替；二是指春夏秋冬的季节变化；三是指晴天或雨天等天气状况的差异。

一般来说，日间妆容宜清淡典雅。人们通常将日妆称为生活淡妆，是为了在自然光或柔和的灯光下，突出面容本来所具有的自然美。因此，日妆要画得轻薄，起一定修饰作用即可。晚间妆容宜浓艳明丽。由于晚间社交活动一般都在灯光下进行，有了灯光的照射，化妆痕迹不容易暴露，因此妆面要化得比白天更加清晰、浓艳，以此来突出脸部的立体感觉。女性化妆还要结合四季时节的特点。春季妆容要自然柔和，夏季妆容要明朗清爽，秋季妆容要柔美华丽，冬季妆容要沉静庄重。同时，女性在化妆时要充分考虑晴天或雨天等天气状况。女性依据天气变化对妆容细节做一些小改变，可以保障妆容既不容易脱妆，又能让肌肤散发自然光泽。

### 3. 和谐性

妆容因场合而异，随场合变化。这里的场合主要有三层含义：一是指室内或室外光线的差异；二是指公务、休闲或社交等场合的差异；三是指喜庆或肃穆等场合的差异。

室内与室外的光线变化会影响妆容色调的变化。一般来说，白天室内光线弱于室外光线，因此室内妆容应淡于室外妆容。

女性在日常生活中要严谨地区分公务、休闲和社交等不同场合，从而选择得体的妆容。具体而言，女性在公务场合的妆容应该能够与服饰和办公室气氛融为一体。妆面应洁净、自然，妆容应讲究、精致，哪怕与人近距离接触和交流，也可保持良好的工作形象。化妆的目的是树立个人良好的工作形象，而不是张扬个性、与众不同、引人瞩目。休闲场合包括居家、郊游、逛街、购物等，妆容可相对活泼、富有朝气，可依据因时而异的标准打造舒适的妆容。社交场合的妆容则追求"脱颖而出"，适宜光彩夺目。女性可根据社交场合的光线特点、环境氛围，采用相对浓艳的晚装妆容，选择与自身的服饰、气质相匹配的风格，而化妆重点应在眼睛、口红和腮红的色彩与化妆层次上。

另外，女性在日常生活中还要特别注意在参加婚宴等喜庆场合以及吊唁等肃穆场合时的妆容。一般来说，女性应把握"喜庆场合优雅得体、肃穆场合干净素雅"的化妆原则。还要注意，在就医、从事食品加工工作及体力劳动和就寝时，女性最好不要化妆。

**4. 环境性**

妆容因环境而异，随环境变化。这里的环境包括两层含义：一是农村与城市、发达城市与欠发达城市、国内与国外等生活环境的差异；二是政府、学校等事业单位与证券金融、财会法律、公关文秘、销售服务、艺术设计、主持演艺等行业环境的差异。

以行业环境为例，对于工作在政府机关、事业单位等公务环境下的女性，在化妆时要把握端庄、淡雅、稳重、亲和的原则。女性公务人员要仪表整洁、打扮端庄、稳重踏实、落落大方，既不能不修边幅让公众对个人素质失去信心，也不能过度修饰让公众对职业能力产生怀疑。对于在外资企业工作的职业女性，则应根据工作岗位，以得体的妆容体现其聪慧、从容、干练与睿智的一面。而从事模特、主持、演艺等行业的职业女性，其妆容要专业、完美、精致，整体造型时髦、靓丽，要走在时尚前沿。

一言以蔽之，女性化妆要尊重不同的文化背景及各地约定俗成的化妆礼仪规则。现代女性往往身兼不同的社会角色与家庭角色，如何在不同的社交场合，给别人留下美好的第一印象？正确化妆是提升女性形象的有效手段之一。靓丽、得体的妆容是现代女性表达智慧与修养的无声语言。

## 三、细节管理完善仪容

广义的化妆，不单指面部五官的修饰，还包括头发、耳、颈、手、脚等部位的整体修饰。女性在完善形象的过程中，每一个细节都十分重要。

### （一）头发的修护

头发是女性整体形象的重要组成部分。柔亮顺滑而富有弹性的头发是女性健康形象的重要表征。得体适宜的发型可以修饰脸型、身材，彰显女性气质与魅力。女性修饰仪容、提升形象当"从头做起"。

### 1. 适时清洁

根据头发的油性程度，头发可以分为中性发质、油性发质和干性发质。女性在清洁头发时，需要根据自己的头发性质，确定洗发频率。中性发质适宜两天一洗。以中性发质为标准，油性发质可增加洗发频率，干性发质可适当减少洗发频率。同时，女性可以根据自己的发质，选用不同功效的洗发产品，如去屑、防脱、防分叉、止痒、滋润等，从而有针对性地清洁头发。

### 2. 保持健康

健康的头发需要持续不断的护理。保养头发除日常洗发时，坚持"温水清洗、先梳后洗、洗护分开、轻柔擦拭"的洗发方法以外，还应尽量避免紫外线长时间的直射，不当摩擦，温度过高，以及强氧化剂等化学产品的刺激。这样可避免发质变得干枯、毛躁、分叉，甚至出现头皮屑、脱发等问题。

### 3. 精心保养

"发为血之余，血盛则发润，血亏则发枯"。养发护发要由内而外，从调理气血开始。熬夜、精神紧张、不恰当节食、生理周期不正常等问题都会导致气血亏虚，从而导致头发出现问题。因此，女性要想保养头发，就要养成良好的生活习惯，保证充足的睡眠时间，少食辛辣油腻食物，保持心情愉悦。另外，保养头发可以坚持每天用发刷（或梳子）梳头皮与头发，以按摩头皮、清洁发丝，从而起到养发健身的效果。

### 4. 设计发型

发型最直观地影响着人的形象气质，或活泼俏丽，或干练个性，或端庄大方。适宜得当的发型能够有效地修饰脸型、协调体型。因此，发型设计要综合考虑头型、脸型、脖子的长短、身高以及个人气质和出席场合等多方面因素。一般来说，长脸不建议使用侧分的长直发；额头短的脸不建议留厚重的刘海；方脸更适合内扣的齐脖短发；圆脸可以留蓬松一点的长发。

### 5. 选择发色

女性在选择适合自己的发色时，要把握三个原则，即发色与肤色和谐，发色与妆容和谐，发色与职业和谐。具体来说，肤色白皙可选颜色较多；肤色暗沉则建议选择红色或紫色系列。如果为了遮盖白发，那么黑色系或深棕色系是最好的选择。同时，发色要与妆容主打色系相协调，尤其是眉毛颜色与发色连接最为紧密。需要在职场中展现睿智、典雅或富有亲和力形象的女性在选择发色时，应当尽量避免夸张鲜艳的颜色，可选择接近发色的深色，如深棕色、深栗色、蓝黑色、棕褐色、暗红色、阳光色等这类相对接近自然的颜色，以保持整体形象的一致性、和谐性。

### （二）耳部及颈部的修饰

耳部与面部、头型协调匀称，与发型一起相得益彰，成为女性美的重要组成部分。颈部作为头部和肩部的连接，起到承上启下的作用。形态修长挺拔、皮肤细腻光滑的颈部更是女性高雅气质的主要彰显部位。不少女性在化妆时只注重面部的修饰，而忽视了耳部和颈部，使面部妆容与耳部、颈部界限分明，这样不仅无法给人完整的视觉美，还为整体形象拉低了分数。

**1. 耳部的化妆与修饰**

（1）保持清洁。任何一个部位的修饰都应从清洁入手。因此，女性要养成定时清洗耳部的习惯，尤其要注意每天清理耳孔内的耳垢和清洁耳朵内外的凹陷之处。如果有耳毛的话，那么要及时进行修剪。

（2）化妆修饰。如果耳朵颜色与面部颜色差距较大，女性就需要给耳朵也"上上妆"。由于耳朵的结构比较复杂，女性在涂擦粉底时要注意把耳朵的内外、凹凸处、耳垂等也一一涂抹，力求自然精致。如果耳形欠美观，女性就可以巧用头发加以遮掩，并给耳朵涂上浅色粉底，从而弱化耳朵的视觉存在感。

（3）选择耳饰。耳环是女性尤为重要的装饰品。在选择佩戴耳环时，女性不能只单纯地选择耳环本身的美，还要注意搭配发型、肤色、妆容、服装等，从而让耳环真正起到锦上添花的作用。

**2. 颈部的护理与美化**

颈部是女人的第二张脸，颈部的状态会反映女性的年龄。网络上有一个广为流传的说法：一条皱纹代表年近三十，每多添一条就代表年长十岁。因此，颈部的精心护理与美化是女性美丽永驻的秘密。

（1）颈部的护理

一是颈部的清洁。每日清洗为佳。清洁时手法要轻柔，首先由下往上打圈式揉搓；然后用毛巾或洗脸巾轻轻地按压，擦至8成干，切忌使劲摩擦或拉扯；最后拍上具有滋润功效的护肤品。需要注意的是，太热的水会刺激皮肤过早老化，因此清洗颈部要避免使用过热的水，以免出现颈纹。

二是颈部的养护。除去日常清洁与保湿外，还需要做好防晒。出门前要在颈部涂抹适量的防晒霜。如果外出时间较长，最好携带补水喷雾，定时为颈部补水，避免出现干纹。此外，一周做一两次"颈膜"，并沿着淋巴系统由下至上，轻柔地进行提拉式按摩，也可以在每次敷面膜后，把剩余的精华当作"颈膜"对颈部进行保养。要注意不要使用深层清洁的面膜，否则会令颈部肌肤更加发干。

（2）颈部的美化

颈部的美化包括颈部的化妆与装饰。颈部的化妆，重点在于将颈部和脸部作为一个整体进行底妆的打造，尤其对于肤色偏黑、偏黄的女性来说，一定要注意保持裸露颈部与面部颜色的协调，甚至是裸露肩部与面部颜色的协调。如果裸露部位肤色相差不大，那么可直接通过定妆粉完成妆面的统一；如果颜色相差明显，就需要将面部粉底一直涂抹至颈部，待粉底涂抹均匀、无色差和色块后，再上定妆粉，达到颈部与面部颜色的统一。

颈部化妆完毕后，女性可以根据着装款式与风格以及出席的场合、环境等因素，选择合宜的项链饰品进行颈部的修饰与美化。需要注意的是，饰品的质感、颜色最好和肤色一致。例如，皮肤偏冷白的女性适合白金、钻石类的装饰；皮肤呈小麦色的女性适合华丽金色和异域感的装饰；皮肤偏黄的女性可以选择质感柔和、色泽温润的装饰物，如丝巾、珍珠等。合宜的颈部饰品既可以弥补颈部的缺陷，又可以令颈部富有变化，从而为女性的整体妆容与形象增色。

**（三）手部的美化**

细节彰显品位。手如同耳、颈一般，是女性形象管理的细节之处。尤其是在社交活动中，人们常借用手势来表达多种信息。显然，展现在众人眼前的，一双干净细腻的纤纤玉手要好过乌黑油腻的干裂粗手。女性虽然无法选择自己天生的手型，但是可以将双手打造得清洁、细腻、美观。

**1. 手部清洁与养护**

手部养护的第一步同样为清洁。手部相比其他身体部位，每天接触的物体最多，因此手部的清洁尤为重要，要将污物、灰尘、病菌等及时洗掉。尤其在接触入口食物前、为其他部位涂抹化妆品前、餐后、便后等，及时按照"七步洗手法"，将手背、手心、手腕、手指、指甲等处清洗干净。

很多女性都能做到及时清洁手部，但对清洁后的保养重视不够。女性在打扫卫生，或者照顾幼小孩童时，为了干活方便，防止护肤油等污染食物，她们往往只洗手不护手。殊不知，手部皮肤并没有我们想象得那么"坚强"。长此以往，手部皮肤会出现干纹、裂口、倒立刺等损伤，最终导致手部皮肤干燥、老化。

因此，手部护理和面部护理一样，甚至要勤于面部护理。一是手部清洁后及时涂抹保湿产品；二是定期加强局部营养，如去角质、做手膜、做手部按摩操等；三是做家务或其他粗活时带上专用手套，以避免手部皮肤直接接触有害物质或受到损伤；四是注意日常防晒。

**2. 指甲的清洁与装饰**

女性需要经常修剪指甲。健康干净、长短适宜、形状合适的指甲会给手增添光彩。美化指甲的第一步就是及时修剪。一般3至5天，修剪一次为宜。如果出现指甲断裂、撕毁、爆皮等特殊情况，就应即时修剪。而修指甲时，指甲沟附近的"爆皮"要同时剪去，不能用牙齿啃指甲。修剪指甲一般不能超过2毫米。指甲缝隙内不能有异物。同时，要注意，用牙齿咬指甲和在公众场所剪指甲都是不文明的行为，要避免以上情况的发生。

另外，美甲，即对指甲进行装饰美化也是化妆的一个重要部分。女性可以根据自己的手型、甲型、肤色及出席场合，对指甲进行恰如其分的美化。生活中常见的指甲形状有方形、方圆形、椭圆形、尖形、圆形、扇形6种。一般来说，方形及方圆形对手型相对友好，圆形指甲更适合手型修长的人。而美甲的颜色和图案可以根据个人喜好进行选择。当然，前提是要遵循化妆应把握的适宜性、和谐性、整体性，即要与个人的形象气质、性格年龄和所出席的场合相匹配。如果女性选择美甲，就要保持指甲油的完整性，不要出现残缺破损。

细节能诠释女性的品位。除上述几项以外，女性还应注意保持口腔卫生、体味清新、体毛管理等事项，通过细节管理打造无懈可击的完美仪容。

# 第二节　化妆技巧及化妆礼规

女性除了树立正确的化妆理念，了解女性良好仪容形象塑造的基本要点外，还应具体学习科学、正确的化妆技巧。

## 一、化妆工具与用品

化妆是艺术与技术的融合。它可以凭借色彩与线条的变化修饰人的面部结构、五官比例，让女性的容貌变得更美丽。古语有言："工欲善其事，必先利其器。"若想打造美丽妆容，除了需要具备一定的审美能力和操作技巧外，还需要拥有专业的化妆工具和适宜的化妆产品。只有正确掌握了化妆工具和化妆产品的使用方法，才会让化妆得心应手、简捷易行。

### （一）常见化妆工具的介绍

化妆工具和化妆技巧一样，具有灵活多变的特点。不同的化妆工具可以打造出不同的妆面效果，同一种化妆工具也可以有多种用途。只有了解每一种化妆工具的用途与特点，才能在化妆时有的放矢、运用自如。

**1. 化妆刷**

化妆刷一般分为天然刷毛和人工刷毛两种，但不管哪一种化妆刷在清洁时都需要使用温和的清洁剂，轻柔地从毛根向毛稍冲洗，并于阴凉处晾干。一把好的化妆刷应具有刷毛柔软平滑、结构紧实饱满、裁剪整齐平顺、刷毛不宜脱落等特点。同时，刷毛尾端的毛峰部分最好成天然圆弧状，若有人工修剪的痕迹，则表示品质较差。

使用刷子上妆的优点是可根据不同刷子的质地、大小、形状，打造出适合面部不同部位、不同造型、不同需求的妆容，还可以有效控制化妆产品的用量，从而使得妆面效果更加自然、立体、干净。

具体而言，化妆刷按照用途可以分为如下十种。

（1）粉底刷。刷头较大且扁平，毛质柔软平滑，用于大面积刷涂粉底液和遮瑕膏，上装效果均匀自然。区别于常见的刷子形状，目前市面上的魔术粉底刷可以快速刷涂粉底液。

（2）定妆刷（或高光刷，或蜜粉刷）。这是化妆刷中最大的一种毛刷，毛质柔软，用于扫去脸上多余浮粉或定妆、打高光等。定妆刷可以分为多种形状：圆锥形——善于处理面部细节；圆形——蘸粉面积大，适合全脸使用；扇形——精确度好，可横用、竖用、斜用，从而打造不同感觉。

（3）侧影刷（或轮廓刷）。可选择刷毛较长、毛质细腻柔软、顶端呈椭圆形的毛刷，用于脸部外轮廓的修饰。

（4）腮红刷。可根据腮红形状的需要，选择大小适中、刷毛柔软的刷子。一般，刷头为斜角形的最为常用，主要用于扫腮红及轮廓色。

（5）眉刷。刷头为斜角形，个头小于腮红刷，与唇刷大小相差不多，分软毛和硬毛两种。软毛眉刷搭配眉粉使用，硬毛眉刷用于蘸取蜡状品。

（6）螺旋形刷。螺旋形刷有两种作用：一种用来刷掉眉毛上多余的东西；另一种用来刷开睫毛上的结块物。

（7）双头刷。由一排牙刷形的眉刷和睫毛梳两部分组成，眉刷用于将眉毛打理成形，避免眉毛散乱；睫毛梳用来梳理涂睫毛膏后的睫毛，令睫毛自然生动。

（8）眼影刷。化妆刷里大小种类最多的刷子。刷毛形状一般为扁圆形，可粗略分为大、中、小三个型号。大号眼影刷主要用于较大面积扫眼影粉，中号眼影刷多用于涂过渡色眼影，小号眼影刷多用于涂贴近睫毛根部的强调色或在下眼睑处勾勒线条。

（9）眼线刷。刷头细薄扁平，可以画出精确的眼线。

（10）唇刷。尺寸小巧，刷毛软中带硬，可用于勾勒唇型和为双唇上色。唇刷可灵活调整双唇局部的浓淡，使妆面色彩饱满且均匀。

此外，化妆刷还可以用来刷涂遮瑕产品。使用时，可根据需要遮瑕部位的大小，选择刷头相对尖细的刷子，少量多次上妆。

**2. 化妆海绵**

化妆海绵多为质地细密的海绵，以三角形、圆形、椭圆形、方形最为常见，用于粉底的上妆。用化妆海绵上粉底是比较常见的方法，其对新手也比较友好，上妆后，粉底细腻服帖、持久度较好。但化妆海绵会吸收较多的粉底，从而造成浪费。同时，其自身使用寿命也较短，一旦出现松弛或孔洞不均匀的情况，须及时更换。目前，市面上流行的"美妆蛋"也属于化妆海绵。

**3. 粉扑**

粉扑多为纯棉质地或化纤质地，用于定妆。

**4. 镊子**

镊子分圆头镊和平头镊两种，用于拔除杂乱的眉毛或辅助捏住细小的化妆材料。

**5. 弯头剪**

用于修剪眉毛及假睫毛。

**6. 修眉刀**

用于修眉型及脸部多余的毛发。眼睛周围的皮肤较脸部其他部位的皮肤薄且敏感，使用修眉刀要特别注意，不要刮伤皮肤。

**7. 睫毛夹**

睫毛夹是使睫毛弯曲的工具。选择睫毛夹时，须以夹头弹性良好、吻合完整为标准。此外，眼睛较平的人应选择弯曲度比较小的睫毛夹，眼睛较立体的人应选择弯曲度比较大的睫毛夹，这样夹出来的睫毛才比较自然。

**8. 假睫毛**

用于增加睫毛浓度和长度，分为完整型（有整体型、眼尾用两种）和零散型。使用假睫毛时需要用专业胶水紧靠睫毛根部粘贴。

**9. 美目贴**

美目贴也叫双眼皮贴，多为透明或半透明的黏性胶纸，是塑造理想双眼睑、矫正眼型的有效工具。化妆时，可根据需要自行裁剪美目贴，以达到自然的双眼皮效果。此外，还有一种叫"双眼皮胶"的化妆工具，但其持久性和支撑性不如美目贴。

**10. 辅助工具**

（1）手指或手掌。在没有化妆工具的条件下，我们可用手指或手掌代替刷子来上底妆和眼影。

（2）棉棒。化妆时擦拭细小部位的最理想用品。

（3）纸巾。用于净手、擦笔、吸汗及去除面部多余的油脂。

（4）化妆棉。用于辅助卸妆、二次清洁或湿敷化妆水。

（5）黏合剂。类似胶水，但对皮肤和五官无刺激，具有高安全性。

（6）化妆镜。用于观察妆容效果。需要注意的是在不同光线条件下，镜子呈现出来的妆容效果会有所不同。

（7）化妆包（箱）。用于放置化妆品的专门容器，以保护化妆品的整洁、干净、完好。

**（二）常见化妆产品的介绍**

化妆产品的种类繁多，可根据使用部位、功效、用途、成分、性状、使用时间等进行划分。即便相同用途的产品也可以有多种功效或形态，其使用顺序或方法也不尽相同。因此，我们仅介绍面部化妆时用到的化妆产品，并根据使用目的分为护肤产品和彩妆产品。

**1. 护肤产品**

化妆前后需要进行必要的清洁与护肤，以保护皮肤的健康，并实现较好的上妆效果。

（1）洁面产品。洁面产品有洁面乳、洁面皂、洁面膏、洁面泡沫等。不同肤质的人适合的洁面产品是不同的。油性皮肤的皮脂分泌旺盛，皮肤油腻光亮，适合选择清洁力较强、泡沫丰富的洁面产品。干性皮肤的皮脂分泌少且均匀，皮肤干燥无光，适合选择温和、乳液状、低泡保湿的弱酸性洁面产品。混合性皮肤兼有油性皮肤和干性皮肤的两种特点，在面部 T 区呈油性，其余部位呈干性，最好使用两种洁面产品分别进行清洁。中性皮肤是理想的健康皮肤，皮脂腺、汗腺的分泌量适中，不干燥，不油腻，富有弹性，洁面时适合选择温和、保湿的弱酸性洁面产品。通常来说，弱酸性的洁面产品最为温和。目前，一般根据洁面产品的核心清洁成分可将其分为皂基洁面产品和氨基酸洁面产品。皂基洁面产品清洁力强、泡沫丰富、脱脂力较强，适合偏油性且肌肤健康的人群。氨基酸洁面产品比较温和、清洁力适中，适用于绝大多数人群。

（2）化妆水。其主要作用是补充水分、滋润皮肤、收敛毛孔、柔软表皮、抑制脱妆等。我们可根据皮肤性质、季节等选择不同主打功效的化妆水。一般来说，酒精成分较高的化妆水有再次清洁、收缩毛孔、抑制油分的作用，适合毛孔粗大的油性、混合性，以及易长痘痘的肤质使用，也适合夏季使用；pH 接近 7 的较温和的化妆水，适合干性皮肤使用；偏弱酸性的化妆水，主打紧致毛孔，控制皮脂分泌，适合油性和混合性皮肤使用。

（3）精华和眼霜。这两者都属于含有丰富护肤成分且功能强大的产品。我们选择精华和眼霜时，可根据皮肤性质、皮肤年龄有针对性地选择保湿、修复、抗皱等不同主打功效的产品。

（4）润肤品。润肤品也就是乳液或面霜。简单来说，乳液质地比较清爽，多呈半透明流动液体状，适合混合型皮肤、油性皮肤或夏季使用。面霜质地比较厚重油腻，多呈不透明的白色或黄色膏状物，适合在干燥的秋冬季节和干性皮肤使用，其具有锁水、保湿、抵御外界侵害的功效。

（5）防晒。防晒品最重要的两个指标是 SPF 值和 PA 值。其中，SPF 值针对的是紫外线的 UVB 波，该波在夏天和午后会特别强烈，长期或过量照射会令皮肤红肿脱皮，造成晒伤。通常，SPF 值越高，防晒伤效果越好。一般来说，SPF 值在 25 以下的防晒产品适用于冬季或室内；SPF 值在 25 以上的防晒产品适合夏季或户外。PA 值针对的是紫外线的 UVA 波，该波有很强的穿透力，可以直达肌肤的真皮层，破坏弹性纤维和胶原蛋白纤维，使皮肤衰老、变黑。通常，PA 等级（＋）越高，防止皮肤晒黑效果越好。

（6）卸妆产品。卸妆产品有卸妆液、卸妆乳、卸妆油等。卸妆在护肤过程中尤为重要，其直接决定了化妆品对皮肤的伤害程度。

**2. 彩妆产品**

（1）隔离霜或妆前乳。这两者均为辅助上妆的产品，能够提升粉底的持久力。按照功能可大体分为保湿型、收缩毛孔型和提亮肤色型。

（2）粉底。最常用的修饰底色的化妆品。粉底可以遮盖面部瑕疵，调整皮肤色调，增强面部立体感。粉底可分为液体粉底、固体粉底、膏状粉底、遮瑕粉底等。其中，液体粉底是我们常说的粉底液，其优点是质地轻薄、易于涂抹、保湿性高、妆面清透，缺点是遮盖力不强；固体粉底的代表是粉饼，通常分干用、湿用、干湿用三种，其优点是质地爽滑、遮盖力强、易携带，缺点是颗粒较大，保湿性较差；膏状粉底，整体呈膏状，油脂含量较多，其优点是遮盖力强、持久性高，缺点是妆感较厚，不够自然；遮瑕粉底，成分类似膏状粉底，但比膏状粉底略干，主要用于掩饰黑痣、色斑、痘印、肤色不均等。

（3）蜜粉。蜜粉又称散粉，用于吸收水分、油分，使妆容更加持久。目前，很多蜜粉还有调剂肤色、遮盖微小瑕疵的功效，主要分为粉末状和固体状两种。

（4）眼影。眼影是所有化妆产品中颜色、质地最为丰富的产品。甚至眉粉、修容粉也与眼影同出一源。眼影按质地可分为粉状、膏状、颗粒状（闪光亮片）、眼影笔等；眼影按颜色可分为彩色系、无彩色系、金属色，或冷色系和暖色系，或珠光系和哑光系，等等；眼影按用途可分为提亮色、过渡色和强调色。

（5）眼线笔、眼线液（笔）、眼线膏、眼线粉。它们颜色丰富，作用是修饰眼线。眼线笔方便携带，易于掌握，适合新手入门，但持久性较差；眼线液（笔）一般有细毛刷头和海绵刷头两种，显色好，轮廓清晰，但是需要一定技术技巧；眼线膏与眼线液相似，需要刷子辅助上妆；眼线粉最大的特点是晕染层次感强，上色效果好，适合眼部易出油者。

（6）睫毛膏。用于修饰睫毛，有加长、加密、卷翘睫毛的作用。

（7）眉笔、眉粉与染眉膏。眉笔和眉粉的主要作用是修饰眉毛形状、长短，染眉膏的作用是更改眉毛本来颜色。

（8）腮红。用于修饰脸颊，使面部红润，或用于修饰脸型。其有膏状、粉状和液态状，其中粉状最为常见。

（9）唇膏、唇彩、唇蜜、唇釉。它们用于修饰唇型，改善唇色，调整唇部立体感，或滋润及营养唇部。其中，唇膏滋润度最佳，唇釉持久度最高，唇彩最能遮盖唇纹，唇蜜光泽度最佳。

（10）修容饼、阴影粉。它们用于修饰妆容和面部轮廓，通过改变面部明暗色泽，在视觉上调整面部凹凸形态。

## 二、化妆步骤与技巧

女性不仅需要了解化妆工具和化妆产品的功用和功效，还需要了解化妆步骤，并进一步研究化妆技巧。

### （一）化妆步骤

科学的化妆步骤是化妆的基础，步骤错误往往会影响化妆效果。

### 1. 清洁皮肤

没有清洁过的面部皮肤上附着油脂、汗液和灰尘，当它们与化妆品中的营养物质或色素、香精接触时，就为细菌的滋生和繁殖提供了有利条件，如果不及时清洁，就会堵塞毛孔，阻碍皮脂、汗液的排出，进而出现红肿、发炎等情况。

"你的脸是洗白了？还是白洗了？"洗脸也有许多学问。为了保证皮肤健康，我们必须掌握科学的清洁方法。

一是洁面的水温有讲究。水温过低，表皮血管遇冷收缩，弹性降低，不利于皮肤的滋养。水温过高，表皮的毛细血管扩张，导致皮肤松弛，产生皱纹。因此，适宜的水温应该是接近皮肤的水温，这样不会对皮肤产生过大的刺激。

二是洁面步骤不能错。通常，先用温水打湿面部和手掌，再取适量的洁面产品放于手心，搓揉至产生泡沫，然后放于面颊，采用螺旋状方式按摩全脸，其中鼻翼两侧和 T 字区等皮脂分泌较旺的部位要重点按摩，最后用流动水彻底清洗干净。注意，洁面动作要轻柔，避免搓、擦、扯等动作，以免损伤皮肤。

三是洗得勤不一定就好。洁面是否使用洁面产品，是否使用清洁性强的洁面产品，是否定期去角质，必须严格根据个人的皮肤状态来选择。尤其是皮肤出现泛红、发热、瘙痒、刺痛、红疹等过敏表现时，必须减少清洁面部次数，慎用洁面产品，以免加大对皮肤的刺激。针对正常的皮肤，清洁面部的次数也不宜超过每日 3 次，去角质的周期也不宜超多，每周 2 次即可。

**2. 保养皮肤**

清洁皮肤后要及时进行护肤。不同的护肤品有不同的功效，不同护肤品使用的顺序也是非常有讲究的，如果不按照正确的顺序操作，那么往往会事与愿违。

（1）使用化妆水

清洁肌肤后的第一步骤是使用化妆水。给面部拍打足量的化妆水，可收缩皮肤毛孔，调理皮肤酸碱度，平衡油脂分泌，并促进后续产品的吸收。如果平常上妆容易卡粉，那么化妆前用化妆水湿敷是一个不错的选择。具体办法是用化妆棉浸湿化妆水，在脸上湿敷 5 分钟左右后，再做后续的保养和上妆。

（2）使用眼霜和精华

眼部肌肤是人体肌肤中最薄、活动最频繁的部位。因为眼部肌肤在化妆过程中经常容易被拉扯，非常容易长出皱纹，所以眼部的护理是非常重要的。一般 20 岁就可以开始以基础保湿为主进行眼部护理了。

眼霜是专门针对眼部肌肤，主打保湿、紧致、抗皱等的功能性化妆产品。使用眼霜时，可用无名指蘸取眼霜，先用指腹温度将其乳化，再轻点至眼周，按照逆眼纹方向，轻轻按摩至吸收。

精华是针对整个面部的。先取足量的精华于掌心，"加温"搓揉后，再分别轻点于额头、两颊、鼻子、下巴，由内往外、由下向上轻柔地按摩，最后用两手掌包裹两颊、下巴等脸部肌肤，透过手温帮助精华吸收。

（3）面霜/乳液

面霜/乳液是基础护肤最重要的一步。将其涂于肌肤后，可以迅速形成一层轻薄的膜，从而防止水分和前面护肤营养物质的流失。如果把皮肤比作一个水瓶，前期的护肤工作就是向水瓶里加水，面霜/乳液的作用相当于瓶盖，只有盖住了瓶盖，才能将水牢牢地装在瓶子里。面霜的使用方法与精华类似，可先蘸取适量的产品到手心，充分搓揉乳化后，均匀地涂抹至面部，直至吸收；也可用手指蘸取点于面部，再用指腹或手心按摩帮助其吸收。

不论是哪一种护肤品，凡需要涂于面部并按摩帮助吸收的，均须遵照与地心引力相背的原则。涂抹护肤品时，按摩手法多用点、压、按或画圈的方式，按摩方向要与皱纹成直角或逆向，按摩力度要轻柔。

（4）防晒霜

使用防晒霜时，不需要打圈按摩，涂匀即可。需要注意的是，防晒霜的使用量一定要足，一般整张脸用一枚一元硬币大小的量。擦涂时间最好是出门前30分钟。如果长时间进行户外活动，那么一定要记得补涂，一般2～3小时补涂一次。

补涂防晒霜可分为以下三种情况：一是在未使用彩妆产品的情况下，可先将脸部用清水稍微清洗一下，再使用保湿喷雾给脸部进行补水保湿，待皮肤完全吸收后，涂抹防晒产品。二是在使用少量彩妆产品的情况下，如只上了底妆，可先将脸部多余油脂用吸油纸吸干净，再使用保湿喷雾为皮肤补水保湿，最后将防晒喷雾放于距离皮肤10～15厘米的位置，轻轻按压，使其均匀地落在脸部皮肤即可。三是在使用较多彩妆产品的情况下，可使用带有防晒功能的粉饼或散粉进行补妆防晒。

**3. 设计底妆**

从底妆开始，就正式到了彩妆环节。底妆的设计是化妆过程中最关键的环节，犹如画画的底色，只有底妆干净、完美，才能让其他彩妆有绽放之地。

（1）识别自己的肤色

肤色决定着粉底颜色的选择。肤色主要由皮肤内黑色素的多少决定。以我们亚洲人为例，皮肤有偏白色、偏红色、偏黄色、偏黑色四大类型。对于个人来说，皮肤颜色还会因年龄、季节、环境、健康状况等的变化而变化，比如随着年龄的增长，肤色会变得暗淡、无光泽；身体健康状态不佳时，肤色会变苍白或发黄。同时，皮肤不同部位的色素分布也不均匀，以面部来说，一般前额肤色偏深，眼周围肤色发青，面颊肤色偏红，嘴周围肤色偏黄。

如果无特殊需要，那么选择粉底色号时，一般可以在脸部与脖子的界限处进行测试。若与此处皮肤颜色一致，则上妆效果最为真实自然；若要相对白皙的妆容，则可选择比此处皮肤颜色稍白的粉底。

（2）使用妆前乳/隔离

根据个人皮肤状态和妆容需要，通过点涂的方式，为脸部上妆前乳/隔离。妆前乳/隔离有调节肤色、隐藏毛孔、使粉底更加贴合面部等功效。

（3）使用粉底和遮瑕膏

选择好适合自己肤色色号的粉底后，可先画额头，再画鼻中和双眼，之后从里向外画完全脸，最后检查鼻窝、嘴角、内眼角、发际线附近等处，并衔接脖子与面部。局部上底妆时，可先中间从上往下画，再从中间向左右两边画。上妆工具可依据个人习惯采用粉底刷、化妆海绵或者手指。化妆步骤也可依据个人习惯调整，但总目标都是服帖、均匀、干净。

遮瑕可根据不同遮瑕产品的形状，选择在粉底前上或粉底后上。要采用少量多次、点涂的方法，在脸上的痘印、黑痣、黑眼圈甚至法令纹等处进行遮盖。

（4）高光和阴影

高光可以面部骨骼凸起为依据，用刷子轻扫 T 字区、颧骨、眉弓、下巴等处，起加强、突出作用。

阴影可以在面部骨骼的凹陷处，或鼻翼两侧、发际线周围、过于突出的颧骨等处，用刷子轻扫，以起减弱、收缩、凹陷的作用。

（5）定妆

用粉扑或刷子蘸取定妆粉（蜜粉）均匀扑于面部。要注意，如用粉扑，须先对折、搓揉粉扑，使粉扑上的粉质均匀，然后从油脂分泌最多的鼻子向四周脸颊扑匀。

**4. 修饰眉毛**

眉毛的高低、长短、粗细、浓淡，甚至眉峰的弧度都能够影响脸型和五官比例。我们通常将眉毛的内端称为眉头，外端称为眉梢或眉尾，眉毛略成弧线形，弧线的最高点称为眉峰，眉头和眉峰中间的部分称为眉腰。眉型的选择要根据脸型、眼型、性格而定。

（1）确定眉型。标准眉型是眉头至眉腰、眉腰至眉峰、眉峰至眉梢这三段将整个眉毛三等分；眉头的位置在鼻翼与内眼角连线的延长线上；眉梢的位置在一个范围内，即唇外侧与外眼角连线的延长线与眉相交处是眉毛的最短位置，鼻翼与外眼角连线的延长线与眉相交处是眉毛的最长位置；眉峰的位置在眉头至眉梢的 2/3 处，或眼睛平视前方时，眉峰在黑眼球的外侧相切的线与眉毛的相交处。

（2）修整眉型。用修眉刀或镊子清除理想眉型外的杂毛。

（3）修理过长眉毛。先用眉梳将眉毛梳整齐，然后用小剪刀将过长的眉毛剪掉，或先用眉梳把眉中段往后过长的眉毛向下梳，然后把超出眉型部分的眉毛用小剪刀修掉。

（4）画眉。一般先确定眉峰和眉尾的位置，然后顺着眉毛生长的方向描画，直至眉峰和眉尾，最后填补空隙、轻扫眉头，力求过渡连贯、收尾自然。实际操作中，需要根据眉毛的深浅、妆容、发色的深浅挑选颜色合适的眉笔、眉粉。在用眉笔或眉粉描画的过程中还需要根据眉毛的多少、粗细调整落笔位置及落笔轻重，以画出完美、自然的眉型。

（5）染眉。根据妆面需要，选择合适的染眉膏颜色为眉毛染色，力求眉毛颜色与眉笔或眉粉颜色相一致。

**5. 修饰眼部**

眼睛是心灵之窗。眼睛的修饰在整个面部化妆中有"画龙点睛"的效果。中国人眼睛的特点是眼部平坦，眼皮微肿，双眼皮褶皱相对狭窄，眼裂细小，内眼角不明显，眼型略为往外上方倾斜，整体看起来缺乏立体感。眼妆正好可以让眼睛变得立体有神。

（1）利用美目贴修饰眼型。根据眼型和眼皮的薄厚，确定双眼皮的大小和形状。使用美目贴时轻闭眼睛，在理想位置进行粘贴，之后睁开眼睛检查效果。

（2）刷涂眼影。为眼睛周围涂眼影可以利用眼影的色彩变化，突出眼部的结构，增加眼部的神采。如同眼影的颜色是所有化妆品中最为丰富的，眼影的画法也各式各样、各有风格。常见的眼影晕染技法有平涂法、渐层法、段式晕染等。

平涂法晕染眼影是指将眼影均匀、没有层次地涂抹在眼部，特点是通过色彩纯度的变化来美化眼睛。选用平涂法晕染眼影时，应从睫毛根部开始。睫毛根的部位可描画得浓一些，色彩可深一些，逐渐向上减淡消失在眼窝处，再在眉骨处用亮色提亮，增加眼部的立体感，并与眼影自然衔接。浅色平涂使人显得单纯、年轻；深色平涂使人显得直率、时尚。平涂法晕染眼影比较适合肿眼泡。三色平涂法的眼影上妆步骤如下：第一步，需要根据妆容风格确定眼影的提亮色、过渡色和强调色。第二步，需要在上眼皮大面积涂抹提亮色。第三步，在上眼皮的1/2靠近睫毛根部一侧涂抹过渡色，形状类似半圆形。第四步，紧贴睫毛根部，宽度不要超过过渡色的1/2，形状与过渡色形状保持一致并按比例缩小。第五步，下眼睑与上眼皮操作步骤一样，但是一般从距内眼角1/2处开始，提亮色宽度不要超过"卧蚕"的位置，眼尾可适当延展，过渡色和强调色按比例同等缩小。

渐层法晕染眼影是先选择浅色的眼影，用平涂的手法平铺上眼睑，然后选用深色眼影从睫毛根部开始以三等分的方式描画眼影。将眼线至眼窝的部位划分为三等分，靠近睫毛根处的眼影颜色最深，向上颜色减淡，且色彩与色彩之间不能有明显的分界线，要过渡自然，如需要加深颜色，同样选用三等分的方式描画眼影。要想在色彩的表达上较为丰富，可选用同类色、类似色、邻近色，但色彩不宜超过三种颜色。选用渐层法晕染眼影时，能够使眼神具有神秘感，同时可消除浮肿的眼皮，拉宽眉眼的间距。渐层法晕染眼影比较适合小眼睛。

段式晕染眼影是指按素描绘画的方法晕染，将深暗色涂于眼部的凹陷处，将浅亮色涂于眼部的凸出部位。暗色与亮色的晕染要衔接自然，明暗过渡合理。段式晕染最大的特点是通过色彩明暗变化来表现眼部的立体结构，适合各种眼型。

（3）眼线。根据妆容需要，选择眼线颜色，确定眼线粗细，并根据眼型确定眼线于上下眼睑的起始位置，贴着睫毛根部勾画眼线，眼尾可微微拉伸或上翘。一般日常妆可选择黑色、棕色、深蓝色等颜色，从上眼睑至内眼角的 2/3 处向眼尾描画，下眼睑只在眼尾轻扫一点即可。

（4）睫毛膏。先用睫毛夹将睫毛夹至弯曲、上翘，再涂睫毛膏。若睫毛较短，则涂睫毛膏前可先涂无色睫毛膏，以接长睫毛，再涂有色睫毛膏，力求根根分明，忌"苍蝇腿"。

### 6. 修饰面颊

（1）确定腮红颜色。一般选择与肤色和谐的色调。皮肤白皙、苍白的应选择古铜色、淡粉色腮红；肤色偏黄，适合暗粉色、橙棕色腮红；皮肤偏小麦色，可以选择青紫色、深古铜色的腮红。腮红颜色的确定除了要适合自己的肤色外，还需要与口红、眼影、服装的颜色等相一致。

（2）涂抹腮红。腮红的涂抹方向与呈现的形状能够产生改变脸型的视觉效果。长而瘦的脸型一般横向涂，可压缩脸型的视觉长度，使脸型趋于圆润饱满。圆而有肉的脸型一般向上倾斜扫涂，从视觉上拉长脸型。一般细长的腮红形状给人成熟冷艳的感觉，而圆形的腮红形状能够令妆容更趋于青春可爱的风格。

### 7. 修饰唇部

口红是化妆必备的基础单品。就算只上了底妆，但只要给唇部涂上不同的颜色，就可以改变整个人的精神面貌，甚至性格气场。

（1）做好护唇工作。只有定期去角质，并保持嘴唇的湿润，才能保持嘴唇不蜕皮、不干裂的弹性状态。上唇妆前亦可先涂一层护唇膏。

（2）如果唇型不完美，或唇色较深较暗，那么可用遮瑕膏、粉底等进行遮盖。具体操作是先将粉底（或遮瑕膏）涂在唇线上，然后用粉扑将其按开。

（3）画唇线。唇线颜色须与口红颜色相近，沿着双唇四周勾勒轮廓，或按照自己想要的唇型勾勒。近年来，日常生活妆中，唇线的使用较少。

（4）涂口红。下嘴唇一般是从两侧往中间涂画，上嘴唇一般是从唇峰向嘴角涂画，最后填满轮廓中的空白处。

### 8. 做好卸妆处理

化妆不卸妆，等于护肤不清洁。只有将妆容卸得干干净净，才能彻底放松肌肤，为肌肤的后续保养打开吸收通道。

卸妆顺序依次为眼睛、眉毛、嘴唇和面颊。清除睫毛膏：先用化妆棉或棉签蘸取眼部卸妆剂，轻敷于睫毛 3～10 秒，然后按照眼睫毛生长方向，由根部向睫毛尖轻轻擦拭；清除眼线：用化妆棉或棉签蘸取眼部卸妆剂，由内眼角向外眼角轻轻点按或滚抹；清洗眼影及眉部：用化妆棉蘸取眼部卸妆剂，覆在双眼的眼睑和眉部，短暂停留后，轻轻由内向外、由下向上拉抹；清除唇膏：与清洗眼影手法类似，轻柔、敷压，顺着肌肤纹理走势轻轻擦去；清洗脸颊：先取适量卸妆剂抹在脸颊上或手心，用手指或手心在脸颊两侧，顺着颧肌走向，由下向上、由内向外轻揉，再用温水冲净，清洗脸颊。

需要注意的是，卸妆是洁面的第一步，卸妆后仍然需要洁面。

### （二）化妆技巧

娴熟的化妆技巧可以以面部骨骼和肌肉结构为基础，通过线条、光影和色彩的呈现，从视觉上改变面部形象，使面部结构、五官比例趋于完美，达到化妆提升面部形象的目的。

化妆时，一般以"三庭五眼"作为面部美比例的参考标准。所谓"三庭五眼"，即将人的面部纵向等分成三份，分别为"上庭""中庭""下庭"；横向等分成五份，即"五眼"。其中，"上庭"为发际线至眉心（即眉头连接线的中心）的距离；"中庭"为眉心至鼻底的距离；"下庭"为鼻底到下颌底的距离；"五眼"为正面看面部时，从左耳孔到左外眼角的距离，从左外眼角到左内眼角的距离，从左内眼角到右内眼角的距离，从右内眼角到右外眼角的距离，从右外眼角到右耳孔的距离。这里所说的"距离"为视觉平面图上的直线距离。

**1. 面部轮廓的调整技巧**

化妆可以巧妙弥补面部轮廓的不完美，具体可分以下几种情况。

（1）面部轮廓分明，线条硬朗。从额部外端、颧骨下向鬓角边及下颌骨边缘涂暗色粉底，使边角变得柔和，视觉上缩小宽度。

（2）两侧太阳穴凹凸不等，两侧面颊宽窄不一。先用肤色号粉底薄涂全脸，再用浅于肤色号粉底涂凹、窄部位，最后用深色号粉底涂凸、宽部位。

（3）面部肥胖。依照骨骼结构，在凹陷处使用深色粉底，人为制造暗影。整体造型多用深色、冷色系。

（4）面部消瘦。充分利用亮色粉底，化妆线条多用"球状"手法，在颞部和脸颊多用浅色弥补。

（5）面部过平。依据面部骨骼结构，在骨骼凸起处（如额头、鼻梁、下巴、眉骨等处）用浅色粉底，在骨骼凹陷处（如发际线、面部轮廓线条附近、鼻子两侧等）用深色粉底。但是，用深色粉底和阴影粉时，需要小心处理，忌画的脏或不健康。

**2. 鼻子修饰技法**

（1）塌鼻梁：鼻侧影起始点可从眉头处开始。描画鼻侧影时，颜色可略深，鼻侧影上半部分可以略宽。同时，用亮色提亮眉间、鼻根和鼻梁，甚至鼻头。

（2）长鼻子：鼻侧影的起始点从上眼睑中部向内眼角开始晕染，结束点不要到达鼻翼，鼻尖也可横扫阴影，这样可以从视觉上适当降低眉毛高度，使鼻根处缩短。

（3）短鼻子：从眉头的位置向鼻尖方向纵向晕染鼻侧影，结束点至鼻翼处消失，鼻侧影可略加宽，这样可以适度提亮鼻尖，适当抬高眉头。

（4）圆鼻头/蒜头鼻（鼻尖、鼻翼较大）：鼻阴影从鼻侧开始向下，一直延伸画至鼻翼，眉头处阴影较浅，鼻翼处阴影较深，鼻尖提亮。双眉横向扩张，嘴巴也可适当画宽。

鼻子的修饰，主要是依靠鼻子两侧的阴影和鼻子正面的高光来调整鼻子给人的视觉效果。在化妆时，我们可依据个人的实际情况，多加试验，调整起始点和结束点、宽和窄、多和少，从而找到最适合自己的妆容效果。

**3. 眼睛出彩技巧**

眼睛是心灵的窗口。化妆时一定要重点突出眼睛部位。

（1）双眼皮小眼睛：在上眼睑睫毛根部涂深色眼影，越往外眼角处相对略淡，下眼睑可用亮色眼影。眼线要细而长，同时上下眼线都不从内眼角开始画。如果眼线尾部（外眼角部分）上下眼线不汇合，那么更有增大眼睛的效果。

（2）肿眼皮：眼影宜用深棕色，眼线可略粗，加粗时遵循从内眼角向外眼角逐渐加粗的原则。

（3）凹眼窝：眼影用亮色，以显得丰满，眉骨下方用暖色调提亮。

（4）吊眼角：内眼角上方眼影多用亮色，上眼线末端稍微朝下，下眼睑末端尽量拉平，下眼睑睫毛外侧加强暗色晕染。

（5）垂眼角：内眼角上方眼影用暗色，上眼线逐渐加重略向上翘，下眼线细而匀。

（6）眼距窄：眼线的重点在外眼角，眼影着重晕染在眼尾周围，内眼角处涂以稍亮的色调。

（7）眼距宽：眼线从内眼角处开始，并适当加粗，内眼角处眼影浓一点，眼尾方向涂淡一点。

（8）单眼皮：如果是薄单眼皮，可利用美目贴，做双眼皮。如果不改变单眼皮，可加宽眼睑缘的厚度，即上眼线要画得宽，外眼角处向外延伸。

**4. 眉毛修饰技巧**

（1）眉毛残缺，色淡。确定眉型后，用眉笔淡淡地按照眉毛生长方向画出主要线条，用眉刷填充。

（2）眉毛过浓，两眉间距较近。确定眉型后，用刮眉刀刮去多余眉毛，用镊子清除眉心多余眉毛。如果技术娴熟，那么可用镊子跳跃拔除部分眉型内的眉毛，以减淡眉色，或使用浅色染眉膏。

**5. 唇部美化方法**

（1）薄唇、小唇：可以用唇线笔适当地将唇型外扩，扩展线条要柔软、丰满，然后填色；也可以直接用唇膏增加嘴唇厚度，描画尺度可覆盖原有唇部轮廓，同时注意保持一个较大的弧度。

（2）厚唇、大唇：可以先用粉底遮盖原有唇线，然后在原有唇线内重新勾勒唇线，并填充，注意填充时要内浓外浅，同时在唇底部适当增加阴影；也可以选择"咬唇妆"，粉底遮盖唇型后，直接涂抹口红，涂抹时仅涂抹"抿唇处"，然后重复抿唇几次，使口红色内深外浅。

（3）嘴角下垂：可用唇线笔在嘴角处稍微向上描画，要超过上嘴角，使嘴角上提。

### 6．五官与脸型的协调美化

（1）圆形脸适合的五官妆容

眉型：最好为棱角眉或挑眉，上挑的眉峰能增加眉毛与眼睛的距离，拉长脸型。

眼型：利用上下眼线拉长眼尾轮廓，可以增加妩媚、成熟的感觉。

鼻型：长鼻子会在视觉上拉长脸型。可利用阴影、高光适当将鼻子画长，并适度提高眉头。

唇型：稍带棱角，唇部轮廓可偏向直线式画法，从而减少曲线弧度。

腮红：在眼睛下方至颧骨处，竖扫腮红，减弱脸型的视觉宽度。

（2）长形脸适合的五官妆容

眉型：平直宽松的眉型可以从视觉上拉宽脸型。比如，一字眉、眉峰等不明显上挑的眉型。

眼型：偏圆形眼睛，同时通过加深眼尾的眼影晕染和睫毛拉伸，造成拉宽脸型的视觉效果。

鼻型：弱化"中庭"比例，适当淡化鼻梁的立体效果。如果需要用阴影、高光凸显鼻子的挺拔，那么最好选择分段式立体法，即将鼻子从鼻根到鼻头分成三段，不可三段同时做阴影和高光。

唇型：厚唇能弱化下巴长度，长形脸适合饱满、丰厚的唇型，轮廓线适合曲线，从而打造弧度。

腮红：适合横向式腮红。

（3）方形脸适合的五官妆容

眉型：宜弧度柔美，颜色略淡。可增加女性面部的柔美感，消除方形脸的严肃、硬朗。

眼型：适合圆且大的眼型，可利用美目贴增加双眼皮的宽度，眼线不要拉长，在眼尾微微上翘即可。

鼻型：适合挺拔立体鼻型，打造"中庭"为视觉中心，可弱化脸部轮廓。

唇型：适合曲线式轮廓，有一定的弧度变化，可增添浪漫色彩。

腮红：位置要大，以打圈的方式刷涂于颧骨附近。

（4）正三角形脸适合的五官妆容

眉型：适合长型眉毛，眉峰外移略带弧度的眉型会转移下颌的视觉关注度。

眼型：菱形眼妆，适宜突出眼部神采，打造动人眼妆，同时可转移下颌的视觉关注度。

鼻型：做好眼妆和眉妆的"配角"即可，帮助视觉重心保持在眼眉之处。

唇型：弱化唇型和颜色。

腮红：宜浅色，横扫于太阳穴、颧骨、额头附近。

（5）菱形脸（颧骨较高）适合的五官妆容

眉型：宜纤细柔和，淡化眉弓。

眼型：重点打造楚楚动人的眼妆，眼影可多渲染在内眼角和眼睛正上方，从而缓和眼睛两侧的高颧骨。

鼻型：适合小巧圆润的鼻型，从而缓和颧骨带来的凌厉感。

唇型：适合两边嘴角内收、弧度柔美的唇型。

腮红：用浅色腮红提亮额头和脸颊，在颧骨的凹陷处到耳根附近，斜扫浅色腮红，额头也可稍做提亮。

## 三、化妆原则与礼规

女性在越来越精彩的现代社会生活中，需要精心学习、扎实掌握化妆的礼仪文化，同时在化妆的过程中要遵循一定的原则和礼仪规矩，从而不断提升自身的化妆品位与内涵素养。

### （一）化妆原则

#### 1. 清爽干净

清爽干净是女性化妆礼仪的基础原则，具体包括仪容整洁、体味清爽、妆容清晰三个方面。

（1）仪容整洁

仪容美的前提是讲究个人卫生。"要做勤女人，不做懒女人"，首先要从仪容的卫生清洁做起。

一是在清洁面部时，要经常清洗脖颈、耳朵等部位；二是注意及时清理眼部、鼻部的卫生，绝对不能将眼屎、鼻垢、鼻毛外露，同时注意清洁鼻部黑头和鼻涕、鼻痂。

头部位于身体的最上方，是最引人注目的地方。干净整洁、梳理整齐的头发，才能与光洁的面容相得益彰，才能展现良好的精神面貌与素养气质。清洁头发的标准是无异味、无油垢、无头屑。

口腔卫生是仪容整洁最容易忽视的一点。与人交谈时，口腔异味、牙齿上沾有食物残渣等都是不卫生、不礼貌的表现。清新的口气和健康洁白的牙齿会提升女性在人际交往时的好感度。需要注意的是，除了不经常刷牙、食用刺激性食物外，患龋齿、牙龈炎、口腔溃疡等口腔疾病以及消化不良、肝病、糖尿病等体内疾病都会引起口腔异味，此时单靠刷牙、漱口的方法不可能消除，需要及时治疗。

（2）体味清爽

一是勤洗澡，清除头发、身体上的尘土、油污、油烟味等各种异味。二是经常换洗衣物，保持衣裳的整洁、干爽、舒适。三是可以学会用"香"实现体味协调。除去洗发水、沐浴乳、清洗衣物的清洗剂等日化用品的清新味道外，女性还可根据当天的服饰、妆容、出席场合或个人的性格、年龄、喜好等挑选一款香水随身携带，以清爽体味。

（3）妆容清晰

妆容的干净精致不仅在于面部彩妆的正确应用，还在于皮肤是否无脱皮脱屑、嘴唇无干燥爆皮、眉毛无杂乱生长等。事实上，不论化妆与否，注意保养面部皮肤、维持五官的清爽都是女性良好形象的基石。

女性以"残妆"示人，既有损个人的形象，也显得对人不礼貌。尤其是口红，最易常因说话、喝水、吃饭而出现脱落或沾染到牙齿表面的情况。因此，女性朋友在上妆后要及时检查自己的仪容形象，尤其在出汗后、日晒后、用餐后、休息后，要适时适地补妆。如果发现妆面残缺、"花脸"，就要即刻找到能够回避他人的地方进行补妆。

很多女性喜欢为手脚的指（趾）甲涂抹彩色甲油，或在指（趾）甲上装饰水钻、贴片，以增添女性魅力。但是，她们对指（趾）甲出现甲油脱落、甲面开裂等现象并不关注。如果甲油剥落或脱落，就要及时补涂，或洗掉甲油，保持指（趾）甲干净清洁。

**2. 自然真实**

自然真实是女性化妆的重要原则，具体包括化妆要扬长避短、妆容要修饰到位、妆效要保持本色三个方面。

（1）化妆要扬长避短

化妆要因人而异。如果把化妆仅仅停留在按照书中或者时下流行的化妆步骤，依次完成了对面部五官的描绘上，那么只能算是掌握了化妆的基本技术。女性在化妆时应该有敏锐的观察力、高层次的审美能力与分析判断能力。只有发现自身条件中的优势及劣势，然后借助化妆术将自身的优点放大，将缺点弱化，扬长避短，找到能够充分体现内在气质与性格的化妆方法或风格，才是真正掌握了化妆的精髓，才是利用化妆表现个性魅力的最高境界。

需要注意的是，扬长避短，不是在突出优点时画蛇添足，也不是在掩饰不足时欲盖弥彰，而是要巧妙地找到中间的平衡点，创造出独特的个性美。

（2）妆容要修饰到位

化妆要把握"修饰到位，简单不简陋"的原则。有些女性因对化妆技巧掌握不熟或对化妆礼节认识不到位,常在口红边沿不清晰、粉底浮乱、脖子和脸部两个色等妆容脏乱的情况下就出门参加活动。这种为了化妆而化妆,不仅不能提升女性形象,还会使形象更加糟糕。因此,女性必须在熟练掌握化妆技巧后,通过精心设计、细心操作,让妆容看起来有妆似无妆,才能精致动人,提升形象气质。

(3)妆效要保持本色

化妆最高的境界是"妆成有却无"。一位著名的化妆师说过:"化妆的最高境界可以用两个字来形容,那就是'自然'……让人家看起来好像没有化过妆一样,并且这化出来的妆与主人的身份匹配……最坏的一种化妆,是化过妆以后扭曲了自己的个性,又失去了五官的协调,如小眼睛的人竟化了浓眉,大脸蛋的人竟化了白脸,阔嘴的人竟化了红唇,等等。"化妆应该使女性在保持本色的基础上提升其自然美、真实美,同时淡化那些不足之处,而不是把自己变成另一个人的样子,从而失去了自己的个性与风格。

**3. 协调得体**

协调得体是女性化妆的关键原则,具体包括妆面协调、妆面与整体形象协调以及妆面与场合、环境协调三个方面。

(1)妆面协调

妆面协调就是在具体的化妆中,面部各个部位的妆容在风格上、色彩上都协调统一。根据《基础素描》一书中关于色彩明度、纯度、同类色、邻近色、互补色、对比色、冷暖色的介绍,妆面协调主要有以下几种。

①色彩明度的对比搭配。明度对比是指运用色彩在明暗程度上产生对比的效果,也称深浅对比。明度对比有强弱之分。强对比颜色间的反差大,对比强烈,产生明显的凹凸效果,如黑色与白色对比。弱对比则淡雅含蓄,比较自然柔和,如浅灰色与白色对比、淡粉色与淡黄色对比、紫色与深蓝色对比。化妆中的色彩运用明度对比进行搭配,能使平淡的五官显得醒目,具有立体感。

②色彩纯度的对比搭配。纯度对比是指由于色彩纯度的区别而形成的色彩对比效果。纯度越高,色彩越鲜明,对比越强烈,妆面效果越明艳、跳跃。纯度越低,色彩越浅淡,对比越弱,妆面效果则越含蓄、柔和。化妆中色彩运用纯度对比进行搭配要分清色彩的主次关系,避免产生凌乱的妆面效果。

③同类色、邻近色的对比搭配。同类色对比是指在同一色相中色彩的不同纯度与明度的对比,如化妆中使用深棕色与浅棕色的晕染属于同类色对比。邻近色对比是指色相环中距离接近的色彩对比,如绿与黄、黄与橙的对比等。运用这两种色彩进行搭配,妆面柔和、淡雅,但容易产生平淡、模糊的妆面效果。因此,化妆时要适当地调整色彩的明度,使妆面效果和谐。

④互补色、对比色的对比搭配。互补色对比是指在色相环中呈180°相对的两

个颜色，如绿色与红色、黄色与紫色、蓝色与橙色的对比。对比色对比是指三个原色中的两个原色之间的对比。这两种对比都属于强对比，对比效果强烈，引人注目，适用于浓妆及气氛热烈的场合。搭配时，要注意强烈效果下的和谐关系，使之和谐的手法有改变面积、改变明度、改变纯度等。

⑤冷色、暖色的对比搭配。色彩的冷暖感觉是由各种颜色给予人的心理感受而产生的。暖色艳丽、醒目，具有扩张的感觉，容易使人兴奋，使人感觉温暖。冷色神秘、冷静，具有收缩的感觉，使人安静平和，感觉清爽。冷色在暖色的衬映下会显得更加冷艳。例如，冷色系的妆运用暖色点缀，更能衬托出妆容的冷艳；同样，暖色系的妆在冷色的映衬下会显得更加温暖。化妆用色时应充分考虑到这一点。

（2）妆面与整体形象协调

妆面与整体形象协调，就是在具体的化妆过程中，要将妆面的彩妆颜色、妆容风格、发型设计与服装、配饰等一起进行整体考虑，打造和谐、统一的整体形象。

为了使妆面与整体形象的色彩协调，笔者推荐一种彩虹配色法进行整体造型的色彩搭配。彩虹配色法是适合自然、柔和、低调的妆面和造型的配色方法，追求的是颜色间的温和过渡。彩虹配色法的原则是彩虹颜色千千万，相邻取色定自然。所谓相邻颜色就是在协调妆面或服装的色彩时，为一个选定颜色选择与其相邻的两种主色调进行搭配。比如，参加晚宴时，如果想将自己的眼妆搭配蓝色亮面缎服装，那么可以选择蓝色的眼妆进行层次晕染。为了使眼妆富有更强的层次变化和色彩表达，还可以选择与蓝色相邻的绿色系或者紫色系，可将特别偏蓝的绿色与特别偏蓝的紫色进行糅合，从而实现和谐、自然、柔和的妆效。除了选择跨色系的颜色外，我们可以将重点放在一个颜色的同类色上进行搭配。比如，红色可以和橘红、樱桃红、玫瑰红等所有它的同类色进行糅合，这其实是红色系向黄色系的过渡。再比如，如果眼妆已经用了偏黄的颜色，那么项链或围巾选择蜜桃色比选择纯粉红色要柔和得多，因为蜜桃色里面就有黄色，而不像纯粉红色那样就只是红色加白色，这就是色彩搭配里的呼应。

除了上述色彩搭配要和谐外，妆面的风格与脸型、发型、甲型、香水、服装、配饰等造型元素的款式、风格应相协调，从而形成和谐、统一的整体形象。我们利用化妆色彩与化妆技巧，可使妆面呈现乖巧文静、活泼可爱、青春时尚、成熟稳重、朴素大方、古典优雅、性感妩媚等不同的化妆风格。我们可以为不同风格的妆容选择与之相配的发型、服装与配饰。例如，乖巧文静的妆面可以搭配淡雅的裙装与小巧精致的配饰；青春时尚的妆面可以搭配活力多彩的T恤、牛仔裤与色彩艳丽的配饰；优雅大方的妆面可以搭配端庄得体的套裙、连衣裙与精致低调的白金、铂金、钻石等配饰。只有整体造型风格统一，才能凸显良好的审美品位与时尚礼仪。

（3）妆面与场合、环境协调

妆面与场合、环境协调指化妆的效果与出席的场合、年龄、职业、社会地位、环境等相协调。比如，政府部门服务窗口的女性工作妆应以淡雅、清新、自然为宜，如果涂抹厚重的烟熏妆，就会让人觉得格格不入。又如，人人都盛装出席的晚宴中，参会女性不化妆或妆面过于素雅也会让人觉得其不能融于环境。为了确保妆面与气场、气氛相协调，我们在具体的化妆造型中，要充分考虑年龄、气质、身份等个人因素，考虑白天与晚上、一年四季、晴天与雨天的自然环境因素，考虑室内与室外、公务、休闲与社交、喜庆与肃穆的场合因素，考虑农村与城市、南方与北方、国内与国外的生活环境因素，考虑政府机关、事业单位、公司企业等工作环境因素，考虑证券金融、法律财会、公关文秘、市场营销、艺术设计、表演主持等岗位环境因素，等等。

**（二）化妆礼规**

礼貌文明是女性化妆的重要原则，具体包括不在公共场合化妆、不在异性面前化妆、不以残妆示人、不借用他人化妆品、妆容不妨碍他人、不随意评论他人妆容六个方面。

1. 不在公共场合化妆。化妆需要在私人空间进行，最好不要被别人看到。如果需要补妆，那么尽量选择私人车内、公共场合的洗手间内或其他避人的地方进行。

2. 不在异性面前化妆。化妆、补妆是非常隐私的事情，应该在私密场合内进行，尤其不要在男士面前化妆，这很容易让男性觉得这是在引起他的注意，从而引起误会。

3. 不以残妆示人。脸部的妆容保持一定的时间后颜色就会发生质变。补妆是指对已质变的部位进行补画。一般 T 字区，即额部、鼻翼两侧和下巴等部位相对爱出油，是补妆的重点。具体步骤如下：①用面巾纸或吸油纸按压面部，吸去多余的汗水，注意手法一定是按压。如果擦抹的话，易让脸上的腮红、底妆和其他的彩妆产品混到一起，出现结块、不均等情况，俗称"花脸"；②用吸油纸从鼻子、额头、下巴等爱出油的地方开始，轻轻按压，吸去面部油脂；③用棉棒将眼部周围已经晕染的部分擦掉，用纸巾将唇部的彩妆残渣擦去，并清除唇部的干皮；④用保湿喷雾从远处均匀地喷涂全脸，待水分被皮肤完全吸收后，用散粉或粉饼以少量多次的方式依次轻扫或拍打面颊、额头、下巴、鼻子，及嘴角、发际、鼻翼窝等细微的地方，直到新粉和旧妆充分融合；⑤根据睫毛膏、腮红、口红的脱落情况，决定是否需要补涂。

4. 不借用他人化妆品。化妆品是非常私人化的物品，通常是单人专用。因此，一定要有自己的化妆品，不要随便借用他人的化妆品。借用化妆品，一是不卫生，容易传染疾病；二是让被借用一方为难，不礼貌。

5. 妆容不妨碍他人。妆容一定要让人感觉舒适，赏心悦目。如果妆容不够干净，如口红沾到牙齿，粉底涂抹不均，香水喷得太浓，妆容残缺不全，等等，那么都会让别人感到不舒服，这也是不合礼规的。

6. 不随意评论他人妆容。对别人的妆容指指点点，评头论足，甚至热嘲冷笑，都是不尊重他人的表现。

凡事都要有规则，化妆同样如此。只有遵守化妆原则和礼规，才能彰显女性的魅力和修养。

# 第三节　化妆类型与化妆风格

化妆的分类方式非常多，从化妆色彩来分，可分为淡妆和浓妆；从化妆部位来分，可分为全面化妆和局部化妆；从化妆场合来分，可分为生活化妆和表演化妆；从化妆的目的来分，可分为日妆、晚妆、职业妆、新娘妆、创意妆、平面妆；从化妆的风格来分，可分为日韩风、欧美风、复古风、甜美风、朋克风、学院风；等等。

## 一、化妆类型

### （一）自然光中的化妆（淡妆）

自然光中的化妆，是人们在自然光源下的化妆，其主要目的是通过化妆品和化妆技巧，改善面部不足，突出优点，进而提升个人外在形象。

### 1. 日妆（生活妆）

日妆是人们在日常生活工作中，对面部五官进行轻微的修饰与美化。它不是简化化妆步骤和少用化妆品种类，而是追求效果自然、不夸张。

日妆适用的场合是日常工作、生活、学习、休闲，其特点是不夸张、不繁复。不夸张指对轮廓、凹凸结构、五官等修饰变化不能太夸张，要与晚妆和舞台妆相区别。不繁复指清晰、自然、简洁，不要有明显的人工雕琢的化妆痕迹，在遵循原有容貌的基础上，适当地修饰、调整、掩盖一些面部缺憾，使人感觉与整体形象和谐。

（1）底妆轻薄。要选择与自己肤色接近的粉底色号，均匀涂抹。如果肤色有瑕疵，如黑眼圈、斑、痘痕等，那么可先用遮瑕膏遮住。底妆粉底尽量选择液体粉底，底妆的高光阴影也最好选择温和的颜色进行过渡。另外，脸与脖子的连接处也要打上粉底，避免出现脸和脖子"分家"的情况。

（2）眼妆淡雅。眼线、眉毛不要太浓重。如果睫毛本身较浓密且黑的话，就可以选择灰色、咖啡色、棕色的眼线笔，重点在眼尾1/3处打造，眼线线条在接近眼尾处略加粗一点，而后改用棉棒在睫毛根部轻轻晕染。眉毛的颜色最深处不要超过内眼线，优先用眉粉涂轮廓，如果眉毛中有缺，就再用眉笔补色。眼影不要浓艳，可选用咖啡色、橘黄色，也可以为了与服饰保持整体的一致，选择服饰中的颜色。

（3）唇妆润泽。多选用唇膏或唇釉直接对唇部进行上色，不必强调唇线的描画。

**2. 裸妆**

裸妆妆容更加自然清透，比日妆的色彩感更淡，故又称透明妆。裸妆的特点在于打造水嫩透光的轻薄底妆，皮肤上不出现本来没有的色彩，用自然的色彩点缀眼、唇及脸色即可。

裸妆也需要精雕细刻，但效果是没有丝毫着妆的痕迹，干净清爽，五官精致，宛若天成。裸妆的特点是清白、光泽。清白指妆面干净、轻薄，光泽指面容自然、充满朝气。裸妆适合五官清晰、立体、肌肤质感好的年轻人。年纪大的人不适合裸妆。

（1）底妆要有透明感。裸妆粉底的选择非常重要，一是粉底的颜色，一定是接近自己肤色的，不可以太白。二是涂粉底之后的效果要质地均匀、轻薄，最好选择液体粉底，能够展现肤色自然、通透的效果。三是不过分重视遮瑕，适度保留雀斑、黑痣等更显妆容的清透。

（2）眼妆要有立体感。最好用与眉色相同的眉粉轻轻刷在眉毛的尾部，眉头几乎不做修饰，保持原有的眉型，不刻意描画。眼线要画细一些，并且不要晕开。眼影选择接近肌肤的颜色。睫毛不要夹得太翘，选择无色睫毛液，打造出天生长的睫毛效果就可以了。

（3）腮红要涂得自然。偏橘色的腮红最适合亚洲人的肤色。我们可以通过腮红打造出健康、活力的肤色效果。

（4）唇色自然。口红须选择贴近自然唇色的桃粉色、淡橘色，不要画浓重唇线。

**（二）灯光环境中的化妆（浓妆）**

**1. 晚妆（宴会妆）**

图 2 - 3 - 1　强烈的光线会淡化脸部夸张的化妆痕迹

晚妆通常是在暖色光下，气氛浓重的环境中使用的妆容，对化妆技艺要求较高。晚妆可选择改变肤色的粉底，打造夸张的眼影、性感的嘴唇，以更为突出的形象提升魅力。

社交活动一般都在较多的光源下进行，强烈的光线不仅不会暴露化妆的痕迹，而且会呈现光彩照人的效果。因此，晚妆可对眉毛、眼型、唇型进行适当矫正，使面部轮廓更加立体、清晰。

（1）粉底要立体。晚妆就是要利用色彩的变化、线条走势来增加面部的立体感。面部的立体表现从底妆开始，先用遮瑕膏遮盖面部瑕疵，然后选择不同色号的粉底将凹凸部分表现出来，凹部采用比肤色稍深的色泽，凸部采用比肤色稍浅的色泽。我们要善于使用高光色，一般来说，用橘色色系、含有珠光的散粉定妆可以增加时尚感。因为面部底妆较重，立体感打造较明显，所以腮红便不宜喧宾夺主，宜柔和淡扫，与肤色自然衔接。

（2）眼妆要个性。眼妆是晚妆的打造亮点。化眼妆时，眼影颜色选择的范围很广泛，只要与妆面和服饰相协调即可，但要注意眼影颜色尽量选择明度低、彩度高的颜色，另外，颜色层次要分明，过渡柔和。眼线可选择颜色较深的黑色、深灰色，并根据眼型的需要可以加粗并延长上挑。同时，可佩戴假睫毛、美瞳等，从而使眼妆独具魅力。眉毛一般以棕色或黑色为主，可略高挑并画出流畅的弧度。

（3）唇妆要性感。性感的红唇也需要营造出立体的层次感。唇部外沿可利用色彩偏重的口红向外延展，唇部主体为主体唇色，中部可选择浅色，也可选择富有光泽的唇彩或唇釉，从而打造性感、丰满、迷人的立体效果。

（4）发型要新潮时尚。可以选择卷发、盘发等精心设计、打造的发型为整体造型加分。

晚妆虽然属于生活中的内容，但是在这样社交的氛围中，人们追求一种不同于日常状态的美，并乐于将自己的个性魅力以一种浓墨重彩的方式呈现出来。因此，化妆可以突破生活的常规，用夸张、个性、鲜明的造型来使自己变得更加光彩夺目，从而从众人中脱颖而出。

**2. 新娘妆（含平面造型妆）**

新娘妆属于在非自然光源下、气氛浓重的环境中使用的妆容。新娘妆的使用环境比晚装更为复杂，要综合考虑婚礼各环节的灯光设置、氛围特征等，力争打造"完美的新娘"。

新娘妆属于浓妆的范畴。不论最后的造型是清新自然、复古优雅、隆重端庄、时尚冷艳，还是民族风、职业风、古装风等，新娘妆的宗旨都在于打造美丽动人的新娘形象。新娘妆对新娘的五官比例、面部轮廓，甚至五官与面部的比例以及五官本身的形状特点，都有着较强的矫正、修饰、美化的作用。化妆时，可以大量使用假睫毛、美目贴、美瞳，甚至羽毛、亮钻等化妆产品对妆面加以提亮、点缀，还可以灵活应用高光、阴影、腮红、遮瑕等技巧对妆面加以"创造"。

新娘妆具有用时长、用"料"多、化妆技巧应用广泛、妆容风格多变等特点。需要注意的是，虽然新娘妆力求打造"完美新娘"，但是忌完全改变化妆对象的原有特点，要把握"美且真"的原则，着重挖掘新娘本人独特的魅力。

**3. 舞台妆和影视妆**

舞台妆和影视妆属于表演化妆，化妆时要根据角色需要，综合演出环境、空间大小、灯光强弱确定化妆的浓淡。有时为了角色塑造，可以使用夸张的化妆技法，从而彻底改变演员外貌、外形。

一般来说，舞台妆和影视妆更注重化妆造型设计，即化妆的"塑造"。化妆不仅仅局限于常规的五官修饰，还可采用多种材料辅助化妆师对演员形象进行"雕刻"，因此化妆所用到的材料更为丰富，技法也更加多样。同时，由于舞台的光照非常强烈，化妆时用到的颜色和线条更为繁复秾丽，与自然光线下的化妆相比，其用色更为浓郁，下笔更为宽深。

图 2 - 3 - 2　利用线条表现主题

**（三）充满艺术气息的创意妆**

创意妆是化妆师根据化妆主题，结合模特性格特点、五官特征、个人特长等，在化妆的过程中把更多的非彩妆产品元素融入妆面，以形成更好的效果，从而形成一种创新的化妆概念与妆容。创意妆最重要的特点就是不单纯追求使容貌美丽这一目的，也不为配合角色塑造，而是追求自我思想和情感的表达。创意妆的表现不拘泥于形式，也不拘泥于材质，更不拘泥于传统意义上的审美要求。

创意妆对五官的刻画没有固定的重点与法则。化妆师可以利用化妆品作为创作手段，也可以利用绘画手段，画一些图案作为装饰。有时，化妆师可能根据创作主题寻找一些独特质感的材料，如羽毛、铁丝等。创意妆五官的刻画或浓或淡，或集中或分散，都是为了表现主题而存在。除此之外，发型与服饰也可以起到很好的衬托作用，从而营造符合主题的氛围，更好地表达主题思想。

通过创新的思维和不按常理的想象，用化妆技法大胆表达思想意愿，是化妆师思维与智慧、创意与技术的最高展现。创意妆在表达艺术的舞台上占有重要位置。

## 二、化妆风格

女性化妆的风格指不同妆容表现不同的内涵，并与人物个性、服饰风格相呼应。那么，女性化妆时有多少种风格，又如何划分呢？我们简单地介绍两种不同划分依据下产生的几类化妆风格。

### （一）根据女性形象气质形成的化妆风格

根据女性面部和身体的比例特征，现下较为流行的是将女性的形象气质分为八种类型，分别为少女型、优雅型、浪漫型、少年型、前卫型、自然型、古典型、戏剧型。不同形象气质的女性在提升自我形象的过程中可选择不同的化妆风格。

1. 少女型风格的女性，面部线条圆润，脸型偏圆，五官尤其是鼻子和嘴巴偏小精致，给人比较幼态的感觉。

少女型化妆风格：整体妆面轻薄少女。底妆透亮；腮红红润；眼妆颜色贴近肤色，眼线存在感不强，睫毛是眼妆的重点，着重通过卷翘的睫毛来增加眼睛的神韵，同时睫毛根根分明，妆感干净；唇妆宜圆润自然，不喧宾夺主。整个妆面重点突出眼睛的灵动即可。

图 2-3-3　少女用淡淡的妆容彰显年轻的魅力

2. 优雅型风格的女性，面部线条柔和，脸型相对少女型风格要长一些，五官精致大小适宜，比少女型风格的女性显得成熟一点。

优雅型化妆风格：整体妆面端庄优雅。化妆时可综合修饰面部比例和五官，使之趋于"三庭五眼"的标准比例。颜色上，最好用色柔和，不过分鲜艳，尤其是口红的选择，以雾面与哑光质地更好。妆面不宜过于突出某一个部位，尤其眼影和口红不宜过于艳亮或浓郁，如大红唇、烟熏妆等。

3. 浪漫型风格的女性，多数生得一双迷人的眼睛，脸型多为鹅蛋或倒三角型，身材相对丰满、曲线明显。

浪漫型化妆风格：整体妆面华丽浪漫。妆容颜色选择范围较广，光泽度高的颜色（如水润感的口红、珠光质地的眼影等）的应用可增加浪漫妖娆的感觉。化妆时，可通过强调眼线、睫毛、嘴唇的曲线来打造浪漫性感的气质，红唇、烟熏妆等也都可以轻松驾驭。

4. 少年型风格的女性，脸型一般不是传统意义上的美人脸型，相较于瓜子脸、鹅蛋脸，她们的脸型更有棱角感，偏方形，眼神比较清澈直白，身材也多呈直线感。

少年型化妆风格：整体妆面干净飒爽。化妆时需要避免过多使用曲线，多用直线打造英姿飒爽的感觉。具体来说，睫毛不宜夹得很弯很翘，眼线要平直，眼影色调忌过于甜美，唇色不能太红，腮红要清爽，等等。

5. 前卫型风格的女性，五官比例不是传统意义上的"三庭五眼"，但是组合起来非常令人赏心悦目，并极富个人特色，或冷峻，或性感。

前卫型化妆风格：最忌泛泛而"化"。化妆时，可大胆强调五官中最独具个人特色的部位，并无须刻意修饰成传统意义上的完美比例和形状，要努力挖掘其独特的美，以更好地激发个人魅力。如果美甲的话，指尖端略呈方形就会很适合。

6. 自然型风格的女性，长相非常有亲和力，既不过分甜美可爱，也不过分性感浪漫，最让人亲切舒服。

自然型化妆风格：要避免"买椟还珠"。过于性感华丽的衣服和妆容都会夺取其本身的韵味和特点。化妆时，要以淡妆为主，多利用"裸妆"的画法，可偶尔打造一丝"亮色"。

7. 古典型风格的女性，五官比例最为标准，最符合"三庭五眼"和黄金分割比例。

古典型化妆风格：最忌"随波逐流"，盲目追求时下流行的眉型、眼型、唇型等。化妆时，要注重挖掘个人气质，在尊重本身五官特色的基础上，完善和修饰细节，无须额外描画或强调。对于古典型风格的女性，"天然去雕饰"才是其化妆的最高境界。

8. 戏剧型风格的女性，面部线条多相对硬朗，虽不是传统意义上的美人，但其强大的个人魅力和气场会令人过目不忘。

戏剧型化妆风格：整体妆面相对偏浓。化妆时，须突出个性和气场，适合高挑眉、浓眼影，强调睫毛浓密，唇膏颜色饱满。

## （二）根据不同地域文化形成的化妆风格

### 1. 欧美风

（1）巴洛克风格。巴洛克风格是 17 世纪广为流传的一种艺术风格，注重强烈情感的表现，气氛热烈而奔放，崇尚盛大和奢华。巴洛克风格体现在化妆上，妆容华丽而繁复，追求的是丰满的双颊、细长的眉毛、饱满的嘴唇和坚挺的鼻子。云鬓、蕾丝、缎带、金色、大颗粒的珍珠造型的皇冠等都成为现代复古巴洛克妆容的代表元素。

（2）哥特式风格。哥特是一种艺术风格，主要特征为高耸、阴森、诡异、神秘、恐怖等，主要代表元素包括黑色装扮、蝙蝠、玫瑰、孤堡、乌鸦、十字架、鲜血、黑猫等。哥特式风格妆容是由哥特女人常见的容貌发展而来的，后又受到18 世纪后期哥特文学中"吸血鬼"形象的影响，以神秘诡异见长。苍白的皮肤，上挑的长眉，粗长而锋利的眼线，暗色的嘴唇，以及用蝙蝠、黑色玫瑰、十字架等装饰都是哥特式妆容的主要元素。

（3）朋克风格。朋克文化爆发于 20 世纪 70 年代，其本质是反抗传统，表达自我。"用自己的声音说自己的话"是朋克发展至今依然不变的宗旨。朋克化妆风格表达的依然是独立、张扬、不羁与叛逆。鸡冠头、猫眼妆、铆钉、暗色调口红、黑眼圈、网袜、烟熏妆、文身、彩绘、鼻钉、黑色等都是朋克妆造型的关键词。而迷蒙似雾的烟熏妆，即夸张浓重的眼部化妆，是缔造朋克风格的灵魂所在。

（4）学院风格。学院风格缘起于 20 世纪 70 年代哈佛大学、宾夕法尼亚大学、耶鲁大学等名校学生的穿着打扮。保持低调的同时追求顶级品质是学院风格的主要内涵。学院风格的妆容是清新淡妆，追求妆容典雅、自然协调。

（5）欧式化妆风格。我们今天常说的欧式化妆风格，并不是上述四种风格之一，而是面部较平的亚洲人模仿欧洲人脸型结构特点所设计的妆面。其特点是眼窝较深，双眼皮明显且宽，为了凸显眼部的立体感，鼻影、眉毛、眼影和眼线都相对夸张。现多流行于话剧舞台、美妆主播。

### 2. 日韩风

在日本和韩国，化妆是女性每日的必做功课。作为亚洲女性，虽然面部轮廓立体感不足，但胜在皮肤细腻、五官精致。因此，追求清透自然、精致五官的"裸妆"状态是日韩化妆风格的最大特点。具体而言，眉毛颜色相对较浅，形态相对柔和，眼妆多采用自然或大地色系，睫毛卷翘，根根分明，唇部多追求水润粉嫩之效，整体妆面偏可爱、娇俏，强调女性的柔性美。

### 3."中国妆"

2020 年，在日本的社交平台上，"中国妆"一时成为热门话题。总结风靡日本的"中国妆"风格，主要是以我国女性明星、"网络红人"等在影视作品和社交平台展示的化妆形象为导向，强调个性与自我，追求庄重高级之美。妆面多利用色彩和明暗的对比，清晰眉眼，修饰轮廓，眉毛更加注重"野生""自然""毛发旺盛"，眼型上多常见拉长式画法，大量利用眼影颜色的晕染打造独具气场的成熟眼妆，唇色多采用红色系。

事实上，中国作为拥有 5000 年历史文化的泱泱大国，如果以历史纵线来看，化妆风格可从夏商时期开始追溯。虽然到近、现代，中国女性的化妆技术曾出现断代，后又多受欧美风或日韩风影响。但随着国力的增强，民族自信大幅提升，风靡日本的"中国妆"、复古热烈的"港台妆"、"面若桃花，眉眼如画"的"古典妆"，甚至新娘妆中流行的"秀禾妆""汉服妆""民国旗袍妆"等中国女性的化妆技术和化妆风格再次呈现朝气蓬勃、欣欣向荣之象。

"登高而招，臂非加长也，而见者远；顺风而呼，声非加疾也，而闻者彰"。化妆，是人类自古而今追求美的技术手段。今日，女性通过化妆扮靓仪容，是自信，也是其主体意识不断增强的表现。"化妆"正在从一门技术变成女性大胆追逐美、展现美、创造美的审美艺术。

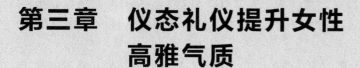

# 第三章　仪态礼仪提升女性高雅气质

体态指人体的姿态，包括站、坐、行、蹲、手势、表情等生活和运动中体现的各种身体形态变化。仪态是一种载体，无时无刻不在向他人传递一个人的修养、性格、情感与内涵。优雅得体的仪态展现的是一个人由内而外散发的雅致的生活状态、良好的文化修养和云淡风轻的坦然心境。一般来说，仪态是不由自主自然流露的，主要受潜意识的支配，因此它所显示的意义比有声语言更加丰富，更加真实可靠，更能展示一个人的修养和气质风度。

## 第一节　体态与女性气质

每个人都有自己独一无二的体态。体态的形成与遗传、性别、年龄、习惯、饮食、运动等因素息息相关，有的人体态婀娜、亭亭玉立，还有的人弓腰驼背、虎背圆肩。尽管如此，女性还是要保持正确的基本体态，这是因为体态不仅是我们外在形象的重要组成部分，而且影响我们的身体健康。不论是为了形象的美丽，还是为了身体的健康，我们都应该拥有良好的基本体态。

### 一、亭亭玉立的站姿

站姿又叫站相，指的是人在站立时所呈现出来的具体姿态。站姿是人的最基本的姿态，也是其他一切姿势的基础。标准的站姿能给人以笔直挺拔、大方舒展、精力充沛、积极向上的印象。站姿在某种程度上反映了一个人的精神面貌。

#### （一）女性标准的站姿

站立是人们生活交往中的一种最基本的举止。站姿是静态的造型。优美、典雅的站姿是发展人的不同动态美的基础和起点。优美的站姿能彰显一个人的自信，衬托美好的气质和风度，并给他人留下美好的印象。

早在先秦就有不少礼仪典籍对仪态进行了要求，《礼记·曲礼》中有"游毋倨，立毋跛，坐毋箕，寝毋伏""若夫坐如尸，立如齐""立必正方，不倾听"等。贾谊在《新书·容经》中是这样规范站姿的："固颐正视，平肩正背，臂如抱鼓。足闲二寸，端面摄缨。端股整足，体不摇肘，曰经立；因以微磬曰共立；因以磬折曰肃立；因以垂佩曰卑立。"他不但提出站姿的基本规范，还把站姿分成了四种状态：经立、共（恭）立、肃立和卑立。在不同的场合，与不同的人会见，站姿的状态都是不同的。由此可见，站姿在人际交往中具有重要性。

在站姿中，女性应秀雅优美，亭亭玉立。符合礼仪规范的站姿是培养女性仪态美的起点，也是培养其他优美仪态的基础。站姿的基本要求是十个字——"头正、肩平、躯挺、臂垂、腿并"，即头部保持端正，双目平视，双肩平直，身体站直，挺胸收腹，手臂下垂，双腿并拢，给人呈现一个端正、稳重、亲切、自然的状态。

女性在站立时，应当挺胸，收颌，目视前方，双手自然下垂，或双手相握叠放于腹前，双腿并拢，一只脚脚后跟贴放在另一只脚内侧，呈"Y"字形，双腿与双脚不宜叉开。站立时，女士可以将重心置于某一只脚上，双腿一直一斜。还有一种方法，即双脚脚跟并拢，脚尖分开，张开的脚尖大致相距 10 厘米，其张角约为 45°，呈现"V"字形（见图 3 - 1 - 1）。女性不要像男性那样双腿叉开而立，否则会显得不够雅观。

图 3 - 1 - 1　女性标准的站姿

女性标准的站姿如下：

1. 立正，双目平视，嘴角微闭，下颌微收，面容平和自然。

2. 双肩放松，稍向下沉，气息控制在丹田以上，人有向上的感觉。

3. 躯干挺直，挺胸，收腹，立腰。

4. 双臂自然下垂于身体两侧，中指贴拢裤缝，两手自然放松。

5. 双腿立直、并拢，脚跟相靠，两脚尖张开约 45°，身体重心落于两脚正中。

女性在日常生活工作中要时刻提醒自己用正确的站姿，从而形成一种优雅挺拔、神采奕奕的体态。站姿的基本范式是其他各种体态姿势的基础，也是发展不同质感美的起点，是形成优雅端庄气质的关键。

### （二）女性不良的站姿

站立姿态应尽量避免以下不良的站姿（见图3-1-2）：

1. 正式场合站立时，双手插在裤袋里，这样显得过于随意；

2. 双手交叉抱在胸前，这种姿势容易给人傲慢的印象；

3. 站立时，东倒西歪，无精打采，懒散地倚靠在墙上、桌子上，这样会给人站不直、十分慵懒的感觉；

4. 过于随意、懒散的站姿，如探脖、塌腰、耸肩、抖腿、频频变换双腿姿势等动作；

5. 当众搔头皮、挖耳朵、抠鼻子、咬指甲。

6. 将身体的重心明显地移到一侧，只用一条腿支撑着身体。

7. 双脚分开站立，挺腹翘臀。

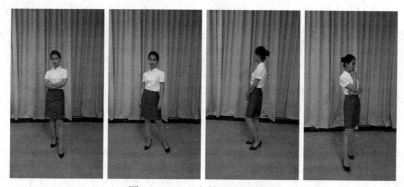

图3-1-2　女性不良的站姿

不良站姿不但影响个人形象，还会对身体造成损害。比如，歪身站立时会造成腰椎两侧受力不均，长此以往会腰疼，甚至骨骼倾斜。驼背站立时，身体为了平衡，肚子会凸出来，上半身的力量会压迫在腰椎上，长期这样容易腰酸、腰椎长骨刺或滑脱，膝盖也更易老化。因此，为了健康，女性也要保持正确站姿。

## 二、端庄淑雅的坐姿

我国自古以来对坐姿的礼节要求就很高。贾谊在《新书·容经》里规范了正坐的坐姿："坐以经立之容，胕不差而足不跌，视平衡曰经坐，微俯视尊者之膝曰共坐，仰首视不出寻常之内曰肃坐，废首低肘曰卑坐。"同样，贾谊将坐姿在不同情境下分成四种：经坐、共（恭）坐、肃坐和卑坐。这四种坐姿的区别在于头部是平，是微俯，是仰，还是低头。根据视线落点的不同，平视叫"经坐"；在尊者面前如果直视对方是不礼貌的，那么目光自然落在对面尊者膝盖处的姿势叫"共（恭）坐"；目光不超出对面尊者身边数尺远的姿势叫"肃坐"；头完全低下，目光落在尊者身体前方的地面上，同时手肘下垂的姿势叫"卑坐"，用于道歉、谢罪等场合。由此可见，古人对坐姿的重视程度。女性文雅、端庄的坐姿，不仅给人以沉着、稳重、冷静、大气的感觉，而且是展现现代女性气质与修养的重要形式。

## （一）女性标准的坐姿

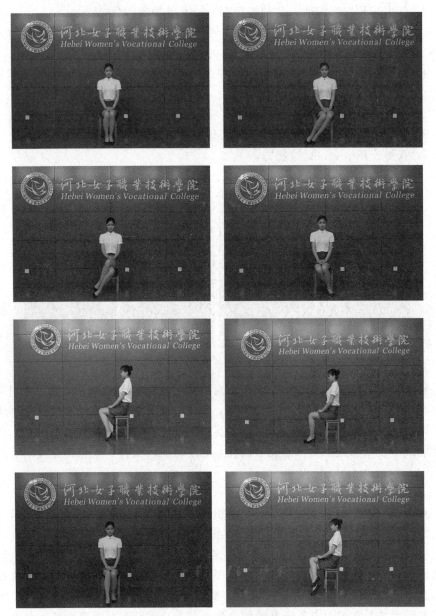

图3-1-3　女性标准的坐姿

　　坐姿的总体要求是舒适自然、大方端庄（见图3-1-3）。正确的坐姿如下：头部端正稍抬，下颌内收，双眼平视，上身自然挺直，收腹挺胸，两臂屈曲放在双膝上，或两手半握放在膝上，手心都要向下，躯干挺直或适当向椅背后靠。一般女士坐椅子的1/2或2/3处。当椅子有扶手时，两手可以相交或轻握，也可以呈"八"字形放在腿上。

女性坐定后可以将右手搭在左手上，一起轻松地放在腿面上，双腿自然平行放置，双膝并拢，双膝弯曲90°～120°，双脚同时向左侧或同时向右侧，也可以将双腿交叉或重叠，两腿交叉时要使上面一条腿的小腿向内收，脚尖向下，但是绝对不能翘起"二郎腿"。女性在穿裙装时采用"S"形双腿叠放式或双腿斜放式的侧坐往往比正坐优美。女性不论采用哪种坐姿，都要牢记双腿不可分开。

人们在日常交往中对入座和离座也有相应要求。首先，入座时应讲究顺序，先请尊者入座，并且尊者坐在位高的位置，然后其他人同时入座，绝对不可以大家一起抢座。其次，讲究入座的方位，礼仪上叫"左入左出"原则，就是入座时从座位的左侧坐到座位上，离座时也是从座位的左侧离开座位。再次，入座时，动作要轻盈和缓，自然从容。落座要轻，不能"猛"地坐下，发出响声，起座要端庄稳重。落座和起座都要保持上半身挺直。女性入座时，如果穿着裙子，应先把裙子后片用手背向前拢一下。最后，坐定后要安静，不可以把椅子弄得"吱吱"响，也不可以两个椅腿着地前后摇晃。

坐姿要依据不同场合，与环境相适应。比如，一般沙发椅较宽大，不要坐得太靠里面，可以将左腿跷在右腿上，显得高贵大方，但不宜跷得过高。女性尤其应注意，不能露出衬裙或内裤，否则有损美观与风度。

## （二）女性不良的坐姿

如果女性在坐着的时候两条腿分开，就是穿着裤装也是非常不雅观的。女性一定要避免以下不良的坐姿：

1. 坐时前倾后仰，或歪歪扭扭；
2. 双腿过于叉开，或长长地伸出；
3. 坐下后随意挪动椅子；
4. 将大腿并拢，小腿分开，或双手放于臀部下面；
5. 高架"二郎腿"，脚尖指向他人；
6. 腿、脚不停抖动；
7. 把脚架在椅子、沙发扶手或茶几上；
8. 与人谈话时用手支着下巴，手肘立在腿上；
9. 坐沙发时太靠里面，呈后仰状态。

图 3-1-4　女性不良的坐姿

延伸阅读

1. 我国古代还有一种坐姿叫"箕坐",也称"箕踞",这种坐姿是臀部着地,伸开双腿,以足底着地,状如簸箕。这是一种非常不雅的坐姿,代表着轻视、傲慢、鄙视,甚至仇视。《荆轲刺秦王》中,当荆轲刺杀失败时,有"轲自知事不就,倚柱而笑,箕踞以骂曰:'事所以不成者,乃欲以生劫之,必得约契以报太子也。'左右既前,斩荆轲"。因此,《礼记·曲礼》说"坐毋箕"。应璩的《与崔元书》中也提出"昔戴叔鸾箕坐见边文礼,此皆衰世之慢行也"。可见,箕坐在古代简直声名狼藉,不但背叛王制,而且被归纳为衰世慢行。

2. 孟子妻独居,踞,孟子入户视之,向其母曰:"妇无礼,请去之。"母曰:"何?"曰:"踞。"其母曰:"何知之?"孟子曰:"我亲见之。"母曰:"乃汝无礼也,非妇无礼。《礼》不云乎?'将入门,问孰存。将上堂,声必扬。将入户,视必下。'不掩人不备也。今汝往燕私之处,入户不有声,令人踞而视之,是汝之无礼也,非妇无礼也。"于是孟子自责,不敢言妇归。

［注］踞:指箕踞。

（选自《韩诗外传》）

### 三、行云流水的行姿

行姿,即步态、行走的姿势,它产生的是动态形象。古人说:行如风,是要求人们走起路来像风一样轻盈。古人常用"莲步轻移""凌波微步"夸奖女性优雅的行走姿态。在古代,女子头戴的簪子上的坠子,又名"步摇",除了起装饰作用之外,还有另一种作用,那就是衡量女子走路的步态和速度。如果女子走路摇摇晃晃,步伐太快,簪子上的坠子就摇晃得厉害,这种步态是不符合规范的。我们在生活中虽然不必走成 T 台上模特的步态,但步态也要讲究。良好的行姿往往能给人以动态美的感觉。

## （一）女性标准的行姿

图 3 - 1 - 5　女性标准的行姿

礼仪对女性行姿的基本要求是轻盈、稳健、优美、匀速（见图 3 - 1 - 5），具体要领如下：头部端正，双目平视，下颌微收，上身正直不动，两肩相平不摇，两臂前后自然摆动，向后摆动时手臂外开不超过 30°，前后摆动的幅度为 30～40 厘米。两手自然弯曲，在摆动中离开双腿不超过一拳的距离。走路时两腿要直而不僵，步幅适中均匀，两脚落地呈一条直线。脚尖向正前方，不可以向内或向外变成"内八字"或"外八字"。女性行走时，两脚要尽量行走在同一条直线上。若想走出优雅的步态，则行走时要注意把握正确的行姿要求。

**1. 方向明确**

女性行走时必须保持明确的行进方向，自己虚拟一条直线，尽可能地使自己犹如在直线上行走，不突然转向，更忌讳突然大转身。

**2. 步幅适中**

步幅是跨步时两脚间的距离，步幅的大小与身高、服装和鞋都有关系。一般来说，标准的步幅是本人的一脚之长，即行进时迈出的步幅与本人一只脚的长度相近。女性每步约 38 厘米。女性穿裙装和高跟鞋时步幅应该适当小一些，穿休闲装和运动装时步幅可以适当大一些。

**3. 速度均匀**

正常情况下，女性每分钟 118～120 步，不要突然加速或减速。匀速前行会产生优美的步韵，增加步态的美感。

**4. 重心放准**

女性行进时，身体向前微倾，重心落在前脚掌上。重心放错位置会走出鸭子步、点地步、八字步等不雅步态，从而影响步态的美感。

**5. 身体协调**

女性走动时，脚跟要先着地，膝盖在脚落地时应当伸直，腰部要成为移动的轴线，双臂在身体两侧一前一后自然摆动，不要左右横摆。

**6. 体态优美**

女性行进时要昂首挺胸，步伐轻松而矫健。

**7. 遵守礼规**

不论是女性还是男性，除了掌握正确行姿外，还要注意行进礼仪规范。

靠右侧通行：在办公区、公共场所都要靠右侧行走，把走廊左侧让给迎面而来或有急事的人。

不可冲撞他人：遇有急事可加快步伐，不要慌忙奔跑、冲撞别人。

不要从交谈者中间穿行：《礼记·曲礼》中说：离立者，不出中间，意思是有两人并行立着，不要从他们中间穿过。

不可多人并排而行：与其他同事并列行走，不可并肩同行，不可嬉戏打闹，不可闲聊。走在人行道上时，如果马路较窄，不可多人并排走，可以两人一排，靠右侧行走。

反向而行的礼仪：与同事反向而行，要靠右侧行走，距离对方 2 米处，应放慢速度，与对方打个招呼。

陪同客人的礼仪：引领客人时，位于客人侧前 2、3 步，按客人的速度行进，不时用手势指引方向，招呼客人。

**（二）女性不良的行姿**

1. 低头看脚尖：心事重重，萎靡不振。

2. 拖脚走：未老先衰，暮气沉沉。

3. 点地步：身体上下跳着走，心浮气躁。

4. 蛇腰步：摇头晃脑，晃臂扭腰，左顾右盼，瞻前顾后，容易被误解，会被认为轻浮、不端庄。

5. 前倾步：走路时大半个身子前倾，动作不美，损害健康。

6. 霸王步：行走时与其他人相距过近，脚迈向身体两侧，与他人发生身体碰撞。

图 3-1-6 不良的行姿

7. 八字步：内外八字步，显得人没气质。

8. 鸭子步：重心放在脚掌外侧，身体左右摇摆，显得老态龙钟。

9. 行走时，尾随其他人，甚至对其窥视、围观、指指点点，此举会被视为"侵犯人权"或"人身侮辱"。

10. 行走时速度过快或过慢，以致对周围人造成一定的不良影响。

11. 边行走，边吃喝。

12. 与已成年的同性行走时勾肩搭背、搂搂抱抱。

以上不良的行姿都会有损女性的形象，因此女性若想给人留下美好的印象，应时刻注意自己的行姿。

### 四、稳重高雅的蹲姿

蹲姿不像站姿、坐姿和行姿那样使用频繁，但是对个人形象来说也是非常重要的组成部分。当遇到需要捡拾地上的物品时，弯腰、俯首、翘臀显然是不美观的，两脚平行像大小便的蹲姿尤为不雅，因此女性不要忽视蹲姿。

#### （一）女性标准的蹲姿

标准的蹲姿：下蹲时，应左脚在前，右脚靠后；左脚完全着地，右脚脚跟提起，右膝低于左膝，右腿内侧靠于左小腿内侧，形成左膝高右膝低姿势；臀部向下，上身微前倾，基本上用左腿支撑身体。女性还应注意并紧双腿。若捡身体右侧的东西，右脚靠后，若捡身体左侧的东西，左脚靠后。

常见的其他几种蹲姿有交叉式蹲姿和高低式蹲姿。交叉式蹲姿是在实际生活中常常会用到的蹲姿，如集体合影前排需要蹲下时，女性可采用交叉式蹲姿，下蹲时右脚在前，左脚在后，右小腿垂直于地面，全脚着地，左膝由后面伸向右侧，左脚跟抬起，脚掌着地。两腿靠紧，合力支撑身体。臀部向下，上身稍前倾。高低式蹲姿，即下蹲时右脚在前，左脚稍后，两腿靠紧向下蹲，右脚全脚着地，小腿基本垂直于地面，左脚脚跟提起，脚掌着地。左膝低于右膝，左膝内侧靠于右小腿内侧，形成右膝高左膝低的姿态，臀部向下，基本上以右腿支撑身体。

#### （二）女性不良的蹲姿

图 3 - 1 - 7 不良的蹲姿

1. 下蹲时，速度过快，与他人保持距离太近（这样容易造成碰撞）。

2. 下蹲时，采用厕式蹲位。

3. 正面朝向他人下蹲或者背部对着他人下蹲。

4. 身着裙装的女性，下蹲时弯腰撅腚，或两膝分开，造成走光。

总之，女性在社交场合一定要注意自己站、坐、行、蹲这些基本体态，保持女性应有的端庄、典雅、高贵的气质。

# 第二节　得体的表情与手势

表情和手势也是体态的一部分，是人类心理状态的外在表现。人们一般认为在社会交往中，声音是信息传递的主要载体，而经过科学家研究发现，通过声音传递的信息占信息总量的 38%，通过文字传递的信息占信息总量的 7%，而通过视觉信号传递的信息占信息总量的 55%，也就是说，在人际交往中，人们看到的比听到的更"真实"，获取的信息更多。心理学上有个名词叫作"微表情"，就是指人们通过一些不易觉察的表情，把内心感受表达出来。人们的表情和手势会传递更多的信息。人们使用正确的表情和手势有助于正确地传情达意。

## 一、表情流露心声

表情指面部形态，即通过面部眉、眼、嘴、鼻的动作和脸色变化表达出来的内心思想感情。表情是人的心理状态的外在表现，有时能起到言语起不到的作用。当人眉头紧锁时，传递给人的是严肃焦虑的信息；当人面带微笑时，传递给人的是亲切愉快的信息。这些表情在日常交往活动中，对人与人之间正确传递信息起到非常重要的作用。

相由心生，美好的面容表情源于内心。因为当一个人随着岁月的推移逐渐成熟的时候，他的知识、智慧、才能、性格等都会在脸上留下痕迹。要想拥有好的面容，就要从平时做起，从性格、修养上下功夫，培养关心他人、宽容待人、无私坦荡、热爱生命、勇于进取的良好品质。

表情礼仪中最重要的是目光和笑容。理解表情内涵，掌握表情礼规，是实现人与人之间友好相处的前提。

## （一）目光

"眼睛是心灵之窗"，其实说的不是眼睛，眼睛的大小、形状代表不了什么，而是目光，即眼神。不同的眼神会表现不同的情绪、心理活动等信息，在与他人交流时，也会反映一个人的态度。

目光是面部表情的核心，是一种真实、含蓄的体态语言。每个人都有自己特定的目光，有的清澈、透亮；有的冰冷无光；有的亲切、善意；有的咄咄逼人。因此，每个人的目光对自己的形象起着很大的作用。有的人用温暖人心的目光打动了周围的人，拉近了人与人之间的距离；有的人以居高临下、冰冷的目光，让人无法靠近，敬而远之。

一般而言，心胸开阔、刚正不阿的人，他的眼神一定是清澈、坦荡、执着和自信的；一个不求上进、无能为力、自暴自弃的人，其眼神一定是呆滞、昏暗、胆怯的；一个轻浮、浅薄、成天算计的人，他的眼神一定是飘忽不定、狡黠、躲闪的。因此，在人际交往中，一个人的眼神很重要。当我们与人交流时，首先从看着对方的眼睛开始。

### 1. 注视的区域

目光所及之处就是目光的注视区域。注视他人的部位不同，不仅说明自己的态度不同，也说明双方的关系不同。一般情况下，双方的关系不同，注视的区域是不同的。

（1）严肃注视区域

严肃注视区域指以双眼为底线，额中为顶点所构成的三角区域。注视对方的这个区域，就会显得严肃、庄重，不含任何感情色彩，一般适用于商务谈判、贸易洽谈等。在商务谈判上，看着对方的严肃注视区域，就会显得严肃、认真，对方也会感到你很有诚意。

（2）社交注视区域

社交注视区域指注视对方的双眼至上嘴唇的三角区域。它传递的是一种友好、尊重、亲切、温和和自信，会给人一种平等、轻松的感觉，适用于各种社交场合，比如各种酒会、舞会、宴请等，或同事之间、上下级之间、朋友之间的交谈。但在注视对方这个三角区域时，不要聚集于一处，以散点柔视为宜。

（3）亲密注视区域

亲密注视区域指下嘴唇到胸部的三角区域。这种注视区域带有亲昵、爱恋的感情色彩，适用于亲人之间、恋人之间、家庭成员之间。需要注意的是对于初次相识的人，或与自己关系一般的异性，注视区域不可超过这个空间。

一般情况下，与他人相处的时候不宜注视对方的头顶、大腿、脚和手，或是"目中无人"。对于异性而言，通常不应该注视肩部以下，尤其不要注视胸部、裆部、腿部。

因此，在与人交往的过程中，要注意目光的注视区域，这对日常交际起到很大的作用。

**2. 注视的时间**

在交往过程中，注视对方的目光除了注视区域要讲究礼仪外，目光在对方停留的时间也要讲究。按注视礼仪要求，与人交谈或谈判时，视线接触对方面部的时间占全部谈话时间的30%～60%，这叫"社交注视"。对于不熟或关系一般的人，不能长时间注视，否则就是一种失礼行为。

其实，解读对方注视的时间也能够洞悉对方的交往态度。比如，注视对方的时间不足相处时间的1/3，表示瞧不起对方或对对方所讲的话不感兴趣；如果注视对方的时间比较长，超过了全部相处时间的2/3，情况就比较复杂，可能是表示对对方本人产生兴趣，可能是对方很老成而自己很天真，还可能是谈判中表示自信和力量，也可能是想从对方那里得到更多信息，等等。

**3. 注视的角度**

与人交往时，目光注视对方的角度也是很有学问的。不同角度的注视表达不同的含义。一般有以下几种情况：

直视：目光直接地注视对方，表示内心坦荡，很尊重对方；

对视：目光直视对方的眼睛，表示大方、坦诚或关注对方；

扫视：目光在某地点或某部位来回移动，表示好奇、吃惊或者希望引起重视；

斜视：目光从眼角的一侧注视对方，表示怀疑或轻蔑，是很不礼貌的一种行为。

**4. 解读目光**

在我国，因为风俗文化的差异，人们不太习惯在交流时，长时间看对方的眼睛，总是要礼貌地回避一下。但在国外，比如法国、意大利、美国、加拿大等欧美国家，人们在目光交流时喜欢直视对方，表示真诚和对你的关注。在亚洲、非洲部分地区，人们交流时习惯回避对视。

**（二）笑容**

笑容是人类最美的语言，是拉近人与人之间距离的最简便易行的方法。与人交往时面带笑容，不但能够让对方产生信任感，容易被对方接受，而且能表现出自己乐观向上、自信快乐的心境，这样的人才能产生吸引别人的魅力。笑容反映自己心底坦荡、善良友好、待人真心实意，而非虚情假意，这可使人在与其交往中自然放松，不知不觉地缩短了心理距离。一个发自肺腑的笑容可以创造一种和谐融洽的气氛，让看到的人都倍感愉快和温暖。

【案例分享】

有一家公司让他们的员工去拿一份重要的材料，结果去的人都被骂了回来。老板就把这个任务交给了小李。小李很愁呀，但这份材料不拿还不行，只得去了。到了对方单位，只见那位科长还在破口大骂呢！这时，小李什么也没有说，只是微笑、微笑、微笑，嘴里说着："噢？""这样呀？""是吗？"等那位科长骂了一阵子之后，小李说："科长，您很善于表达您内心的愤怒呀！"后来，科长看了看小李说："嗯！这小伙子不错！我也不为难你了，你就拿回去吧！"就这样，别人没有拿到的材料，小李却拿到了。

**1. 微笑的作用**

西方有句谚语："微笑是不花一分钱的魅力。"微笑是所有笑容中最能表达美好情感的表情，它是人们对美好事物表达愉悦情感的心灵外露，是友好和赞美的象征。善于微笑的女性不但能为形象加分，还可以营造良好的人际关系，使自己的生活、事业更顺畅。

**2. 微笑的礼仪规范**

微笑要笑得自然真诚。"诚于中而形于外"。微笑是发自内心的，是表里如一的。如果微笑不发自内心，那就是假笑，这种笑容是没有感染力的，会让人觉得不自然、不舒服。微笑要笑得适宜。微笑要注意场合、对象。初次见面，微笑要不卑不亢，符合礼仪规范，建立良好的第一印象；好友见面，微笑就是发自内心的亲切；在别人悲伤的场合尽量不要微笑。微笑要笑得意向明确，不可坏笑、傻笑、讥笑，要该笑的时候笑，要表里如一，还要始终如一。标准的微笑是嘴唇两端向上移动，略呈弧形，眼含笑意（见图3-2-1）。

图 3-2-1 微笑图示

### 3. 微笑的训练

对镜微笑训练法，这是一种常见、有效和最具形象趣味的训练方法。端坐镜前，衣装整洁，以轻松愉快的心情，调整呼吸直至自然顺畅，静心 3 秒钟，开始微笑。双唇紧闭使嘴角微微翘起，面部肌肉舒展开来，同时注意延伸的配合，使之达到眉目舒展的微笑面容。为了能够发自内心地真诚微笑，可以放轻松、愉快的背景音乐，这样训练起来既轻松愉快，又不枯燥乏味。

筷子微笑训练法，也叫日式微笑训练法。坐好，放松面部肌肉，用门牙轻轻地咬住筷子，把嘴角对准筷子，两边都要翘起，并观察连接嘴唇两端的线是否与木筷子在同一水平线上，保持这个状态，轻轻地拔出筷子，练习维持这种状态。

人们在情感交流的过程中，面部表情是情感交流的"媒介"。人们不仅要通过言语向对方传情达意，而且要通过表情向对方传递信息，表达自己的意图。对方往往通过我们表情的变化去觉察我们情感的变化。正是这种情感性特征，决定了人们要注意自己的表情。我们在外人面前都应保持和蔼、亲切、开朗、精神饱满的面部表情状态。

## 二、手势传情达意

除了语言和表情，手势也是传情达意的重要方式。手势指表达某种意思时用手部做出的各种动作，它们具有传情达意的作用，是一种表现力很强的肢体语言。恰到好处地使用手势，不仅能表现出气质与风度，还会产生意想不到的效果，可使交往气氛更加活跃，使交往内容更加形象、生动。但是不恰当的手势也会让人产生歧义，带来不必要的麻烦。

### （一）使用手势的礼仪要求

使用手势的礼仪要求是规范、准确、适度。规范是指在一定的社会背景下，常用的手势都有其特定的标准和内涵。比如，"V"字形手势，标准的使用方法是手心向外，食指和中指竖起分开，表示胜利、成功的含义，但是如果使用时手心向内，手背向外，食指和中指竖起分开，在某些国家或地区就是猥亵、辱骂对方的意思。准确是指在使用手势时，为了避免不必要的歧义，要正确使用手势。比如，手背向上，食指伸开，其余四指呈握拳状，是一定不可以用来指人的，这就是我们常说的食指指人是非常不礼貌的，有蔑视对方之嫌。但是这个动作是可以用来指物的，如教师上课，向学生做实物示范时，可以采用食指指物的方式来讲授内容。适度是指手势的使用要注意频率。在与人交谈时，适度的手势可以加强沟通，帮助说话者更好地表达意思。但是，如果手势过于频繁、夸张，手舞足蹈，就会给人以粗俗无礼的印象。

### （二）规范的手势

#### 1. 站立时的手势

站立时可以采取双手自然垂放式或双手叠放式。自然垂放式是手臂自然下垂，收腹挺胸，女性必须双脚脚后跟并拢，双腿并拢；双手叠放式是指双手交叠在一起，自然放在肚脐部位。

#### 2. 持物递物时的手势

图3-2-2　递物的手势

持物时，手要拿稳，注意轻拿轻放。递送物品时，如果递送的是名片、书、文件之类的物品，尽量要双手捧递，要把物品的正面朝向对方，以便对方接过物品后直接阅读。如果递送的是刀、剪之类的利器，一定要将刀尖或刀刃对着自己，将把手或刀柄递给对方，以示对对方的尊重。

#### 3. 引导时的手势

图3-2-3　引导的手势

为客人或嘉宾引路指示方向时，以肘关节为轴，大小臂弯曲140°左右，手掌与地面基本呈45°，上身稍微前倾，面带微笑，自己的目光朝向目标方向。引导客人上下楼梯时，引导者始终在客人的下方；引导客人进出电梯时，要遵循引导者"先进后出"的原则。

**4. 夸奖时的手势**

图 3-2-4　夸奖的手势

　　夸奖手势是拇指向上翘起，四指呈握拳状，并且面带微笑，目光肯定。女性对孩子应该适当多用夸奖手势，给予孩子鼓励。

**5. 鼓掌手势**

　　鼓掌是表示高兴的肌体语言，是内心激动、兴奋情绪的外部表现。所谓"情动于中而形于言，言之不足，故磋叹之；磋叹之不足，故咏歌之，咏歌之不足，不知手之舞之足之蹈之也"。标准的鼓掌动作是面带微笑，抬起两臂，抬起左手手掌到胸部，以右手除拇指外的其他四指轻拍左手中部，节奏平稳、频率一致。

## （三）不规范的手势

图 3-2-5　不规范的手势

　　1. 当众乱摸身体部位；

　　2. 用食指指点他人；

　　3. 用手指随便敲击物品；

　　4. 听课、开会时用手玩弄笔等物品；

　　5. 手势过频或过大；

　　6. 伸拇指自夸。

　　古罗马政治家西塞罗曾说过："一切心理活动都伴有指手画脚等动作。手势恰如人体的一种语言，这种语言甚至连野蛮人都能理解。"布罗斯纳安认为"手势实际上是体态语的核心"。法国大画家德拉克洛瓦也曾指出："手应当像脸一样富有表情。"他们的话从不同侧面指出了手势的重要性。女性在社交时，需要配以适度的手势来强化表达的效果。手势要得体、自然、恰如其分，要随着说话内容的变化而变化，这样会起到事半功倍的效果。

# 第三节　语言打造智慧女性

良好的沟通能够获得真诚的友谊、彼此的信任、相互的尊重。在工作中，良好的沟通能够使人很快打开局面。因此，沟通是人们走进彼此的一座重要桥梁。语言沟通是沟通中的重要组成部分。人们注重语言沟通，能够起到很好的沟通效果。

## 一、学会倾听

倾听不仅仅是用耳朵来听说话者的言辞，它更是一门艺术。倾听需要一个人全身心地去感受对方在谈话过程中表达的言语信息和非言语信息。倾听是一件非常难的事情。为什么说倾听很难，是因为在与人交谈的过程中，我们都会以为自己听懂了别人所说的内容，其实，有很多时候并不是这样的，只是我们用自己的想法理解别人说的话。

有这样一个案例：

妻子说："这几天没睡好。"

丈夫回她："这几天天气热，人就是容易早醒。"

妻子接着说："我有点担心女儿上托儿所不能适应。"

丈夫回她："小孩子嘛，不都这样，过一段时间就好了。"

于是，妻子就沉默了。

在这段对话中，夫妻之间一直在交流，但是丈夫真的抓住妻子话语里的意思了吗？很显然，没有。妻子在向丈夫表达她觉得最近生活的某些方面出现了问题，因此她担心，睡不好。而丈夫全然没有意识到这一点，他认为生活一切正常。为什么妻子说的每一个字丈夫都听见了，但是他并没有理解妻子说话的意图呢？就是因为他是在用自己的想法来理解妻子说的话。他们在交流的过程中，丈夫没有放下自己的想法去站在妻子的立场理解妻子的话，最终导致谈话进行不下去。

如何才能做到真正的倾听，真正听到对方想要表达的意思呢？其实，倾听的秘诀就是放下自我的想法，知道很多事情其实自己并不清楚。只有在沟通的过程中保持这种心态，才能实现真正的交流。一个好的倾听者，心里会有很多问题。他知道问题的答案不在自己心里，而在别人的心里，这样他就会放低姿态，向对方真诚地提出很多问题，进而一步步走进对方的内心，找出对方真正交谈的目的。而一个不好的倾听者，他心里是有很多答案的。他觉得对方一开口，他就知道对方要表达什么意思。这种先入为主地提出自己的想法和反馈、过早地评判会导致他听到的永远都是自己心里想的。因此，在倾听别人说话时，不要先入为主地以自己的视角假定谈话的内容，这样必将导致沟通失败。

## 二、善于沟通

沟通是人与人之间、人与群体之间思想与感情的传递和反馈的过程，以求思想达成一致和感情通畅。上面我们介绍了沟通中如何倾听，这里我们主要来介绍沟通中如何说。

采用马歇尔·卢森堡博士的《非暴力沟通》中介绍的"非暴力原则"来谈话和聆听，可使人们能够情谊相通，和谐相处。这本书指导我们转变谈话和聆听的方式，让我们不再以条件反射式的反应进行沟通，而是明确表达自己的观察、感受和愿望，有意识地使用语言，让我们既诚实、清晰地表达自己，又尊重且倾听他人。

如何进行非暴力沟通，书中告诉了我们沟通的四个步骤：

第一步，客观表达对方行为，不评价。这一步需要我们区分"观察"与"评论"。印度哲学家克里希那穆提说过："不带评论的观察，是人类智力的最高形式。"观察是对事物的客观描述，我们可以说："你今天从早上一直躺到晚上，躺在床上玩游戏。"但是，我们不能说："你真的很懒。"因为这就是评价，这是你的观点，而不是事实。当我们听到对方评价自己很懒时，我们一般会心里很难受，可能就会生气地认为"我就真的这样"，导致后面没法心平气和地进行沟通。

第二步，区分想法和感受。我们常常把内心的想法说出来，而不会表达内心的真实感受。比如，妻子对丈夫说：我觉得你现在不爱我了，不爱这个家了。其实，妻子想表达的是你最近对我、对家庭很忽视，这让我很难过。前面妻子表达的就是想法，后面表达的就是感受。我们要学会表达感受，这在人际交流中很重要。我们可以用幸福、喜悦、欣喜、感动、自信、害怕、担心、焦虑、忧虑、紧张等词汇真实表达自己的感受。表达自己的感受而不是想法，这有助于沟通的进行。

第三步，说出具体的需要。传统文化并不十分鼓励个人表达需要，渐渐地，我们也不会表达需要了。比如，孩子拖延，你非常生气，就批评孩子："怎么这么不听话，这么懒惰，这么不知道学习。"其实你最需要告诉孩子的是他把作业早点做好。就像马歇尔博士在书中说的："不幸的是，我发现极少有人善于表达他的需要，相反对于批评、侮辱之类的沟通倒是很在行，而这些沟通方式让人与人之间产生了隔阂，结果原本可以轻易解决的冲突也变得无法解决了。"

第四步，提出请求。我们通过观察，体会到自己的感受，了解了自我的需求，最后一步就是正确地提出请求。首先要告诉别人你的需求。比如，妻子的需求是有一个干净整洁的家，因此她应该提出具体的请求，她可以对丈夫说："回家后，先把包挂起来，然后把鞋子放进鞋柜。"有时候你表达完自己的请求会和对方理解的意思有出入。因此，在提出具体的请求之后，还要看一下对方的反应，即请求反馈。妻子需要一个干净整洁的家，她对丈夫提出了具体的请求，这时候丈夫也可以提出自己的具体请求，商议一个双方都能接受的结果。

这样，运用一整套"非暴力沟通"的方式，在整个谈话过程中，没有道德评判，不掺入自己的评论，对方能清楚地了解你的需求，同时知道该如何配合你的请求。

此外，良好、有效的沟通还需要注意以下几个影响沟通效果的因素：

## （一）声音与形象

声音被称为"听觉面孔"。声音是语言的载体。当我们听到对方的声音时，即使我们不熟悉对方，没有看到本人，也能听出说话者的性别、年龄，甚至还能听出对方的修养、可信度等。因此，一个人的声音一旦形成，就富有价值，具有指向，也富有情感，其是一个人最丰富饱满的内在部分，也是最具代表性的一种个性符号。

如果我们对自己的声音不太满意，那么可以通过下面这些方法改进发音。

首先是呼吸训练。说话和唱歌的发音方式是相通的，一些学习唱歌的方法可以用到说话上。气息是发出声音的动力。发声是打开口腔用胸腔和腹腔联合运动而完成呼吸动作。

然后是共鸣训练。共鸣的声音就是穿透力很强，即使在很大的空间中，也能听清楚，就像歌唱家即使没有话筒，其声音也会传播很远。共鸣的声音是通过胸腔共鸣而产生的，不是堵在嗓子眼里憋出来的。共鸣训练要注意对发音器官的控制练习，以达到好的音质音色。要练习张开嘴说话，我们注意到歌手唱歌时都是张大嘴，这样才能够清晰地唱出每一句歌词，因此讲话时也要尽力做到这一点。

最后是吐字发音训练。这强调的是对发音动作过程的控制，是一种经过加工的艺术化的发音方法，目的是使吐字发音准确、清晰。

**延伸阅读**

### 声音不好听怎么练？　三步练出好声音

很多人都希望自己拥有播音员那样的好声音，但是不知道怎么训练才能做到。毕竟能上播音学校学习的人还是少数。事实上，普通人也可以通过适当的"海氏丹田发声"训练改变自己的声音。

第一步，学会打开牙关。所谓打开牙关，就是打开上下大牙齿（槽牙），给口腔共鸣留出空间。人在大口咬苹果的时候，也就是嘴巴张很大的时候，牙关就是打开的，这个时候用手去摸摸耳根前大牙的位置，会明显感觉到有一个凹陷！

这就是牙关打开了。然后在这个状态下发声，练一段时间后，你就能感觉出自己声音的变化。

第二步，找到正确的声音路线。这是最关键的一步，正确的声音路线能帮助我们获得最佳的发声位置，位置对了，声音会好听很多倍。很多人都应该注意到，人在吹口哨的时候声音很响亮，道理就在于气息畅通、声音集中、通行无阻。说话也是这样，要尽量让自己的气息贯通，声音集中。这是有很多门道的，最受推崇的就是练习"海氏丹田发声"里的特殊发声位置。经过练习，声音明显会有金属感，也就是人们所说的"有磁性"。这种集中的感觉需要找老师经过系统的练习才能获得，让声音尽量沿着口腔内部的中纵线穿透而出，时间长了，声音自然集中而响亮。

第三步，练习稳定的气息支撑能力。很多歌唱家都有这样的心得体会："气息是声音的统帅。"意思就是说，气息是发好声音的前提。关于气息的训练，首推声乐里的狗喘气训练，还有"海氏丹田发声"里提到的气声训练。此外，经常做有氧运动增加肺活量也是不错的练气方式，尤其是跑步和游泳，锻炼多了也有助于获得底气十足的好声音。

## （二）语言节奏

节奏是音符长短快慢的变化。重音的选择，字词的强调、连读、轻读、点诵、贯口等的处理使语言具有长短、快慢、轻重、浓淡的变化，这样语言就被赋予了节奏感。

就语言的节奏而言，口才培训专家樊荣强把它分为六种：第一，高亢型。声音偏高，语气昂扬，语势上行，给人以雄壮威武的感觉。用于鼓动性强的演说和使人激动的场合讲话。第二，低沉型。声音偏低偏慢，语气压抑，语势多下行，给人以庄重、沉闷的感觉。用于悼念及具有悲剧色彩的事件的叙述。第三，紧张型。语速较快，句中停顿较短，但声音不一定高。用于须加以澄清的事实申辩和紧急情况的汇报等。第四，舒缓型。说话从容舒畅，起伏不大，声音适中，是一种稳重、自然的表达方式。用于学术探讨和阐释性、说明性的叙述。第五，轻快型。明快清晰，多扬少抑，听来不费力，让人感到活泼、流畅。日常对话中经常运用此型，一般性辩论也常采用此型。第六，凝重型。既不高亢，也不低沉，清晰沉稳，不滑不促，用于某些语重心长的说服教育、发表言论和抒发情感等。这种节奏庄重、严肃，听来一字千钧，发人深省。

研究表明，在日常生活中，我们说话慢一点，多停顿一些，会更有说服力，而那些说话语速特别快，口若悬河，不给对方留出思考的时间，以及语调夸张的人，会使说话显得做作、不诚实。因此，成功说服他人的概率并不高。相反，语速缓慢沉稳、适时停顿的话语更具说服力。一般来说，每秒吐出"三个半"左右的音节，同时每个长句子停顿4、5次，是最佳的语速和说话节奏。

　　停顿是节奏的特殊处理，是语句中声音的暂时中断。口语表达的停顿，可以给说话的人换气的时间，也可以更好地表达语句的意义，同时给听众留下思考、回味的余地。常用的停顿有换气停顿、语法停顿、逻辑停顿、心理停顿等。

## （三）用语文明

　　在日常生活中，尤其在人与人的交往中，使用文明用语是人们正常交往的基础。多用文明用语不仅表示对别人的尊重，也反映了人们的思想道德、文化修养水平，而且有利于双方交流，促进友好关系的形成。"您好""请""谢谢""您辛苦了""请多关照"……这些看似简单的文明用语，其实对形成融洽人际关系会起到意想不到的作用。只要在日常生活中好好运用文明用语，会给人与人的交往带来意想不到的惊喜，也会使人与人的交流充满情感，从而使整个社会充满温度和美好。

　　文明用语是友好关系的敲门砖。语言有温度，字字皆有情。日常交往中如果将"您好""谢谢""劳驾"等文明用语作为口头禅常挂嘴边，让说文明用语成为一种习惯，会给人与人之间的友好关系带来积极的推动效果，能让人际关系大大增色。自己说文明用语会心情愉悦，他人听着也会心情舒畅，一举两得，何乐而不为呢？

　　文明用语是促进社会和谐的润滑剂。文明用语是开启心扉的钥匙，是交流思想的窗口。一句句文明用语像友好名片，能够彰显一个人的修养与品德；像感情桥梁，能够成为人与人沟通的纽带。文明用语可以营造和谐的气氛，化解戾气，令人心平气顺；文明用语也能令人如沐春风、倍感温暖。一些文明用语虽然简单、平实，但有美好的质感和暖心的热度。文明用语渗透于日常生活的方方面面，既尊重他人，也快乐自己，可让社会多一些和谐与安宁，少一些摩擦与争执，多几分温馨和友爱，少几分冷漠与无助，从而使我们的生活环境变得更加和谐，使那些让日常交往关系紧张的恶语相向、冷嘲热讽、摩擦纷争等不再有"可乘之机"。

　　文明用语能体现女性的智慧，蕴含情感。古人说：言由心生。用语文明与否直接彰显一个人的内心修养。既然文明用语是促进良性交往的一贴"灵药"，笔者认为，在任何需要人与人交流沟通的场所，所有社会成员都应身体力行，不要吝啬使用文明用语，要让生活中处处都成为文明用语的展示平台，共同构建和创造文明用语环境，让美妙和谐的音符常驻人间。

　　"礼则雅言，仪则雅态。"女性要通过学习仪态礼仪，修正不良习惯，提升仪态体貌，时时刻刻注意自己的举手投足和言谈是否符合礼仪规范，从而以优雅的体态展示个人的教养和精神面貌。在日常生活中，女性展示符合礼仪规范的仪态，会对良好人际关系的形成起到积极作用，同时对构建文明和谐社会具有长远意义。

# 第四章 仪表礼仪培养女性审美品位

郭沫若曾说过："衣裳是文化的表征，衣裳是思想的形象。"服饰原本就是一种文明，一种艺术，一种文化。它作为一种特殊的语言，向人们表述着自己。我们通过观察陌生人的服饰就能大概推断出这个人的职业、社会地位、家庭背景、受教育情况、经济情况、性格特点、审美品位等多方面的信息。莎士比亚说："服装往往可以表现人格。"这句话虽然有点夸张，但是一个人有着怎样的性格，往往会潜移默化地体现在自己的穿衣风格中。

## 第一节 服饰文化的产生与演变

服饰文化源远流长，是否使用服饰是人与动物的主要区别之一，也就是说，穿着服饰是人类区别于动物的特有行为。中国服饰文化博大精深，作为现代女性，应该学习了解服饰文化和服饰礼仪。

### 一、服饰的产生

服饰产生除了大众普遍接受的遮羞蔽体说和审美说以外，还有以下几种说法：图腾说，即原始人将与本氏族有血缘关系的某种动物或自然物作为氏族标志，为了显示这种标志，将其显示于身体上，表示信仰；纽衣说，即为了便于携带物品，把披挂于身体的饰物连接起来，防止脱落；巫术说，即将服饰作为咒符穿在身上；等等。根据目前的考古发现，约从旧石器时代的后期开始，人类就有了最原始的服饰。1933 年，人们在北京周口店发现的原始人——山顶洞人的遗址中（距今约 1.9 万年）发现 1 枚骨针和钻孔的石、骨、贝、牙等装饰品。骨针（图 4-1-1）通体磨光细长，针长 82 毫米，针粗直径 3.1～3.3 毫米，针尖尖锐，针孔窄小，是缝制兽皮衣服的工具，这说明当时山顶洞人已经能够利用兽皮一类自然材料缝制简单的衣服。缝线可能是用动物韧带劈开的丝筋，我国鄂伦春族人保留了这种古老的方法。中华服饰文化史可以看作由此发端。

图 4-1-1　山顶洞人遗址中出土的骨针

许多岩洞的壁画和小型雕塑中男女形象的下身都有遮挡物的痕迹。我国的古籍中也有这样的记载：古者田渔而食，因衣其皮，先知蔽前，后知蔽后，这说明最早的服饰主要用于遮蔽身体前下部。在人类历史的同一阶段，在不同的地理环境下出现的这些相似的遮蔽物说明这可能是由人类思想精神发展所致，而并非由人类生活的自然环境所迫。服饰的出现是人类进化史上迈出的伟大一步。

## 二、中国服饰的演变

我国服饰历史悠久，款式面料绚丽多彩，是中华民族文化艺术宝库的珍品之一。根据史料记载和出土文物，真正意义上的服装产生距今至少有六七千年的历史。如同其他任何事物的诞生和发展规律一样，服装也有从无到有、从简单到复杂的不断完善和精细的过程。从人类发展的历史来看，服装先经历了古猿人的树叶兽皮御寒蔽体阶段；然后是早期氏族公社时期人们用骨针简单缝制，初具轮廓；最后到了距今六七千年前的新石器时代，如河姆渡人和大坟口人广泛种麻、养蚕，纺织和缝纫初步兴起，衣裳初步形成。比较原始的服装是无领、无袖、无裤、无袋的裙式衣。

公元前 17 世纪，商王朝建立。商代养蚕很普遍，卜辞中有祭蚕神的记载："蚕示三牢，八月。""牢"指古代祭祀用的牲畜，殷商时多用牛。"蚕示三牢"指祭蚕神时用三头牛。甲骨文中多次出现"蚕"字及其相关的"帛、丝、桑"（见图 4-1-2）。贵族佩戴的饰品也有很多蚕形，并且有死后用玉蚕随葬的习俗。

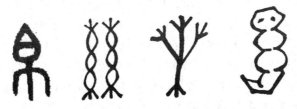

图 4-1-2　甲骨文的"帛""丝""桑""蚕"

商代的等级制度分明，贵族与平民的服装材质差异很大。平民的衣服大多是植物草茎的编织品，以麻衣为主，手工粗劣、色调单一。而贵族衣服相当考究，他们的服装大多有精美的纹饰，如连续的矩形纹样、不规则的云纹图案（见图4-1-3）。

图 4 - 1 - 3　商代出土的玉人　　　图 4 - 1 - 4　周代服饰

　　周朝建立后，鉴于商亡国的教训，周统治者开始重视治民之道，系统地总结出一整套治民之术，最突出的就是"礼"。"礼"是社会各方面及人们行为规范的准则。周统治者认为"礼，经国家，定社稷，序民人，利后嗣行也"。《周礼》中对服装的规定翔实具体，服饰形制也由于尊卑等级的存在、礼仪的需要进一步规范化，并被纳入礼治范围。周朝的服饰具有浓重的礼仪性和等级性。另外，西周的社会生产力大大提高，物质明显丰富起来，服饰的专用界限等级标志开始清晰，品种类别也相应增加，比如宫室中拜天地、敬鬼神时有祭礼服，上朝大典时有朝会服，军事之中有从戎服，婚嫁之仪用婚礼服，吊丧时有丧服。衣裳虽然还是采用上衣玄下裳黄的样式，但在官职服饰中增加了裳前襟的大带，大带宽约四寸（约13.33厘米），用丝或缛制成；玉饰，一般用丝带系在腰间，另外在服色上也开始有了等级差别（见图4-1-4）。

　　汉朝建立之初实施"与民休息"的国策，社会经济得以恢复。汉文帝起奖励农业生产，减免税收，朝廷府库充溢，民间衣食富足，史称"文景之治"。伴随着国家的强盛，纺织业和刺绣业的空前发展有力地推动了汉代服装的发展，开始从质朴发展到华丽，各种服装面料名称已经基本齐全。贵族们"衣必锦绣，棉必珠玉"的奢侈风气甚为浓厚。我们从西汉马王堆出土的文物中可以清楚地看出，丝织品的锦、绣、绢、纱等衣料非常精细。墓中出土的一件素纱衣，由蚕丝织造，以单经单纬丝交织的方孔平纹而成，丝缕极细，轻盈精湛，孔眼均匀清晰，通身重量仅49克，可谓轻若烟雾，薄如蝉翼。

　　《孔雀东南飞》中有"十三能织素，十四学裁衣……著我绣夹裙，事事四五通。足下蹑丝履，头上玳瑁光。腰若流纨素，耳著明月珰"，我们从中可以看出当时女子从小学习纺织技术，而且一般的服装有了固定的名称，如裙、衫、袍等。

　　公元618年，唐王朝建立，唐朝皇帝采取了一系列有效的措施恢复和发展封建经济，先后出现了"贞观之治""开元盛世"。唐朝是当时世界上最富强繁荣、文化昌盛的封建帝国之一。当然，唐朝也成为我国服饰发展的高峰期。唐代服装不仅品种繁多，而且工艺精湛，尤其是宫廷服饰更为考究。"唐装"成为中式服装的别称。

唐朝社会开放，对外来文化兼收并蓄，使汉魏以来的女装至唐代大变，样式新奇丰富多彩，面料时尚轻盈薄透，妆饰独特继往开来，形象华美、异彩纷呈。唐代女性服装以小袖襦衣、宽袖衫、半臂、袒胸等样式居多。初唐时，女子流行穿小袖襦衣，当时称为胡服。盛唐后，胡服影响逐渐减弱，女装出现了新的样式，典型之处是衣衫加宽、袖子宽大，有的袖宽几乎垂至足部。至中晚唐时，朝廷欲加禁止，规定衣袖不得超过 1 尺 5 寸（约 49.95 厘米），但"诏下，人多怨者"，可见当时人喜好宽袖已成审美定势，服饰风尚难以逆转。

盛唐女性的另一个标准性服装就是袒胸装（见图 4-1-5）。唐代女子在穿袒胸装时，不穿中衣，将下裙高提至胸部并用带子系扎好，这样一来就将脖颈甚至是大半个胸部都暴露在外了。唐诗中有很多描写袒胸装的诗句。白居易的"皆云入内便承恩，脸似芙蓉胸似玉"，就是将女子胸前的肌肤比作美玉。韩偓的"鬓垂香颈云遮藕，粉著兰胸雪压梅"，既点明女子身着袒胸装，又在赞叹女子裸露的肌肤欺霜赛雪。欧阳炯的"二八花钿，胸前如雪脸如莲。耳坠金镮穿瑟瑟，霞衣窄，笑倚江头招远客"和周濆的"日高邻女笑相逢，慢束罗裙半露胸。莫向秋池照绿水，参差羞杀白芙蓉"，都将女子着袒胸装的艳丽体态描述出来。唐代女性着袒胸装是特定历史时期文化观念的风俗形式体现，尤其在宫廷贵族女性中非常流行，这反映了唐代女性对审美的追求与自我肯定，更反映了唐代女性自我意识的解放。当然，这种袒胸装是女性在门户之内的穿着，是居家之服，而不是出行装。

图 4-1-5　唐代女性着袒胸装和宽袖衫

宋朝边境不宁，连年战争，在继承孔孟儒家之道的同时，更加强调伦理纲常，尤其以程朱理学为代表，他们要求人们的思想行为、穿着打扮都必须以"理"为中心，符合"理"的规范，主张"存天理，灭人欲"。因此，人们的审美观念转为崇尚简朴，摈弃豪奢。简朴、拘谨、质朴、淡雅成为宋代服饰审美风格。但是，宋代棉花种植和桑蚕业遍及各地，纺织业高度发展，棉织品有 100 多种，锦绣丝织生产进入全盛时期，出名的丝织有苏州宋锦、南京云锦、四川蜀锦等，纺织业的发展又为服饰的华丽提供了基础。因此，宋代服饰一方面是简朴俭约的，另一方面是艳丽多彩的。

元代是中国历史上民族融合的时代，服装服饰也充分体现了这一特点。元太祖成吉思汗自 1206 年建国，由于民族矛盾比较尖锐，元代长期处于战乱状态，纺织业、手工业遭到很大破坏。宫中服制长期沿用宋代样式，直到 1321 年元英宗时期才参照古制，制定了天子和百官的上衣连下裳、上紧下短，并在腰间加襞积，肩背挂大珠的"质孙服"制，这是承袭汉族服装又兼有蒙古民族服装特点的服制。

1368 年朱元璋在南京建立了明王朝。明朝推翻了元朝的统治后，着手整顿服制，恢复了汉、唐、宋代的服饰，并独创较前代等级秩序更为严密的服饰制度。

1644 年，清摄政王多尔衮率八旗军攻入北京。同年，顺治帝迁入北京，满贵族从此开始对中国长达近 270 年的统治。清朝是我国服装史上改变最大的一个朝代。清代是满汉文化交融的时代，因此成了中国服装史上形制最为繁缛、庞杂的一个朝代。清朝推行剃发易服，顺治九年（1652 年），《钦定服色肩舆永例》颁行，从此废除明朝的冠冕、礼服以及汉族的一切服饰，但满族服饰同时吸收了明朝服饰的纹理图案。

清代的衣服是长袍马褂，早先是富贵人家才穿，到后来才变得普遍，成为人们的一般服饰。男子平日所戴的便帽就是瓜皮小帽，颜色是外面黑，里面红。满族妇女穿的旗袍，早期是宽大风格，后来才变成了收腰身的，并在旗袍外面加上一件"坎肩（背心）"。女性的鞋子是一种花盆式的高底鞋。清朝时，汉族妇女的服饰和明代的差不多。

现代服饰是指从清末鸦片战争开始到现在的服装。在这 100 多年的历史中，由于社会大变革，服装的变化也很大，主要特点是短装的发展。清代传统服装逐渐没落，现代中式服装逐渐兴起，同时西式服装开始在中国出现，形成了中西式服装并存的局面。

民国时期，国民党以中山装为礼服。据说，中山装是越南华侨巨商黄隆生根据孙中山的授意而设计的（见图 4-1-6）。中山装是在广泛吸收欧美服饰的基础上，综合了日式学生服装（诘襟服）与中式服装的特点，设计出的一种立翻领有袋盖的四贴袋服装，因中山先生率先穿着而得名。中山装的设计被赋予了特定的含义：衣服的四个兜各代表礼、义、廉、耻；门襟五粒纽扣代表立法、司法、行政、考试、监察，这就是五权分立；左右袖口的三粒纽扣则分别表示民族、民权、民生的"三民主义"和平等、自由、博爱的共和的理念；后背不破缝，表示国家和平统一之大义；衣领定为翻领封闭式，显示严谨治国的理念。中山装有限的外形特征所创造的氛围，蕴含着设计者强烈的主观意愿，即要求穿着者言行要合乎礼仪规范。从服装发展角度来说，中山装更是民族服装与西装结合的成功典范，为我国男装简化开拓了一个新的领域。

图 4-1-6　中山装　　　　　图 4-1-7　旗袍

旗袍——中国和世界华人女性的传统服装，被誉为中国国粹和女性国服，是中国悠久的服饰文化中最绚烂的形式之一。

20 世纪 30、40 年代，旗袍已成为女性的主要着装（见图 4-1-7）。旗袍之所以深受女性的青睐，主要是因为其穿着简便容易，无衣、裤、裙之繁杂，穿法上注重搭配，使实用与审美功能融于一体，如天凉时，旗袍外可加短背心或毛线衣。旗袍整体效果简练，有强烈的艺术韵味，为着装者平添高贵的气质和凝重的意蕴。旗袍色彩的清丽、典雅，可体现女性稳重、温柔的性格特征，展现东方女性曲线美的特殊魅力。旗袍至今仍被作为中华女子的礼仪服装，享有"国服"之盛誉。

总之，中国服装的式样并非一朝一夕形成的，它是随着社会生产力的不断发展、社会分工的不断明确、社会成员的生活水平不断提高而逐步发展起来的。作为人民生活必需品的服装，不仅反映了一个国家政治、经济、科学和文化的水平，也反映了民众的礼仪风尚和精神面貌。因此，服装在社会主义物质文明和精神文明建设方面起着重要的作用。

### 三、服饰与审美品位

以往人们有这样一种看法，女性的美分内在美和外在美，相比于外在美，内在美更重要，因此人们常常忽视外在美，甚至对外在美不屑一顾，对看上去漂亮和爱好打扮的女性，还会有一些轻视。这种看法是特定历史时期的产物，随着人们物质生活水平的提高，这种思想观念正在消失。

欧洲有这样一句谚语："人们通常总是根据书的封面来判断书的内容"，正是能够吸引人的书的封面，才更能激发起人们对书内容的兴趣。作为女性，我们不但要有思想内涵、知识技能，还要有得体的外表，这样才能得到认可和欣赏。心理学上有一个词叫"印象管理"，是指人们试图管理和控制他人对自己所形成的印象的过程。

美，是服装的一个重要属性。西汉初期，燕人韩婴在《韩诗外传》中称："衣服容貌者，所以悦目也。"这句话说的就是服装的审美意义。审美是一种能力。选择什么样的衣服，穿着是否得体，是否穿出自己的独特风格，决定这一切的是一个人的审美能力。

诗人顾城说："黑夜给了我一双黑色的眼睛，我却用它寻找光明。"我们用眼睛寻找光明，寻找美好的事物。人类与动物的区别就是动物只能本能地适应这个世界，而人类可以追求美好的事物，丰富自己的物质世界和精神世界，以达到愉悦自己的目的。

服饰是人的品位、修养、感情、心态、个性等的集中物化。服饰也是一种艺术，像其他艺术一样，同样需要了解基本常识，并正确实践运用。人们能够正确选择和驾驭服饰也是一种能力——审美的能力。有些女性之所以出众迷人、魅力无限，除了修养和气质外，她们对时尚流行的敏感度、对服饰的控制力也有着独特的驾驭能力。

一般人们认为只有从事与艺术相关的工作或高学历、有文化的人才具有良好的审美能力，也只有他们才能穿出服饰的艺术美，其实不然。事实证明，对于服饰审美品位而言，良好的教育和艺术熏陶是必要的，而每个人的艺术修养和文化是能够通过学习不断提升的。

每个人都可以通过努力提升审美能力，当然，提升审美能力是一个持续性的过程，只有通过多方面、长时间的努力才会有效果。

### （一）多看

多看是指多看与艺术有关的作品，从而提高自己的艺术鉴赏能力。比如，我们可以了解世界名画、观看艺术展览等，看不懂也不要紧，只要持续欣赏，审美能力自然会提高。时刻让自己接触到高审美的东西，审美品位就会发生变化，这就是耳濡目染的力量。

我们可以多看一些符合审美标准的服装搭配。信息如此发达的当今社会有很多种信息渠道供人们学习，如我们可以从微信中订阅与服装搭配有关的公众号，像瑞丽伊人风尚、瑞丽服饰美容、中国服饰、服饰前沿等；可以从综合性网站中找到与服饰有关的频道，像搜狐时尚、网易时尚、腾讯时尚等，这些频道有很多关于时尚、穿搭、造型等资讯；还可以关注审美比较好的博主，这些博主在博客中会经常分享他们的见解和经验等。我们可以把学到的内容应用到自己的日常生活中，日积月累，审美能力一定会发生质的飞跃。

我们还可以多看一些能提高审美能力的影视作品。乔治说过："电影是各种艺术中最吸引人、最迷人的艺术。"在电影里，每一帧图片的氛围、每一个场景的配色、每一套服饰的搭配都是经过导演、美工等专业人士深思熟虑的，能够给人们提供借鉴。

### （二）多逛

多逛是指有时间的时候经常逛一逛商场，商场会及时推出最时尚的服饰。逛商场是了解时尚的一个重要途径。商场品牌的陈列都是经过专业人士花了很多心思设计过的，是值得慢慢品味的。我们可以通过逛商场揣摩模特身上服饰的款式搭配、颜色搭配等，然后为自己的服饰设计穿搭。因此，逛商场也是提高自己审美品位的一个过程。

### （三）多模仿

提升自己的审美能力，除了多看、多逛外，还要勇于迈出关键的一步——模仿、实践。模仿是人类一切学习的开始。俗话说："熟读唐诗三百首，不会作诗也能吟。"模仿穿着也是一样的，模仿就是通过多看，大胆尝试，尝试自己曾经不敢驾驭的颜色，尝试自己不曾拥有的款式，尝试更加新潮的搭配，从而找到更多属于自己的风格。

学会穿衣打扮是一门学问。女性不要肤浅地追随时髦，而应潜心学习研究服饰文化，不断提升自己的审美能力和审美品位。这样，才能具备真正驾驭服饰的能力，才能成为仪表得体的典范。

# 第二节　女性遵循的穿衣规则

俗话说："人靠衣装马靠鞍"。得体的穿着不仅可以装扮美丽，还可以体现出一个人良好的修养和独到的品位。学会穿衣打扮，做到时时处处穿着得体，无疑会为人生增添光彩。魅力十足的形象，走到哪里都会得到欣赏，"好的衣品就是一封无声的推荐信。"女性若要具备好的衣品，就要懂得穿衣之道，掌握穿衣规则。

## 一、穿衣之道——TPO 原则

TPO 原则是关于服饰礼仪的基本原则之一，其中的 T、P、O 三个字母，分别是 Time（时间）、Place（地点）、Occasion（场合）这三个英文单词的首字母。TOP 原则要求人们在选择服装和饰品时，要考虑穿着服饰的时间、地点和场合，并力求与以上三要素协调一致。

T——时间，指着装的应时原则，即随着时代的变迁、季节的变化和早晚的不同而选择不同的着装。

P——地点。置身在室内或室外，驻足于闹市或乡村，停留在国内或国外，身处于单位或家中，在这些变化不同的地点，着装的款式应当有所不同，切不可以不变而应万变。在南方穿着漂亮的衣服，到北方或许就不适合；在家里穿着舒服的衣服，在室外穿或许就不得体。

O——场合。日常生活中，场合一般分为三种：

一是休闲场合，如在家休闲、逛街购物、旅游观光、健身锻炼等。这时着装的特点一般都以舒适、自然为主，只要不违背社会风尚，可随意穿着，比如运动装、牛仔装、沙滩装等均适合休闲场合。

二是社交场合，如参加宴会、舞会、音乐会，以及朋友之间的聚会和各种各样的派对、沙龙等。这种场合的着装一般追求时尚和个性，礼服、旗袍、民族服装、时尚服饰均是社交场合的穿着。

三是公务场合，指进行公务活动的工作地点，如工作、学习、开会、谈判等地点都属于公务场合。这时的着装要求庄重保守、专业干练，一般着正装、套装、套裙、西服，也可以穿制服。

总之，我们在不同场合要做到穿着不同类型的服装。不懂穿衣之道，就会出现穿错场合的情况。"没有不美的衣服，只有穿错场合的衣服"。

不懂穿衣规则有时会造成损失。如果穿着休闲服装去面试，就是对面试官的不尊重，面试显然难以取得成功；如果穿着公务装去旅游，不但自己在旅游过程中会觉得不舒服，别人看着也会觉得别扭；如果穿着休闲服装去参加婚礼，会显得自己与隆重喜庆的气氛格格不入。因此，不同类型的着装在不同场合要做到高雅场合不朴实，普通场合不隆重，严肃场合不休闲。

■ 知识链接 ■---------------------------------

### 西装的穿着礼仪文化

西装作为西方舶来文化，有着自己独有的穿着礼仪文化。不懂西装的穿着礼仪文化，不仅穿不出效果，而且会惹出笑话。西装的穿着场合、搭配等都是需要我们去了解注意的。

第一，场合不同，穿着的西装也应不同。正式场合（宴会、晚宴）中，需要穿着西装正装，颜色以黑色、深灰色为最佳。商务场合中，同样是西装，颜色可以选择蓝色、灰色、藏青色等。西装正装需要搭配好衬衫、皮鞋等，全身服饰颜色一般不要超过三种。

第二，穿着得体，无褶皱。经常穿西装的朋友都知道，西装大多都是由羊毛混纺制成的，容易起褶皱，因此男士穿西装之前，要熨烫平整。穿西装不建议选择宽松型，尽量选择合体修身的，这样的穿着效果会更加好。

第三，小细节需要注意一下。比如，西装的口袋是不能放置东西的。为了保持西装的版型不变形，尽量不要在西装的口袋放置手机、钥匙等物品，当然口袋巾除外。

第四，西装系扣子需要注意的问题。单排扣西装可以不系扣子，也可以系上扣子。单排扣西装在站着的时候需要只系上面的一粒，底下的一粒为样扣，不用系。而双排扣西装在穿着时需要把扣子全系上。

第五，穿西装一定要配硬领的衬衣，深色皮鞋，深色袜子，3厘米宽的黑色皮腰带。

只有了解西装的穿着礼仪文化，才能更好地展示自己。

## 二、知性女性服饰原则

职场上穿着得体且行动有力的女性是非常有魅力的，她们的身上自然而然地散发着正向能量。职场中的女性要展现的是专业能力强、做事干练利落且自信优雅的一面，因此职业服装是职场女性的首选服装。职业服装在挑选的时候要注意以下几点。

### （一）色彩少

职业服装在色彩方面最好选择黑色、白色、灰色、藏青色、藏蓝色、驼色、棕色、米色、褐色等单一颜色。办公室中的着装不宜选择整体颜色太过艳丽、色彩过于花哨的服饰。在冬春季节里，女性可选择较深颜色的中性色，在夏秋季节里，可选择较浅颜色的中性色。

穿着西服套装时，还要遵循三原色原则和三一律定律。三原色原则指的是穿西服套装的时候，全身上下各种服饰在内的颜色总和不能多于三种，比如上衣、下衣、衬衫、领带、鞋子、袜子等在内，全身颜色应该在三种以内。三一律定律指的是穿西服套装时，鞋子、腰带、公文包应为同一颜色。三原色原则和三一律定律是人们在职场中穿着职业服装要遵循的原则，从而向别人传递出职业感和庄重感。

现在，人们追求时尚，职场中的女性同样要追求时尚。近些年，一些玫红色、粉色、紫色、雾霾蓝等靓丽的颜色被运用在职场中，成了流行色，还有格子、条纹等图形，大大丰富了视觉效果，并打造出充满朝气和富有感染力的职场服饰，这为沉稳低调的职场服装增添了一抹阳光。但是，总体来说，职业服装的颜色整体搭配不宜多，要做到精，突出亮点，以便和办公的场合与气氛相协调。

### （二）款式雅

有地位、有身份的人穿着的服装，或者说高档品牌的服装，都以简洁为美。著名设计师皮尔·卡丹曾经说过："简单一些，再简单一些，又简单一些，更简单一些，这就是美的本质。"高档的时装就是过十年八年也不会过时，就是因为它简洁、脱俗、高雅、大方。相反，过分点缀修饰的服装，比如铆钉、流苏、皱褶等反倒很容易过时，而且给人的感觉很廉价。

### （三）做工精

质优的服装和一般品牌的服装做工是不同的。一件衬衣可以五十元、五百元、五千元。虽然材质可能不同，但是做工也占很大部分原因。质优的服装工艺更细致，流程更完善。

### （四）材质好

纯丝、纯棉、纯麻、纯毛的面料，档次比较高，这些面料吸湿、透气、垂感好，穿在身上比较舒服。服装面料尽量避免选择发光发亮和过分透视的，因为发光发亮的化纤面料，一般属于劣质低档面料或时装面料，或者做晚礼服用。

女性在职场中应不穿奇装异服，不袒胸露背，所穿的服装忌紧身、忌暴露、忌透视、忌鲜艳、忌杂乱、忌短小。另外，在职场中，特别是涉外交往中，女性不要穿黑色皮裙。女性穿裙装切忌穿成三截腿，更不能光着腿，要穿连裤长筒丝袜。不要穿漏脚趾的鞋，要穿半高跟船型皮鞋。

## 三、女性服装搭配技巧

很多女性拥有很多衣服，但是一参加某些场合就不知道该穿什么衣服，造成没有衣服可穿的假象。掌握服饰搭配技巧，就会解决这一难题，可让女性在各种场合游刃有余地驾驭服饰，穿出光彩照人的形象。

### （一）掌握搭配技巧

初入职场的女性，为了能给领导和新同事留下好印象，在穿着上肯定要煞费苦心，毕竟个人形象是影响第一印象的关键因素。一套得体的职业装，不仅能帮助新人褪去青涩，而且能展示职业人士的风姿。如果穿得太老气，容易给同事造成这个人呆板、木讷、没活力的错觉；穿得太花哨又会被认为浮躁、不踏实，不能委以重任。

因此，初入职场的新人，服装的选择应该款式简洁大方，略带时尚感。随着时代的变迁，人们的审美意识也随着发生变化。以前，女性在职场中选择以黑色、蓝色为主的西装套裙，这不适合年轻人的朝气和活力。值得注意的是，服装要平整干净，这是着装最基本的要求。服装并不一定要求很高档，但是要做到干净、整洁、平整，切不可将晾干后皱皱巴巴的衣服拿出就穿，切莫偷懒，一定要一丝不苟地熨烫平整，才能穿去上班，这样既大方得体，又显得人精神焕发。女性职场着装最好每天一换，保持良好的形象，这样既愉悦了自己，又尊重了他人。

除了掌握职场穿着规则，女性还要掌握一些搭配技巧，如统一法、点缀法、互补法、对称法、不对称法等。

### （二）找准属于自己的色彩

现代科学发现，人体色特征是受核黄素、血红素、黑色素三种色系的综合影响而呈现出来的。我们东方人拥有黄皮肤，但是因每个人各自皮肤中三种色素混合程度差异而呈现不同的肤色，有人偏黑，有人偏白，有人偏黄，等等。服饰颜色的选择要与肤色相一致，比如皮肤白皙的人，则选择清晰明亮的色彩更适合，反之，肤色暗淡、无光泽的人，则选择浑浊暗淡的色彩更适合。服饰在颜色搭配上有如下诀窍。

**1. 善用中性色**

中性色，也叫百搭色，其在服装中的运用非常广泛。几乎所有的服装店中有一半以上的服装颜色都是中性色。我们每个人自己的衣橱中，中性色的服装也一定是占据大半。常用服装中的中性色有无彩色的黑色、白色、灰色，还有有彩色的米色、卡其色、驼色、褐色、茶色、棕色、咖啡色、深蓝色、藏青色等。中性色是最宜于搭配的颜色，尤其与艳丽的色彩搭配，能更加衬托出人的明艳动人，而且中性色看起来优雅含蓄，低调却不失品位，是表达内在气质和知性美的最佳衣着色彩。

要想中性色搭配出亮点，记得无论搭配中使用了多少个中性色，尽量增加一两个鲜亮的色彩作为点缀，面积不能太大。如果只有一个点缀色，那么一定要出现在搭配中两次以上，完成点缀色的两两呼应。

**2. 会用有彩色搭配**

有彩色搭配分为邻近色搭配、同色搭配和补色搭配三种。从色相环中选择任何一个颜色作为主色时，它旁边的颜色就叫作邻近色。我们进行服装搭配时，采用这三种邻近颜色进行搭配就叫作邻近色搭配。采用邻近色进行服饰搭配会使人感觉很和谐。

同色搭配是指选择一个颜色，通过这个颜色深浅不同和明暗不同进行搭配。同色搭配就是通过色彩与色彩之间的深浅差异、浓淡差异和明暗差异为整体搭配增加更多层次感，而且因为它们属于同一色系，所以视觉效果更和谐雅致，看起来协调统一。

在色相环中，两个相对的色彩，即180°对角线连接的两个颜色叫作补色。服饰搭配时采用这样的补色进行搭配，叫作补色搭配。常见的补色搭配有红和绿、黄和紫、橙与蓝。运用色彩对比强烈的补色进行搭配，可以给人以强烈的视觉刺激，使人能够在人群中脱颖而出。补色搭配在服饰搭配中太抢眼，太刺激，因此常用于舞台上人格的塑造，现实生活中选择要慎重。当然，补色搭配在现实生活中也不是不能用，可以将补色变白变浅形成浅淡的和谐，也可将补色变黑变深，降低色彩的活跃度，让补色看起来沉稳协调。要注意，用补色搭配时，避免面积上形成1∶1的比例，可采用主色和点缀色的搭配。

另外，如果采用超过三种以上的多色搭配，当有彩色有很多种时，无彩色要使用一种；当无彩色有很多种时，有彩色只能选择一种。

**（三）穿对款式**

网上有一项调查，结果显示只有5％的人对自己的身材是满意的，也就是说有 95％的人对自己的身材不满意。这 95％中，应该有妙龄少女，也应该有雍容富贵的中年女性。生活中拥有完美身材的人少之又少，我们每个人的身材都有自己的特点，或多或少都有令自己不满意的地方，但如果穿对款式，就可以弥补身材的不足。

体型的分类有很多种方法，有字母型、几何图形等。这里以形象的字母型为例，将身材分为 X 型、H 型、O 型、Y 型、A 型。X 型身材是最让人向往的体型，身体各部分长短粗细合乎比例。H 型身材是肩膀、腰部、臀部接近等宽的，给人一种高瘦的感觉。O 型也叫苹果型身材，腰部、腿部、腹部与身体其他部位比较起来脂肪偏多。Y 型身材是双肩距离很明显宽于臀部，体形上宽下窄，这种体型在运动员中比较常见。A 型身材也叫梨型身材，上身单薄，有腰线但较短，臀部较大，下身较沉重。

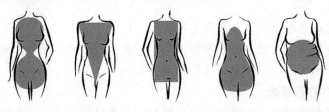

X型(沙漏型)　　Y型(倒三角型)　　H型(长方型)　　A型(梨型)　　O型(苹果型)

图 4-2-1　常见女性体型

其实，每个人的身材都不是完美的，我们不必自怨自艾，在选择服装款式时针对自己的身型扬长避短，自认为的缺点在外人眼中就不存在了。

比如，X 型身材肩胯同宽腰还细，这种身材可以穿收腰包臀裙，或是收腰的A 字裙，抑或是收腰上衣。收腰的目的就是凸显 X 型曲线，显得性感，有女人味。

H 型身材肩胯同宽腰圆，这种身材虽然比例较匀称，但没有曲线感，因此我们可以选择一些收腰款的裙装，或腰间配一条腰带，以显得有曲线感。

O 型身材穿衣要简洁合体，不要穿收腰的衣服，也不要穿过于贴身的衣服。

Y 型身材肩比胯宽，给人一种很壮实的感觉，因此可选择弱化肩宽，同时适当增加胯宽的款式，以显得比例和谐。肩部不要加装饰，尤其要忌肩部夸张的款式，下身可选择大裙摆的裙子、宽松的阔腿裤等服装。

A 型身材胯比肩宽，且下半身比较壮实，可增加肩部装饰，减少臀部装饰，如穿泡泡袖，添加肩章，或有海绵垫肩，等等，总之让肩部丰满起来，改变肩部的下滑和窄小，使肩部与臀部产生视觉上的等宽效果。

另外，还有一些穿衣的小窍门。比如，利用视错原理，服装图案中如果有条纹，一定是越细越多的横条纹和少量的宽的竖条纹（一般不超过 3 条），这样显高显瘦。

■ 小贴士 ■

### 着装的扬长避短

穿着打扮一般情况下都要扬长避短，依据肤色、身材等特点进行选择。

从色彩方面来说，肤色偏黄，少选黄色、绿色、紫色、灰色系列或深蓝色、中性色等色系。脸色较暗，可选浅色系、中性色系。肤色黑，颜色勿过深或过浅，宜选用与肤色相比不明显的色系，上装忌用色泽明亮的黄橙色或者色调极暗的褐色、黑褐色系。脸色苍白，忌穿绿色上装，以显病态。肤色红润、粉白，则适合绿色。

从体型方面说，脖子比较短，不宜穿高领衫，而应该穿 U 领或者 V 领的服装，露出一部分胸部。腿长得比较短粗，就尽量不要穿短裙。正常体型的人，服装的选择自由度大。

# 第三节　配饰搭配礼规

饰品对女性来说是锦上添花的点缀。点缀得是否恰到好处，能体现一位女性的品位和情趣。饰品佩戴细节也可以反映一位女性的礼仪文化修养。

## 一、配饰种类及搭配原则

### （一）配饰种类

现在的饰品种类繁多，有纯装饰性的，如头饰、项饰、胸饰、手饰、臂饰等，还有装饰性兼实用性的复合型饰品，如鞋、袜、手套、围巾、帽子、腰带、箱包、手表、手机、眼镜等。饰品与气质、服装、香气等相互呼应，共同塑造女性风采各异、精彩纷呈的美丽风情。

### （二）配饰搭配原则

饰品是体小而质精的物品，搭配原则是在女性整体服饰中突出配饰的点缀作用，起到"画龙点睛"的效果。如果一位女性穿着剪裁简单的经典黑色连衣裙，但她没有佩戴任何饰品，那么她的整体形象会黯淡无光、平淡无奇，甚至身材中的缺陷可能会暴露出来。但是，同样的黑裙，如果增加一条别致的项链，就会产生不同的效果，这条项链就会吸引人们的目光，并由项链的材质、颜色、工艺等联想到女性的身份、喜好、品位等。同样的黑裙，如果女性不仅只增加了一条项链，同时增加了胸针、耳环、手链等，像一棵圣诞树一样，别人看到整个人闪闪发光，但她的形象也会大打折扣。这是因为饰品并不是多多益善，美加美不一定等于美。因此，饰品的佩戴要遵循相应的具体规则。配饰搭配规则一般为数量少而精、色彩力求同色、材质力求同质、与身份相配等。

## 二、妙搭配饰锦上添花

### (一) 鞋

鞋是人们为了保护脚部免受硬物伤害，便于行走和御寒防冻而用的，兼有装饰功能、卫生功能的服装。鞋虽然位于人体服饰的最底层，但是意义重大。意大利建筑大师卢西安诺·卡罗索曾这样描述鞋子产生的意义："鞋的使用是一次革命，同时也是人类的需求，使人类与动物区分开来。"

我国古代鞋的通称叫履。汉代的履，材质有丝质、麻质或皮质，样式多趋翘首，称为"翘首履"。女性履多为圆口翘头，男性履多为方口翘头。贵族人士的履上还会有工艺精湛的织纹和刺纹。曹植的《洛神赋》中就有"践远游之文履，曳雾绡之轻裾。微幽兰之芳蔼兮，步踟蹰于山隅。"可见，古代履之精美。

当今女性的鞋种类繁多，最受女性青睐的是高跟鞋。穿着高跟鞋能产生拉长女性腿部的视觉效果，让腿看起来更修长。女性穿上高跟鞋后使人重心后移，腿部相应挺直，导致臀部收缩，胸部前挺，给人感觉昂首挺胸，袅娜的韵味油然而生。玛丽莲·梦露就曾说过："虽然不知道谁发明了它，但是所有女人都应该感谢它。"

高跟鞋要从款式、质地和舒适度等多个方面来综合选择。日常穿着时，鞋跟的高度一般不要超过 5 厘米。高跟鞋鞋跟越宽，穿起来的安全感越高，鞋跟越窄，走起路来越困难。一般穿裙装或阔腿裤逛街、旅游时，是不穿高跟鞋的，要穿旅游鞋。不同的服饰要搭配不同的鞋子，正装要搭配半高跟皮鞋，休闲装要搭配旅游鞋、平底鞋，社交场合穿着时尚礼服要搭配细高跟鞋。

### (二) 袜

袜子是一种穿在脚部的服饰用品，起着保暖、防臭和装饰的作用。我国在夏、商、周时代就有了袜子的雏形，当时的袜子与现在的袜子有点区别，人们把袜子套在脚上，然后用带子系在脚踝处，起到固定袜子的作用。曹植的《洛神赋》中有"凌波微步，罗袜生尘"的描写，形容洛神穿着用丝织品制成的袜子，行走的步履轻盈。

当今社会，隐藏在裙子下的丝袜能够调整女性腿部曲线，改善腿部肤质，塑造出一条美丽性感迷人的腿。肤色的丝袜是使用最多的，它颜色低调、品位高雅，且容易与服饰相搭配。黑色丝袜也很实用，当穿深色服饰和黑色鞋子时，黑色丝袜能够将服饰和鞋完美地连接起来，塑造整体搭配的协调感。除此以外，还有彩色丝袜、镂空丝袜，这些一般更适用于年轻人，用于休闲场合，公务场合不宜穿这些丝袜。

### (三) 手套

我国至少在 2500 年前就有了手套。湖北江陵地区一个战国时期的楚墓中就出土过一副皮手套，而且 5 个手指是分开缝制的。可见，手套在我国自古就有。当今手套已经成为保护手部的普通日用品。干活时，尤其是接触一些化学原料时，戴手套可以保护手部皮肤免受伤害，起到隔离保护的功能；寒冬时戴手套，可以保护皮肤不被冻伤，起到御寒保暖的功能。手套还有装饰的功能，比如新娘穿着白纱长裙，常佩戴一副白色长手套。

在涉外的一些场合中，人们佩戴手套是有一套礼规的。比如，在西方的社交场合中，女士大多佩戴手套，显得更加正式，更懂礼节。而且讲究白天佩戴短手套，晚上佩戴长手套，夏季戴夏装手套，冬季戴冬装手套。女性在室内与人握手时，可佩戴手套，不用摘下。但是在喝咖啡、饮酒、吃东西时，需要摘掉手套。另外，需要注意的是，戒指、手镯、手表等是佩戴在手套里面的。

## （四）项链

项链的诞生非常早，在距今 1.9 万年前北京周口店山顶洞人的遗址中，发现的装饰品中就有项链的造型。项链也是所有饰品中最能体现主人身份和地位的饰品之一。莫泊桑的短篇小说《项链》中主人公玛蒂尔德爱慕虚荣，迷恋豪华的贵族生活，为了一场舞会丢掉了借来的项链，并为赔偿这条项链付出了十年美好的岁月。

项链的种类繁多，造型丰富，具有很强的装饰性。佩戴项链，不但能够起到扬长避短的修饰作用，还能起到画龙点睛的作用，因此在佩戴项链时，应注意搭配。首先是与服装的搭配，当服装是细致柔软的材质时，适宜佩戴精致、细巧的项链，如金饰、银饰。其次是与服装颜色的搭配，穿单色或素色服装，可佩戴颜色鲜明的项链，能使项链更加醒目。如果是色彩鲜艳的服装，那么宜佩戴造型简单、色彩单纯的项链，这样不会产生凌乱的效果，还可平衡服装色彩。同时，要遵守首饰佩戴中"同质同色"的原则，项链宜和同色、同质地的耳环或手镯等搭配佩戴。另外，还要考虑脖子的粗细长短，粗短脖子不宜戴短项链。

## （五）戒指

戒指是手指佩戴的饰品。戒指的历史可以追溯到新石器时代，龙山文化遗址的墓葬中就发现了装饰用的戒指，甘肃齐家文化遗址中也有铜质戒指出土。但是早期戒指的含义与现在不同，到了汉魏以后，戒指才成为男女之间寄托感情的象征。到了唐朝，戒指才被赋予婚姻的意义，晚唐时期戒指与现在戒指的含义差不多，是订婚信物之一，希望爱情天长地久。

戒指国际标准戴法是大拇指一般不戴戒指，食指表示想结婚，但尚未结婚；中指表示正在热恋中；无名指表示已经订婚或者已经结婚；小指表示独身或已离婚。有人用更简单的"追、求、订、婚、离"五个字说明将戒指分别戴在 5 个手指上的含义和暗示。中国人惯常的戴法是订婚戒指一般戴在左手的中指，结婚戒指戴在左手的无名指。

现在，人们为了好看有时会佩戴多枚戒指，但是一般佩戴的戒指不会超过两枚。两枚戒指在佩戴时，要么是分别佩戴于双手相对的手指，如都戴在中指，要么是佩戴同一只手相邻的手指，如佩戴在左手的食指和中指。

## （六）帽子

帽子是戴在头上用于御寒、防暑、装饰和标识的服饰，在我国古代称为首服。帽子的发明源于人们对权力和地位的体现。奴隶社会，首服只是在官僚统治阶层普遍使用，它的装饰和标识作用象征着统治权力和尊贵地位，那时称作"冠"和"冕"，只有帝王和文武大臣可以佩戴，表示其地位和权力的大小。首服的式样、戴法、戴的人和戴的场合都有严格的规定，反映着所戴人的身份、品行和仪表。古代男子一般20岁时要举行"冠礼"，表示男子成年。人们通过冠帽可以区分出一个人的官职大小和身份高低。

【案例分享】

元朝文人胡石塘就因为帽子没有戴好，而没有受到元世祖忽必烈的重用。胡石塘当时名声很大，他应聘到京城，皇帝亲自召见了他。上朝时，胡石塘没有察觉自己的斗笠戴歪了。当元世祖问他平常所学的是哪些学问时，胡石塘回答："都是一些治国平天下的道理。"皇帝笑他说："你连自己的帽子都戴不端正，要我如何相信你的治国之道是不偏不倚的呢？"结果没有任用他。可见，那时人们对帽子的佩戴非常在意。因为帽子虽小，却影响着一个人的整体形象。

古代劳动人民是不佩戴帽子的，而是戴头巾，直到清朝末年，西方文化的传入才使帽子在社会上普遍流行起来。帽子不再是地位和权力的象征，而是成为一种装饰品和防热御寒的工具。

人们戴帽子是很有讲究的。在我国古代，脱帽是无礼的表现，而当今社会则以脱帽表示礼貌，如升国旗、唱国歌，或者在室内参加重要活动时，都要脱帽。现在一年四季都可以佩戴帽子，既可以防晒防寒，又可以是服饰的一部分，起到美化人仪表的作用，比如，妙龄少女身着鲜艳颜色的羽绒服，头上再戴一顶白色的绒线帽子，可彰显青春活力。

在保证帽子功能的前提下，如何让它为人们增添光彩？其实佩戴帽子也是因人而异的，切不可看别人佩戴得好看，自己就盲目模仿，这样有可能起到适得其反的效果。

帽子颜色与佩戴者的肤色要相协调。皮肤白皙的人戴任何颜色的帽子都可以，而皮肤偏暗的人，一般不宜佩戴颜色鲜艳的帽子，否则会使戴帽者的肤色显得更深。对于皮肤发黄的人，最好选择深红色或咖啡色的帽子。

帽子的款式与发型的配合十分重要，尤其是没有帽檐的款式，佩戴时最好露出一部分刘海及耳朵前面的头发。带有蓬松感的微卷长发适合与帽子搭配，不用担心帽子压扁发型，因为长发有比较多的下拉线条，即使挑选帽顶圆圆的款式，也不会让脸型显大。短发延展性不高，蓬松的帽顶更为适合。短直发的人选择帽子的局限性要大一些。

帽子的款式和大小应与身材相匹配。比如，身材矮小的人，不要佩戴高顶帽子、圆冠帽子，也不宜戴宽檐帽子，不然会显得身材更加矮小。身材高大的女性不宜佩戴帽檐过小的帽子，这与其身材不相匹配。

帽子的佩戴还应与脸型相适应。人的脸型大体上分为方形脸、心形脸、圆形脸、椭圆形脸、长形脸和三角形脸。帽子的佩戴要遵循"相反相成"的原则。方形脸棱角分明，帽子宜选择不规则的边或不显眼的帽冠，这样显得方形脸不那么棱角分明。圆形脸宜选择较长帽冠和不对称的帽檐，这样可在视觉上起到延长脸部线条的作用。长形脸的女性可以选择帽檐较宽的帽子或平顶圆帽，这样可以起到修饰过于狭长的脸型的作用，使脸型看起来宽一些。

佩戴帽子时还要注意，帽子戴在眉毛稍上方的位置会很好看，但是脸短的人，帽子可以稍微向后戴，而脸圆或脸大的朋友，帽子可以向侧边倾斜，斜着戴帽有缩小脸型的效果。戴帽时将帽檐压低看起来有神秘感，给人以很时尚的感觉。

> **延伸阅读**
>
> ### 帽子起源的传说
>
> 相传，在我国远古时代，黄帝打算举行一次庆功大会，派胡巢率领 50 多名猎人上山打猎。可是这年冬天特别寒冷，竟有 20 多人被冻掉耳朵。为此苦恼的胡巢发现树林里有很多鸟窝，他随手捡起地上一块石头，向树上的鸟窝投掷过去，一下子就把鸟窝打落下来了，又用手在鸟窝的内外摸了一摸，发现它虽然是用柴草垒成的，却又软又绵又暖，便随手给身边一个冻掉耳朵的猎人戴上。周围其他猎人看到后也纷纷上树去摘鸟窝，不大一会儿工夫，人人头上都戴上了鸟窝，再也不怕冻掉耳朵了。当胡巢带领的队伍抬着大批的猎物回来时，黄帝亲自带领臣民远道迎接，人们发现打猎回来的人头上都戴着鸟窝，连黄帝也觉得奇怪。胡巢便把进山打猎的经过向黄帝做了汇报，黄帝听后大加赞扬，立刻把嫘祖、嫫母、风后、仓颉、常先等人召过来，决定给胡巢记一功，又叫仓颉刻字留名。从此以后，人们就把头上戴的鸟窝叫帽子了。
>
> （摘自《服装·服饰史话》，化学工业出版社，赵翰生、邢声远编著）

## （七）丝巾

丝巾是一种灵动、飘逸、优雅和极富浪漫气息的时尚配饰。丝巾在整个服饰中能起到修饰、点缀的作用。丝巾的起源是从一块布开始的，早在公元前 3000 年，埃及人用的缠腰布、流苏长裙和古希腊人的缠布服装，都离不开这块布，直到现在发展为女性薄如蝉翼的饰品。丝巾的演变可谓让人慨叹。

丝巾诞生之初起到了抵御寒冷的作用，直到 16 世纪中期随着这块布料材质的不断变化，才发展成为具有装饰功能的配饰。而丝巾作为配饰的出现也是从头开始的，那时的丝巾主要是作为头巾来使用的，并配以帽饰。17 世纪末期，出现了比较华丽的三角巾，主要用蕾丝、金线、银线并结合手工刺绣制作而成。欧洲的妇女们把它披在双臂并围绕在脖子上，在颈下或胸前打结，以花饰固定，既漂亮又保暖。后来，这条华丽的三角巾在服饰中的地位越发重要。在上流社会，甚至男人们都用它来装点自己，尽显时尚品位。随着时间的推移，三角巾又逐渐演变成长巾、方巾，可由着人们随意穿搭。

但是，我国女性对丝巾的使用并没有充分发挥它的特点。中国女性的丝巾在哪里最常见？穿制服时最常见。我们用心观察会注意到，银行、电信、宾馆、餐厅服务人员、空姐，她们穿着制服，虽然端正得体，但如果没有丝巾点缀，就少了灵气。女性应该学会使用丝巾，为其服饰添上靓丽的一笔。

丝巾的选择要考虑自身的风格、身材、着装，还有丝巾的材质、颜色、形状以及系法等。

首先，佩戴者的身材、身高、体形影响着丝巾的选择。身材矮小的女性不宜选择长型丝巾。丝巾在佩戴时太长，会压低佩戴者的身高，可以选择正方形或三角形的丝巾围在脖子周围。其次，女性的气质、风格决定着丝巾的选择。优雅大方的女性，建议选择丝织丝巾，这种丝巾带给人高贵奢华感。年轻朝气的女性，可以选择带流苏或形状不规则的丝巾，会显得创意感极强。

## （八）手镯

手镯是用金、银或玉等为原料制作的戴在手腕上的装饰品。手镯经历了漫长的发展历史，早在距今 6000 年左右的半坡遗址和位于山东曲阜西夏侯新石器时代遗址中，考古专家就发现了陶环、石镯等原始人用于装饰的手镯。

如今，手镯作为一种首饰，和项链、耳环、戒指一样，成为搭配服装的配饰，起修饰作用。因此，在佩戴时，美观往往是第一位的。手镯一般戴在左手，可以佩戴一只或多只。当佩戴一只时，戴在左手上；当佩戴两只时，可以两只都戴在左手，或者左右手呼应各戴一只（古代左右手佩戴手镯表示已婚），这种情况佩戴的一般是一对手镯；当佩戴三只及以上时，一般都戴在左手，要注意的是佩戴多只手镯一般是在休闲场合，与服装相搭配，达到标新立异的效果。

## （九）箱包

箱包是对用来装东西的各种包的统称，包括手提包、背包、挎包、钱包、购物袋、腰包和拉杆箱等。在这里，我们主要介绍作为女性服装配饰的包。

女性对包的痴迷和热爱像下了魔咒一般，就像男性喜欢汽车一样。女性为了实用和搭配服装，要根据财力量力而行地选择包。

作为职业女性，应必备一个用于平时上班的包，这个包要兼具实用和质优的特点。首先，这类包大小至少能装下 A4 纸或小巧的笔记本电脑。其次，这类包的材质要偏挺括，不要选择面料柔软的布包，一般选择牛皮、高密度帆布或 PVC 的材质。这些材质不但挺括，而且耐磨，对日常工作来说非常实用。

如果已经拥有了上述这种包的话，那么还可以选择一个不用装 A4 纸或笔记本电脑的中型包或小型包，用于平常社交、通勤。女性在购买这种包时，要根据流行或自己的喜好主要考虑能否搭配自己平时的服装，还有包的空间是否够用，取放物品是否方便，颜色和内胆是否耐脏，等等。

女性的配饰很多，要不断了解配饰文化，掌握搭配规则，同时要掌握配饰礼规，明白什么场合该戴配饰，什么场合少戴，什么场合不戴。

### 三、谨遵配饰礼规

在较为正式的场合使用配饰，要遵守饰品佩戴的礼规，这样才能使配饰发挥其应有的美化和装饰作用。配饰佩戴符合礼仪规矩，方能彰显女性的修养。

#### （一）佩戴饰品要符合身份

饰品的佩戴要与自己的性别、年龄、职业、工作环境保持大体一致，且不宜使之相去甚远。比如，在工作场合，不宜佩戴休闲、夸张、个性的饰品；在社交场合可以佩戴个性、夸张的饰品，从而突出自己的气质。

#### （二）佩戴饰品要少而精

戴佩饰品时数量上要以少为佳。可以只佩戴一件佩饰，若要同时佩戴多种饰品，一般不要超过三件，这是因为每一件饰品都是一个亮点，饰品过多会使亮点过多，导致人眼花缭乱。在社交场合可以适当多戴几件配饰；在葬礼等肃穆场合尽量不戴配饰，即使佩戴也必须是素色配饰。

#### （三）佩戴饰品要同质同色

同时佩戴两件或两件以上饰品时，应使其质地相同、色彩一致。戴镶嵌首饰时，应使其主色调保持一致。千万不要佩戴质地不同、颜色不同的饰品，这样的佩戴在视觉上没有呼应，显得饰品比较凌乱。

俗话说："人靠衣服马靠鞍。"李白的《清平调》里有一句："云想衣裳花想容"。追求美是每个女性共同的愿望，正因为有了爱美的女性，才使得世界更加五彩缤纷。服饰对女性来说，不仅仅是一件衣服，更是内心深处对美的理解与展现，是女性精神生活的一种体现，是礼仪修养和审美品位的体现。女性要不断学习服饰礼仪文化，成为爱美、懂美、会美的现代女性，成为世间一道亮丽的风景线。

# 第五章　社交礼仪塑造智慧女性

　　如果一个女性懂得社交的艺术，就能够树立美好的形象，提升自己的魅力。真正智慧又优雅的女性不仅善于形象管理，还拥有良好的人际关系，懂得社交的礼仪规矩。

　　礼仪塑造智慧女性，而懂礼仪的智慧女性会使他人从内心欣赏。女性得体的话语与高情商的表达能够让人觉得舒服、自然和被尊重。礼貌性社交方式对增进了解、促进交流、表达敬意、体现素养、缓解压力能起到很好的作用，有时"此时无声胜有声"胜过千言万语。学会运用社交礼仪，是增加女性知性、优雅社交魅力的重要手段和路径。

## 第一节　见面礼仪

　　在人际交往当中，人与人之间如何称呼、如何介绍、如何握手等礼仪属于见面礼仪。现代女性越来越社会化，人际交往越来越频繁，因此我们要了解见面礼仪规范。

### 一、称呼礼仪

　　礼仪是一种智慧的表达。只有表达出想表达的，同时让他人理解我们表达的内容和情感，才会使他们更愿意与我们继续沟通和交流。口语交际中要体现出来的智慧最初就表现为称呼礼仪。

#### （一）称呼礼仪类型

　　称呼礼仪在我们的日常生活和外交活动中都非常重要。称呼礼仪，又称称谓礼仪，是指在称呼亲属、朋友、同事或其他有关人员时使用一种规范性的礼貌与准确的称谓，恰当地体现当事人之间的相互关系。这里介绍姓名称谓、年龄称谓、亲属称谓、性别称谓、职务称谓的称呼礼仪。

**1. 姓名称谓礼仪**

姓名，即一个人的姓氏和名字。姓名称谓是使用比较普遍的一种称呼形式，用法大致有以下几种情况：

（1）全姓名称谓，即直呼其姓和名，比如，"李大伟""刘建华"等。全姓名称谓有一种庄严感、严肃感，一般用于学校、部队或其他郑重场合。家庭中长辈对晚辈有时也连名带姓地称呼，但往往带有呵斥、指责的情绪。中国传统文化中，在社交场合指名道姓地直呼对方一般是不礼貌的行为。

（2）名字称谓，即省去姓氏，只呼其名字，比如，"大伟""建华"等，这样称呼显得既礼貌又亲切，运用场合比较广泛。

（3）姓氏加修饰称谓，即在姓之前加一个修饰字，比如"老李""小刘"等，这种称呼亲切、真挚。一般用于在一起工作、劳动和生活中相互比较熟悉的同事、朋友之间。

**2. 年龄称谓礼仪**

当称呼年长者时，务必要恭敬，不应直呼其名，也不可以直接呼"老张""老王"等。尤其是年龄相差较大，隔代人之间更不可以直接称呼"老张""老王"等。"老张""老王"只能是一种称谓，不应当是称呼，可以将"老"字放在姓后表达对年长者的尊敬，如"张老""王老"，或者"张老先生""王老先生"。姓加职务或职称等，如"李主任""刘总""杨工""罗老师""陈师傅"等，有尊敬长者之意。一般来讲，以说话者年龄为参照，亲切、礼貌、恰当的称呼，辅以与之一致的眼神、动作、面部表情、声音表情与态度，更能体现女性柔美气质与甜美语言所产生的魅力。

（1）对长辈的称谓：爷爷、奶奶、大爷、大叔、大婶、大妈、叔叔、阿姨（也可以在姓后加尊称，如"李奶奶""高爷爷""刘阿姨"等）。

（2）对同辈的称谓：大哥、大姐、同学、学姐、学长、学妹、学弟、小弟弟、小妹妹、小哥哥、小姐姐。

（3）对晚辈的称谓：可直呼名字，也可以称宝贝、小姑娘、小朋友、小可爱、小家伙。

**3. 亲属称谓礼仪**

中国是一个亲属辈分区分得非常细致的国家，亲属称谓十分丰富（见表 5-1-1）。

这里介绍汉族亲属称谓的三个特点：

（1）在称谓上标明了父系和母系。

（2）在称谓上标明了性别。

（3）在称谓上标明了父亲男方亲属的长幼。

表 5-1-1　中国的亲属称谓

| | | |
|---|---|---|
| 祖辈篇 | 曾祖父：太爷爷 | 曾祖母：太奶奶 |
| | 祖父：爷爷 | 祖母：奶奶 |
| | 外祖父：姥爷 | 外祖母：姥姥 |
| | 祖父的兄弟：大爷爷、二爷爷…… | 祖父的嫂子/弟媳：大奶奶、二奶奶…… |
| | 祖父的姐妹：姑奶奶 | 祖父的姐夫/妹夫：姑爷爷 |
| | 祖母的兄弟：舅爷 | 祖母的嫂子/弟媳：舅奶 |
| | 祖母的姐妹：姨奶 | 祖母的姐夫/妹夫：姨爷 |
| | 外祖母的兄弟：舅姥爷 | 外祖母的姐妹：姨姥 |
| 父辈篇 | 父亲：爸爸/爹 | 母亲：妈妈/娘 |
| | 爸爸的哥哥：大爷　其妻：大娘 | 妈妈的兄弟：舅舅　其妻：舅妈 |
| | 爸爸的弟弟：叔　其妻：婶 | 妈妈的姐妹：姨　其丈夫：姨父 |
| | 爸爸的姐妹：姑姑　其丈夫：姑父 | |
| | 妻子的父亲：岳父　其妻：岳母 | 丈夫的父亲：公公　其妻：婆婆 |
| 平辈篇 | 哥哥：大哥/二哥　其妻：大嫂/二嫂 | 姐姐的丈夫：姐夫 |
| | 弟弟：兄弟　其妻：弟媳妇儿 | 妹妹的丈夫：妹夫 |
| | 爸爸兄弟的孩子：堂兄弟姐妹 | 爸爸姐妹的孩子：表兄弟姐妹 |
| | 妈妈兄弟姐妹的孩子：表兄弟姐妹 | |
| | 妻弟：小舅子 | 妻妹：小姨子 |
| | 丈夫家：婆家 | 妻子家：娘家 |
| 小辈篇 | 儿子　其妻：儿媳妇 | 女儿　其丈夫：女婿 |
| | 孙子：大孙子 | 孙女：大孙女 |
| | 兄弟的小孩：侄子/侄女 | 姐妹的小孩：外甥/外甥女 |

　　随着社会的演变，亲属间的相互称呼已逐渐趋于简单化。亲属平辈之间可以称谓兄弟姐妹，尤其是亲属或者非常要好的朋友之间，但引申到服务工作领域要慎用。比如，工作人员称顾客为"大哥""大姐"等会引起不满，有时会让人感觉有意套近乎或不顾忌对方年龄之嫌。

### 4. 性别称谓礼仪

　　一般，约定俗成地按性别的不同分别称呼为"小姐""女士""先生"。未婚者称"小姐"，不明确婚否者则可称"女士"。泛称可以用"女士们""先生们"。

**5. 职务称谓礼仪**

职务称谓就是用所担任的职务做称呼，目的是表示对对方的尊敬和礼貌，形式有如下几种：

（1）用职务称呼，如"李局长""张科长""王经理""宋院长"等。

（2）用技术职称称呼，如"李教授""张工""李总"等。

（3）职业尊称，或直接以被称呼者的职业作为称呼，如"李老师""赵大夫""刘会计""老师""教练""警官"等。

**（二）称呼礼仪礼规**

1. 称呼他人时，首先要遵循就高不就低的原则，其次要因社交环境、主题的不同而选择不同的职务（职称）称谓。

2. 当一个人有多种不同职务称呼时，应以双方的关系为主，如果是普通关系，那么称呼学术职称更好。

3. 对于"小姐"的称呼，容易产生误解，应慎用。

4. 进行自我介绍或者称呼他人时，应放慢语速，咬字清晰，避免出现尴尬。

5. 在工作场合中，一般以职务称谓为宜，无须太过谦虚。

6. 关系熟的双方在社交场合也要注意称呼。人人都需要被尊重，越是熟人越要尊重彼此。如果因为熟悉，就在社交场合随随便便地称呼对方，这是极其不礼貌的，尤其是有下属或者外人在场的时候，更令人难以接受。

7. 初次见面要注意称呼。初次与人见面或者谈业务时，要称呼"姓加职务"，要一字一字地说清楚，比如，说："王总经理，你说得对。"如果对方是个副总经理，可以删去那个"副"字，但若对方是总经理，一定不要把"总"字删掉。

8. 称呼对方时不要一带而过。如果不太注意对方的姓名，称呼得过轻过快，有一种一带而过的感觉，那么会让对方听了不太顺耳。因此，一定要把对方完整的称呼很认真、清楚、缓慢地讲出来，以显示对对方的尊重。交谈过程中称呼对方要加重语气，称呼完了稍停顿一下，然后再谈要说的事情，这样才能够引起对方的注意，以便对方认真听下去。

9. 面对面称呼时要有礼节。懂礼貌的人经常会单单为了表示敬重而称呼。比如，上学路上或校园里看到老师，说声"老师"；回家后看到父母叫声"爸""妈"，即便叫过之后什么也不说或不做，被称呼的人也会感受到对他们的敬重。

10. 使用第二人称时要有礼节。用"您"比用"你"要更显敬重，用"老师您""叔叔您""经理您"比单用"您"更显敬重。此外，用量词"位"也可表示尊重，比如，"这位同学"比说"这个同学"要好。

## 二、介绍礼仪

人际交往过程中，见面之后需要进行介绍以进一步交往，这就涉及介绍礼仪，它通常包括自我介绍和介绍他人两种情况。

### （一）自我介绍

自我介绍是社交礼仪中最重要的一种介绍方式，把自己礼貌、得体地介绍给他人，从而使他人根据需要了解你传递的相关信息。

**1. 自我介绍的基本程序**

先有眼神的交流，向对方点头、致意，得到回应后，再向对方详略得当地介绍自己的姓名、身份、兴趣爱好、家庭、单位等基本信息，必要时同时递上事先准备好的名片、资料等。得体的自我介绍是个人魅力和素养的加分项。

**2. 自我介绍的内容**

把握尺度，实事求是，态度真诚，既不自吹自擂，夸夸其谈，也不自我贬低，刻意谦虚。恰如其分，才会给人以诚恳、诚信的印象。

寒暄式自我介绍，内容高度简要，往往只介绍姓名。

公务式自我介绍，内容要做到全面规范、统一，单位、部门、职务、姓名必不可少。

社交式自我介绍，内容相对灵活，个人的基本情况，如籍贯、爱好、工作经历等均可。

礼仪式自我介绍，适用于讲座、报告、演出、庆典、仪式等一些正规而隆重的场合，包括姓名、单位、职务、特长等，同时应加入一些适当的谦辞和敬辞。

问答式自我介绍，适用于应试应聘和公务交往。

**3. 自我介绍的时间**

一般以半分钟到一分钟为宜，情况特殊也不宜超过三分钟。

**4. 自我介绍适用情境**

（1）如果在社交场合中遇到希望结识的人，但又找不到适当的人来介绍，那么这时的自我介绍应谦逊、简明，把对对方的敬慕之情真诚地表达出来。

（2）打电话的一方要先自我介绍，只做简单介绍即可。

（3）演讲发言前，面对听众做自我介绍，最好既简明扼要，又有特色，利用首因效应给听众一个良好的第一印象。

（4）求职应聘或参加敬献，这时更需要自我介绍，而且自我介绍的形式可能不止一种，既要有书面介绍材料、个人简历，还要有口头介绍，或详或简，或严肃、庄重或风趣、幽默，等等。这些往往直接影响求职者或竞选者能否成功。

（5）公共聚会上，想与身边的陌生人组成交际圈，或打算介入陌生人组成的交际圈时，自我介绍繁简从需。

**5. 社交场合自我介绍的次序**

介绍的次序应该遵守"卑者优先"的原则，因为尊者有优先知情权。

男士与女士相识，男士应先做自我介绍；年长者与年幼者相识，年幼者应先做自我介绍；资历深的人与资历浅的人相识，资历浅的人先做自我介绍；职位低的人与职位高的人相识，职位低的人先做自我介绍。

**6. 自我介绍注意事项**

（1）镇定而充满自信、清晰地报出自己的姓名，要善于使用肢体语言表达自己的友善、关怀、诚意和愿望。如果自我介绍模糊不清，含糊其词，流露羞怯，就会使人感到你不能把握自己，从而影响彼此间的进一步沟通。

（2）根据不同的交往目的，注意介绍的繁简。自我介绍一般包括姓名、籍贯、职业、职务、工作单位、住址、毕业学校、经历、特长或兴趣爱好等。自我介绍时，应根据实际需要来决定介绍的繁简。在长者或者尊者面前，语气应谦恭；在平辈和同事面前，语气应明快、直截了当。

（3）自我评价要掌握分寸。做评价一般不用"很、第一、最优秀"等极端赞颂词语；也要避免绝对化词语，如"总是、一直"等强调的定性词语；也不必有意贬低自己，关键在于掌握分寸。自我介绍时表情要自然亲切，注视对方，举止庄重大方，态度镇定而充满信心，表现出渴望认识对方的热情。

**（二）介绍他人**

介绍他人也是一门学问。介绍他人时，要掌握先介绍什么人或给什么人介绍，否则就会违背礼规，造成失误。

**1. 介绍他人的顺序**

先幼后长，要先把资历浅、年纪轻的一方介绍给资历深、年纪长的一方认识。

先男后女，介绍地位相近或相同的男士和女士相识，要先把男士介绍给女士认识。

先下后上，介绍上下级认识时，先介绍下级，后介绍上级。

先亲后疏，介绍同事、朋友与家人认识时，要先介绍家人，后介绍同事、朋友。

先主后宾，介绍宾客和主人相识时，先介绍主人，后介绍宾客。

地位相同，把男士介绍给女士；若遇到地位不同的男士与女士，则遵循"尊者有优先知情权"的原则；介绍参加聚会或活动的客人相识时，要把后来者介绍给先来者。

**2. 谁来做介绍人**

一般在社会交往活动中，家庭宴会，女主人做介绍人；朋友聚会，知情者做介绍人；社交联谊，发起者做介绍人。

**3. 介绍他人适用的情境**

（1）与家人外出，路遇家人不相识的同事或朋友。

（2）本人的接待对象遇见了其不相识的人，而对方又跟自己打了招呼。

（3）在家中或办公地点接待彼此不相识的客人或来访者。

（4）打算推介某人加入某一方面的交际圈。

（5）受到为他人做介绍的邀请，陪同上司、长者、来宾时，遇见了其不相识者，而对方又跟自己打了招呼。

（6）陪同亲友前去拜访亲友不相识的人。

**4. 为他人做介绍时应注意的事项**

（1）向他人做介绍时，首先了解对方是否有想要认识的愿望，最好不要向一位有身份的人介绍他不愿认识的人。

（2）注意介绍次序，把握礼节。比如，把年轻者、身份低者介绍给年长者、身份高者，把未婚者介绍给已婚者，等等。

如果做介绍时涉及组织，可以按照座位次序或职务次序为他人介绍。

做带有商务目的的介绍，不分男女老少，只以社会地位的高低为衡量标准，遵从社会地位高者优先了解对方的原则，在任何场合都是将社会地位低者介绍给社会地位高者。比如，介绍时可说："王总经理，请允许我将我的秘书王小姐介绍给您。"然后再说："王小姐，这位是××公司的王总经理。"在实业界，当男士被介绍给比他地位低的女士时，无须起立。只有当两个人的社会地位相同，才遵循先介绍女士的惯例。

（3）介绍人做介绍时应该使用敬辞。在正式的场合，介绍词一般采取"×××，请允许我向您介绍……"的方式；在不十分正式的场合，可随意些，可用"让我介绍一下"或"我来介绍一下，这位是……"的句式。介绍时，要清晰地说出得体的称谓，有时可以用些定语或形容词、赞美词介绍对方。

（4）为人介绍时注意手势、表情和言语的一致性。被介绍时眼睛正视对方，被介绍双方最好站起来点头致意或握手致意，年幼、地位低者应说"您好，很高兴认识您"或"真荣幸能认识您"等得体的礼貌语言。

## 三、握手礼仪

握手礼是在相见、离别、恭贺、致谢等时相互表示情谊、尊重的一种礼节。双方往往是先打招呼后握手致意。

### （一）行握手礼的顺序

握手顺序按照"尊者为先"的原则。在正式场合，以上级先伸手为礼；在日常生活中，以长辈、女士、已婚者先伸手为礼；在社交场合，以先到者先伸手为礼；师生之间，以老师先伸手为礼；在接待来客时，以主人先伸手为礼；客人告辞时，以客人先伸手为礼。

总之，主人、长辈、上司、女士主动伸出手，客人、晚辈、下属、男士再相迎握手（主客关系是个例外）。

### （二）行握手礼的注意事项

1. 正常情况下，一定要用右手握手，并注视对方，微笑致意或简单问候、寒暄。比如，"×××，很高兴认识您，今后请您多指教"。如果手脏、手凉或者手上有水、汗液，那么不宜与人握手，可婉谢握手，但必须致歉，并主动向对方说明不握手的原因，可解释说："对不起，我手上都是水，请原谅我不握手了。"

2. 要注意力度大小和时间长短。如果双方都是身强力壮的人，就可以用力大些；如果是久别相逢或跟老年人握手，就可以握久一些；跟女士或上级握手要轻一些，时间要短一些。一般场合双方握手时稍用力握一下即可放开，时间一般为2～5秒，如果关系亲密，场合隆重，那么双方的手握住后，应上下微摇几下，以体现热情。

3. 握手时，年轻者对年长者、职务低者对职务高者都应稍稍欠身致意。与女士握手时，一般只轻轻握女士手指部位。男士握手时应脱帽。

4. 握手时，双目应注视对方，微笑致意，态度真挚亲切，切不可漫不经心，眼睛不看对方，东张西望，眼睛也不能死盯着对方上下打量。与多人问候握手时，应按照由近及远的顺序进行，切忌争先恐后，交叉握手。

5. 握手时切忌左手插在口袋里。

6. 握手时用力应适度。要避免伸出手来只握对方的手指尖，或者握得太紧叫人手痛，或者连手指也不弯一下，碰一下就松开了，或者生硬地上下左右摇晃，或者在握手的同时带有暧昧的抚摸，等等。

7. 握手时应摘掉手套，戴着手套握手是一种没有礼貌和没有诚意的表现。

8. 不可跨着门槛握手。

9. 接待来访客人时，主人优先向客人伸手，以示欢迎；送别客人时，主人不能主动握手，否则有逐客之嫌，这时客人要先伸手，表示对主人的感谢，并让主人留步。

## 四、名片礼仪

名片主要适用于社交场合，它是标示姓名及其所属组织、公司单位和联系方法的纸片。名片是新朋友互相认识、自我介绍的最快捷有效的方法，也是保持联络的方式之一。公务式名片指的是在政务、商务、学术服务等正式的业务交往中所使用的个人名片，是目前最常见的一种个人名片。

### (一) 名片的作用

名片一般用于自我介绍、结交朋友、维持联系、业务介绍与通知变更等。此外还有其他小妙用，比如拜访顾客或朋友时，若对方不在，则可将名片留下，对方回来后看到名片就知道你来过，可以加深对你的印象。再比如，赠送小礼物，若让人转交，则可附带名片一张。

### (二) 名片标准尺寸

一般名片的尺寸为90毫米×54毫米，90毫米×50毫米，90毫米×45毫米三种。

### （三）递接名片礼仪

名片值得认真地对待和维护，这是因为它不仅承载着个人基本信息，还包含着重视对方、尊重对方的礼仪含义。

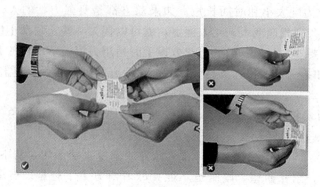

图 5-1-1　递送名片礼仪

1. 展示名片要抓住时机，恰到好处。"名片效应"是一种不可逆的效应，"名片"如标签，一样能够给他人留下难以磨灭的印象。

2. 在准备"展示名片"之前，要起身站立，迎向对方。

3. 递交名片要显示尊重。递交名片时，用双手的大拇指和食指拿着名片的上端，名片的正面应对着对方，名字正面向着对方。面谈过程中或临别时，也可以拿出名片递交给对方，以加深印象，并表示保持联络的诚意。递交名片时，还要轻微鞠躬，即头微微低下。

4. 接受名片要显示素养。接受名片的一方必须点头表示感谢，同时要以同样的方式递出自己的名片，接着要花一些时间仔细阅读名片上的内容。对方递过来名片时，应双手去接，接过后仔细看一遍，有不认识的字应马上询问，不可拿着对方的名片玩弄。看完后应将名片放入名片夹或认真收好，不可随手扔到桌子上或随便放入口袋。如果接下来与对方谈话，就不要将名片收起来，应该放在桌子上，并保证不被其他东西压起来，这会使对方感觉你很重视他。第一次见面后，应在名片背面记下认识的时间、地点、内容等资料，最好简单记下对方的特征（如籍贯、特殊爱好等）。这样累积起来的名片就会成为自己的社会档案，为再次会面或联络提供线索或参考的话题。

5. 送出的名片要有所区别。尽量不要在递交出去的名片上做记号或标注，力争大方整洁，不随便涂改，不提供私宅电话，原则上不准用两个以上的头衔，若必要，则面对不同的交往对象给不同头衔的名片。

6. 名片的色彩图案要有约束。色彩要在三种颜色之内，包括标记图案、公司徽记和文字信息的颜色等，避免使用过多、过杂的色彩，令人眼花缭乱，妨碍有效信息的传递。

7. 设计要尽显个性化。显示信息要清楚明确，忌太多无关的职务，电话也不要太多。

8. 婉拒他人要有技巧。婉拒他人索要名片时，不要说："对不起，我忘带名片了。"可以说："抱歉，我的名片用完了。"

## （四）委婉索要名片的方法

索要名片切忌直来直去，要讲究方式方法。

1. 主动提出。比如，"某先生，我们交换一下名片吧！"

2. 投石问路。古人云："欲要取之，必先予之。"即先将自己的名片递给对方，以求其"呼应"。比如可说："这是我的名片，可以有幸获得您的名片吗？"

3. 虚心请教。即拿出自己的名片说："以后还可以向您请教吗？今后怎样向您请教？"

4. 呼吁合作。比如，"以后如何联系您""以后如何能与您继续沟通和联系"等。

## （五）使用名片的禁忌

1. 不可像发牌一样发给每个人，这样会显得名片很随便和廉价。

2. 不要用左手递交名片。在中东和许多东南亚国家，递交名片时一定要用右手，永远不要用左手，即使是左撇子也不行。不要用手指夹着名片给别人。

3. 不要把别人的名片拿在手中把玩。

4. 不要当着别人的面在名片上做谈话记录和标注。

■ 知识链接 ■---------------------------

### 首因效应

"首因效应"是社会发展心理学的一个重要内容，也称"第一印象作用"或"先入为主效应"。它指的是人与人第一次交往中仪容、仪表、言谈举止等给人留下的印象在对方的头脑中形成并占据着主导地位，影响或决定着后续的交往行为，以及交往的方式、模式。研究表明，第一印象很难改变，或者是没有机会改变，尤其是在生活节奏较快的当今社会。

人有一种本能，总会习惯性地基于表面信息做出初步的判断，从而界定人与人之间是否有继续交往的可能，以及以何种方式交往。比如，首先是对方的年龄、体态、衣着、姿势、谈吐、面部表情等外部特征，其次才是语言表达和所做所为，由此做出亲近、厌恶、畏惧、回避、敬而远之等行为意向。一般在3～45秒钟便能迅速地对周围的人或事物做出简单判断，并在脑海中形成强烈的印象。改变第一印象，不仅需要机会，还需要很长时间的努力。虽然人们知道"路遥知马力，日久见人心"的道理，仅凭第一印象就妄加判断，往往会带来失误，但"以貌取人""3秒钟印象"确实会对以后的交往产生很大影响，且有可能成为恒久印象，因此有素养之人应注重首因效应的社会影响力。

# 第二节  拜访礼仪

女性在日常生活和工作中常常会遇到拜访别人的事务，在拜访中如何做到有礼有节，达到拜访的预期效果？这就需要学习、掌握拜访礼仪。

## 一、拜访预约

要根据拜访目的，按照拜访流程进行提前预约，要先约定适合双方的拜访时间以及拜访的主题内容。预约达成后能给自己和对方一个充足的心理、时间和物质准备。拜访预约是正式拜访中的重要礼仪内容。

### （一）预约方式

拜访预约有口头预约、电话预约、写信或电子邮件预约等方式，预约的态度、语言、口气应该是友好、请求、商量式的，避免强求命令式预约。

### （二）预约时间

1. 私宅拜访预约，不要约在吃饭和休息时间，最好安排在休息日、节假日的晚些时候。合理地利用对方的最佳时间，就是对对方的尊重。

2. 写字楼拜访预约，最好不要在星期一或者节假日后的第一个工作日时间拜访，也要避开上下班时间。一般预约下午上班后一小时左右的时间，如下午三点到五点的时间段拜访。拜访前应提醒对方，免得对方因忘记而失约。

3. 拜访预约要遵守时间观念，一旦约定好时间，尽量不要更改，因为没有人愿意与不守时的人打交道。

### （三）拜访预约的注意事项

1. 做有准备的拜访预约。请把你要讲的话写下来，控制在几句话以内，并一定要将你是谁、做什么的、为什么打电话说清楚，要简明清晰，不要浪费自己和对方的时间。同时，请预先设置几种被提问的可能性，想好怎么回答。需要提醒的是，第一次电话预约被拒绝，不要死缠烂打，直接说"您先忙，下次有空再给您去电话"就行了。一周以内再去约第二次，有了第一次的"一通电话"之交，第二次就不再是陌生人，大部分客户会记得你，这样预约成功的概率会提升很多。

2. 最好能在预约时间前10分钟到达，这是用来搭电梯或走楼梯、整理服饰仪容的时间。因故不能及时到达，应尽早通知对方并讲明原因，无故迟到或失约都是不礼貌的行为。

3. 对于重要的预约拜访，最好提前一天再做一次确认，也提醒对方，免得对方因忘记而失约，以确保预约拜访万无一失。

4. 如果因事情紧急或无法预约而做了不速之客，那么应在相见时及时详细地道出事情的原委，表示自己的歉意，求得对方的谅解。同时，做好因为没有预约而被拒绝的心理准备和应持有的正确态度。

## 二、待客礼节

接待要有接待礼仪。待客之礼不仅体现社交礼仪要求，而且是展示接待者自身素养的重要方式。注意自身仪容、仪表和仪态，既是在维护自己的良好形象，又是对被访者或来访者的尊重。教养体现于细节，细节展示素质。礼貌待客不仅是一种礼仪，而且是一门学问，要加强学习，不断实践，持之以恒。总之，无论是拜访、接待，还是迎送，都要使对方感到温暖融洽，使对方感受到你是真诚、热情、懂礼节之人，最终给对方留下美好的记忆。

### （一）待客形象礼仪

形象礼仪包括个人举止礼仪、卫生礼仪、美容美发礼仪、服饰礼仪，其是人类为维系社会正常生活而要求人们共同遵守的最起码的道德规范。它是人们在长期共同生活和相互交往中逐渐形成，并且以风俗、习惯和传统等方式固定下来的。

### 1. 社交仪态礼仪

举止礼仪是一种不说话的"语言艺术"，能在一定范围内提升一个人的素质、被别人信任的程度。一个人的举止关系到个人形象的塑造，甚至会影响单位乃至国家民族的形象。待客讲究整洁大方、诚恳善良、端庄贤淑、不卑不亢的举止形象。

（1）基本要求

①掌握社交场合中优雅端庄的坐姿、规矩的站姿、稳健而从容的走姿。

②具有优雅良好的姿态、丰富而到位的表情。

③恰当运用得体的手势语。

④运用和体现日常交际礼节。

（2）常见举止要求

常言说："站有站相，坐有坐相。"坐、站、行都要有一定的规矩。这些规矩最能够反映人的精神面貌和个人素养。要领简要介绍如下。

①坐姿。要求端庄、稳重、自然、亲切。

②站姿。要求直立、稳重、自然、亲切。站立时，不要斜靠门边或墙站立。与人谈话时，不要浑身扭动、东张西望或斜肩叉腰。

③走姿。要求端庄自然、轻盈敏捷。走路时，脚的移动应该彼此平行，不要斜肩、扭胯。无论是手提包、包裹、报刊等都不要挟在腋下，也不要用手指勾着晃来晃去。

④蹲姿。"蹲要雅"，即要将人体静态美与动态美结合。女性在低处取物、拾

物、整理物品、整理鞋袜时，要蹲姿美观，姿势优雅。面对他人下蹲时，要侧身相向。整理鞋袜、取低处物品或整理物品时，要前后蹲（一般左脚在前，右脚在后，目视物品，直腰下蹲），直腰起身（头部、上身、腰部在一条直线上，再稳稳站起）；也可以采取空姐交叠式蹲姿取物。女士无论采取哪种蹲姿都要两腿收紧，臀部向下。

⑤鞠躬。行鞠躬礼时，要面对客人，并拢双脚，面带微笑地注视对方，视线由对方脸上落至自己的脚前1.5米处或脚前1米处。女性要双手叉握放在腹前，上身弯腰前倾约15°，弯腰速度适中，优雅自然。

（3）言谈礼仪

待客言谈一定要符合礼仪习惯，避免犯忌，比如，不问年龄、收入、婚姻等隐私、敏感性问题。发现对方回避、不愿意回答的问题，不要刨根问底。"己所不欲勿施于人。"在社交场合，要聆听并做简单回应，即便是不赞同也可以点头示意，仅表示"我在听、我听到了"等礼貌的含义。

对于老年来访者更应彬彬有礼，招待周到。交谈的态度要诚恳、谦逊，让老人多谈，引导老人谈论他们关心的话题，可以向有特长的老人请教他们擅长的事情，以此打开老人的"话匣子"。可以先聊一些家务事，气氛融洽后再转入正题。老年人往往对接待的态度比较看重和敏感，周到而体贴的态度会让他们感到非常欣慰。

与年幼来访者的交谈要掌握好"度"。长幼之间由于年龄、资历、身份等方面的原因，交谈中很容易出现一种不和谐、不舒畅的现象，尤其是作为谈话主体的长者，往往因为对方是年轻、资历浅的小辈，就更容易无所顾忌，让人不愉快。

①"明"话"暗"说。尊重年幼者的人格，相信晚辈的智力和能力。长者、智者的暗示和提示可引发年幼者思考，有助于培养年幼者是非分明。

②"硬"话"软"说。当谈论有关人生意义、道德规范等重要问题，且与实际相联系时，需要讲究交谈的艺术性。

③"官"话"平"说。年长者不是法官，不能使用法官断案的语言同年幼者谈话。智者要用平和的语言，高情商地表达出自己的观点，让人想听、愿意听，并引发其思考和积极行为。

④"急"话"缓"说。事有大小、急缓，性格有躁有慢。心理学证明，年幼者年轻气盛，情绪激动，急火攻心时思考往往欠深入，恢复理智后，思考往往更加客观公正。交谈时应避免对抗与抵触，要"急"话"缓"说。

⑤"长"话"短"说。没有必要、很难或不方便把事情讲清楚时，就可"长"话"短"说。敏感、尴尬的话题可用几句简洁而精练的话语解释或转移。

在人际交往中，诚恳、真挚的态度容易产生亲切、温暖和温馨感，符合礼仪规矩的仪态会留下彬彬有礼的印象，无形中会增加女性的人格魅力。

---

**小贴士**

**待客礼貌用语**

等候客人说"恭候"，宾客来到说"光临"；

初次见面说"久仰"，好久不见说"久违"；

赞美见解说"高见"，求人原谅说"包涵"；

请人指点说"赐教"，请人批评说"指教"；

看望别人说"拜访"，麻烦别人说"打扰"；

求人解答说"请教"，托人办事说"拜托"；

向人祝贺说"恭喜"，归还原物说"奉还"；

中途先走说"失陪"，请人勿送说"留步"。

---

**2. 社交仪容礼仪**

自然美可最真实、和谐地体现个人内在气质的美丽。女性的发肤尤为重要。

（1）经常梳洗头发，保持头发光洁整齐，发型朴素大方。不使用有浓烈气味的发乳，工作时要把长头发梳起或盘起。

（2）面部保持清洁卫生。不浓妆艳抹，不带眼屎，不使用有强烈气味的化妆品和护肤品。

（3）保持口腔清洁、无异味。饭后漱口，社交场合尽量不吃味重食物，如生葱、生蒜、臭豆腐等。

（4）自然清新的淡妆、裸妆。淡妆是对自己和他人的尊重。要掌握日常基本化妆技能，并根据自己的经济状况选购护肤品和化妆品，适当地装扮自己。

（5）常修剪指甲，并保持干净整洁。原则上不留长指甲，不涂色彩怪异的指甲油。

**3. 社交仪表礼仪**

相对于偏稳重单调的男士着装，女士着装则亮丽丰富得多。得体的穿着，不仅可以显得女性更加美丽，还可以体现其良好的修养和独到的品位。

（1）着装礼仪要求

①整洁，合体。保持干净，熨烫平整，纽扣齐全。

②搭配协调。款式、色彩和配饰相互协调，不同款式风格的服装不应混搭在一起。

③体现个性与性格。职业、身份、体型、肤色等相适应。

④随境而变。着装应随着环境的不同而有所变化。

⑤遵守常规。遵守约定俗成的着装规矩。

（2）着装禁忌

①忌污浊：避免布满褶皱、残破、油渍，避免沾染污物和散发异味。

②忌怪异：不能过分追求新奇古怪、标新立异。

③忌鲜艳：颜色忌大红大绿，过于艳丽，一般要遵守三原色原则。

④忌杂乱：要讲究原则，不能杂乱、不协调。

⑤忌透视：内衣不能让人透过外衣看到颜色、款式、长短或图案。

⑥忌紧身：紧身衣容易走光，易发生扣子绷了、开线了等状况，蹲着也不方便。太紧太瘦或质地太薄的衣服会显示出内衣、内裤的轮廓，既不雅观也不庄重。不能只穿薄衣，不穿内衣。

⑦忌暴露：不能过于暴露，不能穿露脐装、露背装、低胸装、露肩装。

⑧忌睡衣：忌穿睡衣接待客人。睡衣是特定场合的服装，是就寝、上床入睡和居家完全放松时的服装。

### （二）迎客礼节

家庭待客是亲朋好友之间为增进友情、加强联系而在家庭中进行的接待活动。接待来访的客人是一门艺术，讲究待客的礼节。热情、周到、礼貌的待客会赢得朋友的尊敬。如果不注意待客礼节，就会使客人不悦，甚至因此而失去朋友。

**1. 热情迎客**

孔子曰："有朋自远方来，不亦乐乎。"客人来访是一件令人愉快的事情，因此，待客要热情周到。

（1）要了解详情。对于预约的来访者，首先要了解客人的基本情况：人数、姓名、性别、身份、职称、职务、年龄、生活习惯、宗教信仰、饮食爱好与禁忌等；其次要了解所乘交通工具和抵达的时间，准确掌握航班号或者列车车次、车厢号及停靠位置；最后要了解来访者的目的、方式、要求等。

（2）要做好准备。预先知道客人来访要提前做好准备工作，整理好房间，准备好茶饮糖果，等等。如果要留客人吃饭，就要事先了解客人的习惯，以便备好饭菜原料。如果事先获悉客人要留宿，那么最好让客人单住，并把客人的房间及床铺等物品收拾得干干净净。如果是远道而来的客人，就必须事先掌握来客乘坐的交通工具和抵达的时间，特别是初访的客人，其对地形不熟悉，一般要尽量远迎一些，以免客人迷路。

（3）要热情迎接。对重要来访者要设有专人接机、接站。接机一般在机场出口，接站可以在火车站出站口、汽车站站台或者码头，或者小区门口。接机、接站可使用接站牌或者条幅，也可以准备鲜花以示热情友好。

**2. 真诚待客**

（1）礼貌介绍与道别。客人来到门前，应主动出门迎接，并请客人进屋。如果客人是第一次来访，那么应给家里其他人做一下介绍，并互致问候。若客人是自己的朋友、同学，自己便可以以主人的身份接待，此时需要将客人介绍给自己的家长，应先介绍自己的母亲，然后介绍自己的父亲。临别时，也要告诉家长，令客人有机会向自己的家长道别。

（2）客到茶到。热情地给客人让座上茶。上茶时最好用双手递送，茶满七分，可以这样说："先坐下来喝杯茶吧。"如果天气炎热，那么主人上茶后可递给客人一块毛巾，或者打开电扇、空调，征得客人的意愿也可以送上一杯冷饮。如果是寒冷的冬天，就可以送客人热饮。如果是远道而来的客人，那么要问问是否用过餐，要不要马上开饭。老朋友来访不必拘泥于礼节，可以尽量随意一些，但是不宜当着客人的面公开家庭内部的矛盾，更不应当着客人的面发生口角。吵吵闹闹或者因孩子做错了而大发雷霆会让客人尴尬或产生误解。心里不愉快要善于克制，不要在客人面前流露出不快之色，更不能迁怒客人。

（3）幼儿待客引导。待客时，不能对小孩放任不管，任其在室内淘气折腾，扰得客人坐立不安。客人带来的小孩或自家的小孩，要找一些玩具、画册、绘本故事等，让他们在一旁玩耍，稳定他们的情绪，或让自己的孩子陪着客人的孩子玩耍，免得孩子认生哭闹而影响交谈。

（4）接待不速之客。如果来访者是不速之客，那么即使客人不约而来使你毫无准备，也应将房间内紊乱的物品赶紧收拾一下，使客人有干净的座位，并向客人表示歉意。不速之客有时会给你的生活、学习、工作等方面带来不便，这不足为奇。切不可将客人拒之门外，或者面带悻悻之色，使客人陷入尴尬境地。此时应尽快了解客人来访的目的，以便见机行事。

（5）拒客之道。与客人交谈时要心平气和，不要频繁看表，不要哈气连天，避免对方误解你在下"逐客令"。如果客人过长的逗留将影响你的其他事或者作息，这时你就有必要减少谈话，只听不说，并不再续茶。当然你也可以很有礼貌地向客人说明结束此次来访交谈的理由，也可以在交谈中，让客人知道自己在几时有事要办或者因故需要及时休息，届时略加提醒，细心的客人就会主动准时告别。

## （三）送客礼节

送客也是一门不可忽视的学问。不讲究的送客礼节，即使是接待得非常周到，也有可能前功尽弃，最后给客人留下不好的印象。

### 1. 婉言相留

客人提出告辞，主人要挽留。不加挽留，急于送客，有逐客之嫌，客人会感到扫兴。如果客人执意要走，那么不必再三勉强。客人先起身告辞，主人再起身，待客人伸手，主人再与客人握手告别，主人的动作要比客人慢半拍。这时，还要招呼家里的人，一起热情相送。客人告辞时，家里在场的人都应该微笑起立、亲切道别，让客人感到这个家庭的每个成员都是热情好客的。

### 2. 善始善终

送客时一般送到大门口或者街口，甚至机场、码头。常客、老熟人、一般来访者也可以随意一些，送出门口或者送到楼梯口，待客人身影消失在视线中后，再转身关门。送客关门不能过重，以免客人误以为主人对其不满而心生疑虑。客人走在前面，主人送客应送到门外、电梯口或楼下。待客人伸出手来握手告别时，主人方可以伸手相握。当目送客人远去时，主人可挥手致意，并道"慢走""请走好""欢迎再来"或"一路顺风"。为远道而来的客人送行，主人要事先问清客人的启程时间、所需乘坐的车次、班次，是否需要协助办理行李托运或者代购车票，是否需要陪送到车站、码头、机场等，要为客人准备好水果点心之类的路餐。待客人完全脱离主人视线后，主人方可转身离开。

另外，主人要提醒客人带好自己的东西，并辅助其迅速查看有无遗漏物品。如果下楼有台阶，那么主人要提示客人小心台阶，小心慢走。当有老人时，主人要搀扶帮助，以免发生意外。晚上还要把路灯、过道灯打开。如果是初次来访的客人，那么主人要告诉返回的路线。如果遇到下雨，主人就要给客人拿出雨具。对于远道的客人或带有重物的客人，主人要把其送到车站，或安排交通工具。对于重要客人、远客或年纪大的客人，若有需要（如路不熟、走路不方便等），则主人应将其送到车站、码头、机场或出租车上，并祝其路途愉快，同时挥手致意。待客人上车、上船、安检，消失在视线中之后，主人方可转身返回。若司机负责送客，则需要将信息反馈给主人。客人走后，主人要将客人用过的茶具清洗干净，并妥善放置，以备后用。

**3. 送客禁忌**

（1）主人切不可在送客时先"起身"或先"伸手"，免得有厌客之嫌，也不可在客人提出要走时，面露欣喜或如释重负。

（2）送客人时切忌寡言少语，不恭不敬，面带不快，冷淡敷衍，心不在焉。

（3）切忌客人未走，主人就转身返回。

## 三、乘车礼规

迎送客人，免不了车接车送。用车接送时，也要注意乘车礼规。

由专职司机驾车时，由于右侧上下车更方便，要依照"右为尊左为卑"的原则，同时后排为上，前排为下。接送非常重要的客人时，上座是司机的右后座，这是因为该位置的隐蔽性最好，而且是车上安全系数较高的位置，客人坐在后排右座，主陪坐后排左座。由司机（出租司机或专职司机）驾驶的双排五座轿车，轿车座位由尊而卑的顺序是后排右座（1）、后排左座（2）、后排中座（3）、副驾驶座（4）（见图5-2-1）。主人主动为客人开门，请他们先上车，待他们坐好后再轻轻关上车门，切忌用力过猛。

注：1～4表示由尊而卑的座位顺序

图 5-2-1 司机驾驶五座轿车乘车礼仪

由司机驾驶的三排七座轿车，由尊而卑的顺序为后排右座、后排左座、后排中座、中排右座、中排左座、副驾驶座（见图5-2-2）。

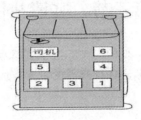

注：1～6表示由尊而卑的座位顺序

图 5-2-2 司机驾驶七座轿车乘车礼仪

由主人或领导亲自驾车前去迎接的时候，此时一般称之为"社交用车"。上座为副驾驶座。一般前排座为上，后排座为下。以右为尊，以左为卑。这种做法体现了"尊者为上"的原则，体现出客人对开车者的尊重，表示平起平坐，亲密友善。由主人驾驶双排五座轿车，第一客人坐副驾驶座，其他客人依次坐后排右座、后排左座和后排中座。由主人驾驶三排七座轿车，车上座位由尊而卑的顺序是副驾驶座、后排右座、后排左座、后排中座、中排右座、中排左座（见图5-2-3）。

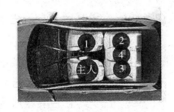

a. 注：1～4表示由尊而卑的座位顺序    b. 注：1～6表示由尊而卑的座位顺序

图 5-2-3 主人驾车乘车礼仪

需要注意以下几点：

（1）在轿车上，女性一般不宜坐在异性中央。

（2）主人夫妇送客人夫妇，男主人开车，女主人坐副驾驶座，客人夫妇坐后排。

（3）男主人开车送客人夫妇，男客人坐副驾驶座，女客人坐后排。

（4）司机或主人主动为客人装上行李，并为其开车门，引领客人上车，然后从车头绕到驾驶座上车；也可由陪同主动为主宾客开车门，手搭车门顶部，引领客人上车，然后坐到自己适合的位置。

待人接物，礼尚往来，往往可以反映一个人的品德修养。现代女性的社交活动越来越频繁，应该掌握待客礼仪，从而在人际交往中塑造良好的社会形象。

# 第三节　宴请礼仪

宴请是人际交往中必不可少的环节，尤其是家庭宴请，女主人是重要角色，因此女性懂得宴请礼仪也是彰显自身修养的重要方面。

## 一、敬茶礼仪

中国人讲究"客到茶到"，自古以来就有以茶待客的习俗。茶是中华民族的国饮，长期以来形成了博大精深的茶文化，并形成了相应的茶饮礼仪。在上茶仪式中，女性优雅的身影成为茶文化必不可少的元素。

### （一）上茶礼仪

来访客人落座后，可由主人向客人献茶，也可由年轻人在征得主人同意后，协助主人上茶、续茶。

**1. 奉茶之人**

以茶待客时，由何人为宾客奉茶，通常涉及对宾客注重的程度。家中待客时，通常可由家中的后辈或家庭服务员为客人上茶；款待主要的客人时，应由女主人为之亲自奉茶。单位待客时，通常应由秘书、款待人员、专职人员、礼宾人员为宾客上茶；接待主要的客人时，应由本单位在场的职位最高者亲自为之上茶。

**2. 上茶次序**

上茶次序要先客后主，若给多位客人上茶，应先给主宾上茶。上茶的先后次序必定要慎重对待，切不可任意而为。合乎礼仪的做法应当如下：先为客人上茶，后为主人上茶；先为主宾上茶，后为次宾上茶；先为女士上茶，后为男士上茶；先为老辈上茶，后为后辈上茶。

假如宾客甚多，且彼此之间差别不大时，可采纳下列四种方式上茶：以上茶者为起点，由近而远顺次上茶；以进入客厅之门为起点，按顺时针方向顺次上茶；以客人先来后到的次序上茶；不讲次序，由饮用者自己取用。

**3. 上茶步骤**

上茶的具体步骤如下：先把茶盘放在茶几上，从客人右侧递过茶杯，右手拿着茶托，左手附在茶托旁边。身体略前倾，弯腰，杯耳握柄要朝着客人的右边，方便客人自行取用。手掌示意并面带微笑地说"请""请用茶""您的茶，请慢用"。有老人或孩子时可提醒"请小心，别烫着，慢用"。若客人还在工作或交谈，要先说一声"对不起"。要是茶盘无处可放，可以将茶饮放在托盘上，左手托盘，右手递茶。一定注意不要把手指搭在茶杯边上，也不要让茶杯撞到客人手上，或将茶洒了客人一身。如果用茶水和点心一同招待客人，应先上点心，并说"请先用茶点""请先品茶点""这是茶点，请慢用"。点心应给每人上一小盘，或几个人上一大盘。点心盘应用右手从客人的右侧送上。待其用毕，即可从右侧撤下。

另外，茶水不要太满，以七分满为宜。水温不宜太烫，以免客人不小心被烫伤。茶具应干净清洁，消毒卫生（特殊情况下，可用一次性纸杯）。用茶盘端出的茶色要均匀。茶壶中茶叶可反复浸泡3、4次。

**4. 敬茶礼规**

敬茶时，应当借此机会向客人表达谦恭与敬意。为多位客人敬茶时，应按顺时针方向，左手托杯底，端平拿稳，右手捏杯柄，脚步小而稳，走到客人座位右侧，侧身，右脚向前伸一步，微笑寒暄。敬茶时尽量不阻碍客人工作或攀谈的思绪，如不便也可从其左侧敬茶，若对方道谢，则要轻声回应"不客气"。若敬茶打扰到了客人，则应道声"对不起"。敬完茶要说一声"请慢用"。

**（二）饮茶礼仪**

喝茶的环境应该静谧、幽雅、洁净、舒适，让人有随遇而安的感觉。因此，上茶待客讲究走路轻、动作轻、说话轻。沏茶时，忌用手抓茶叶，要注意卫生、优雅，讲礼仪规范。

同时，饮茶时不宜发出响声，不要因为大口喝茶、烫嘴，而陷入吞吐尴尬之中。茶是用来品的，一小杯茶也要分三口喝完。若有茶托，则可以左手端茶托，右手拇指与食指捏住茶柄，小口慢慢饮茶，最好附带赞美茶的语言。饮毕，将茶杯轻轻放在茶托上，一并放回茶几上，等待续茶。待续茶后，要说声"谢谢"。如果了解茶道，可以边饮茶边和主人谈论茶道文化。对女士而言，饮茶要斯文优雅，淡定从容。

**（三）续茶礼仪**

要及时续茶，讲究"茶不见底"，也就是说不要等客人完全喝完才续茶。为客人端上头一杯茶时，通常不宜斟得过满，更不应溢出杯外。茶水应斟到杯深的2/3处，否则有厌客或逐客之嫌。要为客人勤倒茶，勤续水。当客人喝茶后，剩余茶水不足茶杯1/4处时，应立即续上，不能让客人杯中茶叶见底。这种做法的寓意是"茶水不尽，渐渐饮来，渐渐续"。

为宾客续水，必定讲究主随客便，切勿强迫或搪塞客人。历史上曾有"上茶不过三杯"之说。首杯叫作"敬客茶"，第二杯叫作"续水茶"，第三杯则叫作"送客茶"。假如一再劝人用茶，而无话可讲，则通常意味着提示宾客"应当打道回府了"。因此，当以茶款待较为传统的老年人或海外华人时，切勿一再为之倒茶。

在为客人续水倒茶时，以不阻碍对方为佳。续茶最好不要在其面前进行操作，非得如此时，则应一手拿起茶杯，使之远离客人身体、座位，另一只手将茶水续入。看到客人杯中茶水剩下 1/3 时就可以续茶水了。续茶时或安静操作，或轻声说："我再给您续点热茶，好吗？""我再续点好吗？"或"我帮您再续点吧！"在不影响交谈的情况下，面带微笑的话语会让人感觉舒适。如客人在交谈，就不要打断客人，轻轻操作，或右手示意后，将茶杯放在自己方便的地方，续好茶水后，再轻轻放回客人右侧方便取用的位置。续茶水时，不要续得过满，也不要让自己的手指、茶壶或热水瓶弄脏茶杯。

年幼、地位低者，在自己饮茶后，可主动承担续茶服务任务，先给年长、地位高者续茶，最后给自己续茶。

■ 知识链接 ■------------------------------

1. 茶的种类

（1）根据茶叶的制作工艺和制作过程，可以分为生茶与不同发酵程度茶。

①不发酵茶（生茶，绿茶类）：龙井、碧螺春、珠茶、眉茶等。

②半发酵茶/部分发酵茶（青茶类）：

a. 轻发酵茶（包种茶类）：白茶、文山包种茶（清茶）、南港包种茶、冻顶茶、松柏长青茶、铁观音、武夷岩茶、水仙茶。

b. 重发酵茶：白毫乌龙茶。

③全发酵茶（红茶类）：

按品种分：小叶种红茶、大叶种红茶。

按形状分：条状红茶、碎形红茶和一般红茶。

④后发酵茶（黑茶类）：普洱茶。普洱茶的前加工属于不发酵茶类的做法，后期加工要进行渥堆后发酵。

（2）根据发酵工艺、时间与发酵程度，可以分为六类：绿茶、白茶、黄茶、青茶、红茶、黑茶。

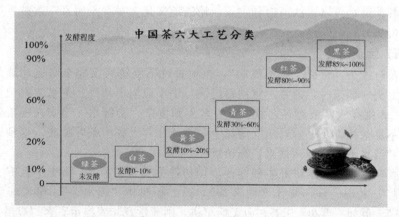

图 5 - 3 - 1　中国茶分类

2. 选茶原则

（1）早上：早上适宜喝红茶。早起后立即饮一杯淡茶水，对健康有利，可防止损伤胃黏膜。人在睡了一夜之后，消耗大量的水分，血液的浓度大，身体往往处于相对静止的状态，喝红茶可促进血液循环，同时能够祛除体内寒气，让大脑供血充足。

（2）上午：清心醒脑可以饮绿茶。绿茶未发酵，因此含有很多抗氧化物质，如茶多酚、儿茶素、咖啡因、氟等。多酚类物质可以起到防癌抗癌、养颜美容、保护牙齿等作用。咖啡因可以增强大脑皮层的兴奋，促进神经中枢处于高兴的状态，从而达到清心、提神、醒脑的效果。

（3）午后：午后适宜喝半发酵的乌龙茶。下午3：00左右喝茶，对人体能起到调理的作用，能增强身体的抵抗力，还能防止感冒，此时喝茶是一天中最恰当的时候。阴虚、易上火的人也可以饮绿茶。通常情况下，人体在中午时分会肝火旺盛，此时饮用绿茶或者乌龙茶（青茶）可使这一症状得到缓解。有些人对茶反应敏感，还有一些人担心茶水影响睡眠，那么可以在下午茶时间喝全发酵的红茶。

（4）晚上：晚间适宜喝黑茶或普洱熟茶。晚上8：30以后是人体免疫系统最活跃的时间，一些神经衰弱的人可以选择喝后发酵、温性熟茶（如普洱熟茶、红茶等），千万不要喝生茶（如绿茶）。人在吃了三餐之后，身体会积聚一些肥腻之物在消化系统内，倘若晚饭后能够饮用一杯黑茶或后发酵的普洱熟茶则有助于分解积聚的脂肪，既暖胃又助消化。

## 二、敬酒礼仪

中国有着古老悠久的酒文化，关于酒的诗句不胜枚举。在待客过程中，除了喝茶，喝酒也是必不可少的环节。"小酌怡情"，酒能很好地调节气氛，拉近关系，现代女性应该了解敬酒礼仪。

### （一）敬酒礼规

**1. 敬酒有序有法**

敬酒有序。做客绝不能喧宾夺主乱敬酒，那样是很不礼貌的，也是很不尊重主人的。敬酒顺序为主人敬主宾——主宾回敬——陪客敬主宾——陪客互敬。开场白后，酒过三巡，应该是长辈、领导之间先互相敬酒，等尊者、长者结束后，自由敬酒时间里是地位低者、年幼者、陪客互相敬酒。在酒桌上，女性不要过分主动，要等男性敬完酒之后再起身敬酒。

敬酒有法。敬酒的时候要站起来双手举杯，不能用左手端杯（左手是祭祀手，在给客人敬酒的时候不能直接用左手拿着酒杯），要用左手扶住杯底，右手扶住杯身去敬酒。杯口要低于对方的杯口，以表示对对方的尊敬。自己如果是领导，杯底不要放得太低。当没有特殊人物时，敬酒先从主宾开始，然后依照顺时针或者地位、重要性从高到低的顺序进行敬酒。若与对方距离较远，则以酒杯杯底轻碰桌面代替。

**2. 敬酒上下有别**

领导、长辈可以"一对多"对下属、晚辈敬酒；晚辈、地位低者可以"多对一"向领导、长辈敬酒，即几个人同时敬一个人；不可"下对上"，即一个人同时敬几个人。重要的人物要先敬，然后可按顺时针轮流敬酒。如果没有相识的打算，也可以跳过陌生人，敬熟悉之人。敬酒时要有一些适合的敬酒说辞，以表达社交的目的。

**3. 敬酒人先干为敬**

敬别人如果碰杯，并说一句"我喝完，你随意"，可显大度。碰杯最好按顺时针顺序，不要厚此薄彼。碰杯、敬酒，要有说辞。如果敬酒不碰杯，那么自己喝多少可视情况而定，如依对方酒量、对方喝酒态度等而定，切不可比对方喝得少，要明确对方的饮酒量，尽量大于对方。

**4. 帮忙添酒，适时敬酒**

席间要给领导或客户添酒。

**5. 续酒有度**

主动为他人斟酒时，如遇到酒不够的情况，要先私下征询主人的意见，不要擅自做主。当不再添加酒时，可将酒瓶放在桌子中间，让需要饮酒者自己添加。

**（二）敬酒禁忌**

首先，不要因敬酒诚恳而使自己喝得大醉，这样既不礼貌，又需要麻烦他人来照顾，成为他人负担，甚至可能有生命危险，那么所有饭局参与者都有连带责任。

其次，在他人讲话或者吃东西的时候不要敬酒，最好等他人把话说完或口中食物吃完再敬酒。

最后，给他人敬酒时，不要将白酒斟满（白酒应满八分），红酒不要超过杯子的1/3，啤酒可以带泡沫斟满，但不要让啤酒沫溢出（以啤酒沫占酒杯的两分为宜）。

## 三、中餐礼仪

中餐礼仪是中国文化普遍接受的一套饮食礼仪，是古代饮食礼制的继承和发展。饮食礼仪因宴席的性质、目的不同而不同，其在不同的地区也是千差万别的。总体来说，社会交往中有正式的筵席和宴会，有非正式的便餐和自助餐等形式，不同形式餐饮有不同的礼仪要求。

**（一）中餐宴请的形式**

1. 筵席与宴会。筵席古称酒席。宴会又称酒会，是因习俗或社交礼仪需要而举行的宴饮聚会，是社交与饮食结合的一种重要形式。宴会不仅会获得饮食艺术的享受，而且可增进人际间的交往。宴会上的一整套菜肴席面被称为筵席，由于筵席是宴会的核心，人们习惯上常将这两个词视为同义词。

2．宴会与家宴。宴会为社交场合正式宴请宾客的形式。家宴是在家中举行的宴会。相对于正式宴会而言，家宴注重的是营造亲切、友好、自然的氛围。宾主双方在轻松、随意、自然的环境中增进交流、加深友谊、促进信任。

3．自助餐式宴请。大型酒店、饭店往往设有宴会厅和自助餐餐厅，方便宾客按需选择安排宴请朋友的方式。自助餐有中式自助餐、西式自助餐和中西结合自助餐等形式。西式自助餐是西餐的一种就餐方式。厨师将烹制好的冷、热菜肴及点心陈列在餐厅的长条桌上，由客人自己随意取食，自我服务。西式自助餐以沙拉、凉菜、烤肉、甜点、水果为主。中式自助餐借助西餐自主的形式，以中式凉菜、热炒、汤、点心、主食为主，酒水、饮料可供选择。有些食物，如果事先烤、涮、煮、煎、炸等后会明显影响口感与质量，则需由厨师根据客人需要现场制作，这也是中餐自助的方式之一。中西结合自助餐是指包含中式菜肴和西式菜肴的混合形式的自助餐。自助餐的形式礼仪讲究不多，遵循就餐的基本礼仪即可，主客随意且方便。

### （二）中餐宴请的礼仪

#### 1．摆台礼仪

中餐宴会摆台讲究艺术和规范。餐具的摆放称为摆台。摆台有一定的礼仪讲究。餐具、酒具以及口布都有一定的职业要求和规范。了解餐具语言和应用能更好地体现就餐礼仪素养。

中餐宴会摆台操作流程

1.整理桌椅
2.铺台布
3.放转盘
4.围桌裙
5.摆餐具
6.餐巾折花
7.摆放玻璃器皿
8.摆放公共用具

图 5 - 3 - 2　中餐宴会摆台礼仪

## 2. 座次礼仪

中国人崇尚圆桌，不仅是因为自古以来就有"天圆地方"的说法，还是因为"圆"代表吉祥如意。圆形餐桌象征着团团圆圆、和谐美好，而且圆形餐桌体现中国人崇尚的人人平等中蕴含的尊敬。平等是因为每个人到中间的距离都一样，菜放在中间，不会有偏有向。而在这平等中又有尊卑，这是因为座次有讲究。掌握座次礼仪，不仅可以避免无意间冒犯和得罪别人，还能体现餐饮礼仪素养。

（1）座次礼仪原则：面门为上，居中为上，以右为上，好事成双，景观为上，背窗为上。若是圆桌，面对门口为最重要的第一主人，正副主人相对而坐。主人右侧为第一主宾，左侧为第二主宾。副主人右侧为三宾，左侧为四宾。

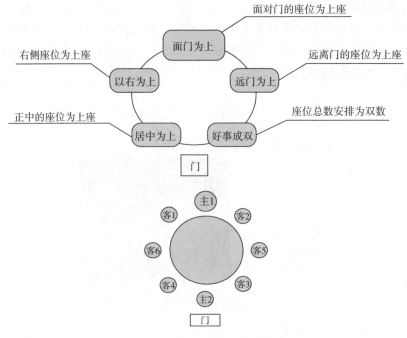

图 5 - 3 - 3　中餐座次礼仪

（2）识别口布折花语：口布折花分为杯花和盘花两种。口布折成动物、植物后插入口杯（通常是葡萄酒杯或者啤酒杯），或者平放在每个餐位的吃盘上，称为杯花或盘花。其中，最高的杯花或盘花为第一主人位。副主人位于第一主人正对面。如果没有副主人，主人右侧、左侧为最高位和次高位，距离主人越远，位次越低。

图 5-3-4 中餐口布折花礼仪

（3）多桌桌次礼仪：大宴席往往多桌宴请同时进行。桌与桌间的排列讲究为"首桌居前居中，面门为上，远门为尊，以右为敬，面主为恭"。宾客要根据主客身份、地位、亲疏分坐。主人恭候宾客，为来宾引座。第一主客身份地位高于主人时，可以被主人邀请坐在主人位。主人坐第一主宾右侧。每桌座次同单桌。

 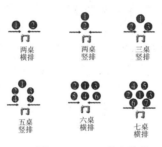 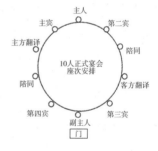

图 5-3-5 桌次礼仪

### 3. 点餐礼仪

点餐不仅有一定的技巧，还要遵循礼仪规则。

（1）点餐问忌。若时间允许，则主人一般等大多数客人到齐之后，将菜单递交客人传阅，并请客人点菜，主人补充。客人如果礼让，那么主人要问客人有何禁忌。

（2）尊重而不失体面。不要固执地让上级、老板点菜而使他们感到有失体面，除非对方主动要求。

（3）分清地位和角色。若作为赴宴者，则点菜时不宜太过主动，而是请主人点菜。若盛情难却，则可以点一个不太贵且不是大家忌口的菜。要记得征询一下桌上人的意见，让大家感觉被照顾到了。

（4）选择套餐。提前做好了解和调查，根据客人的身份、地位、饮食喜好、禁忌等，选择酒店提供的适合的宴会套餐。

（5）报菜名。点菜后，请服务员大声报菜名，然后说："我点了菜，不知道是否合几位的口味，要不要再来点儿其他的什么？"

宴请比较关键、重要的人物与平常社交宴请还是有区别的，需要注意宴请的档次、规格、环境和服务。另外，点菜时不应该问服务员菜肴的价格，或是讨价还价。一般来说，人均一菜是比较通用的规则，若男士较多，则可适当加量。原则上要荤素搭配、有冷有热、咸甜口味、色泽相间、营养均衡、照顾全面。

**4. 就餐礼仪**

（1）餐前上茶和湿毛巾。服务员送上的第一道湿毛巾是擦手而不是擦脸的。

（2）主人示意后开餐。主人致辞敬酒后，主宾之间可以互相敬酒，边吃边喝，尽享美食。

（3）餐间洗手盅。上龙虾、鸡、水果时，会送上一只小小水盂，其中飘着柠檬片或玫瑰花瓣的，它不是饮料，而是洗手用的。洗手时，可两手轮流沾湿手指头，轻轻涮洗，然后用小毛巾擦干。

（4）让菜、布菜用公筷、公勺。公筷、公勺用后要放回公盘上，方便他人使用。与外宾就餐时不要反复劝菜，只需要介绍中国菜的特点即可，主随客便。要了解文化禁忌，尊重饮食文化。

（5）骨渣放入骨渣碟。骨渣不要吐在桌子上，可用手指或筷子取出来放在吃碟/骨渣碟子里。骨渣碟满后可以请服务员更换一个干净的骨渣碟。

（6）就餐文雅。不要狼吞虎咽，夹菜要文明，不要发出就餐声音。说话时不吃东西，吃东西时不说话，餐具使用要得当，摆放有序。

（7）在主人还没示意结束时，不要先离席，非不得已，要悄悄地向主人道别后迅速离席。

（8）用餐完毕，可用餐巾、餐巾纸或小香巾擦手、擦嘴。用牙签剔牙时要用餐巾掩住嘴部。主人宣布结束后，方可离席。

■ *知识链接* ■----------------------------------

### 使用筷子的禁忌

一忌敲筷。等待就餐过程中不可拿筷子随意敲打碗、碟、桌面或茶杯等。

二忌掷筷。餐前，要将筷子规矩地摆放在餐桌上，也可以请人递过去，忌随手丢掷到桌上。餐后轻轻放下，忌发出摔打声。

三忌叉筷。筷子忌一横一竖交叉摆放，也不能一根是大头、一根是小头地摆放。

四忌插筷。就餐过程中，不能将筷子插在饭碗里（祭奠先人、亡者上供时才将筷子竖插）。

五忌挥筷。忌筷子在菜盘上挥来挥去，上下乱翻；要避免夹菜时"筷子打架"。

六忌舞筷。在说话时忌用筷子乱舞或指向他人；请别人用菜时，忌把筷子戳到别人面前。

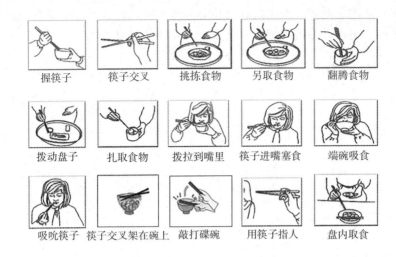

握筷子　　筷子交叉　　挑拣食物　　另取食物　　翻腾食物

拨动盘子　扎取食物　拨拉到嘴里　筷子进嘴塞食　端碗吸食

吸吮筷子　筷子交叉架在碗上　敲打碟碗　用筷子指人　盘内取食

图 5 - 3 - 6　使用筷子的禁忌

家宴较筵席简便，这种非正式的聚餐随着地点不同对礼仪的要求也较少。只要用餐者讲究公德，注意环境、卫生和秩序即可。

## 四、西餐礼仪

英国有句谚语："谁征服了伦敦的餐桌就征服了整个英国。"随着国际交流活动日益频繁，现代女性也应该认真学习西餐礼仪。

### （一）西餐就餐礼仪

#### 1. 座次礼仪

西餐的座次安排遵循"女士优先，恭敬主宾，以右为尊。距离定位，面门为上，交叉排列"的原则。

西餐座次原则

- 女士优先(女主人：主位，男主人：第二主位)
- 恭敬主宾(男女主宾分别紧靠女主人和男主人)
- 以右为尊(男主宾坐于女主人右侧，女主宾坐于男主人右侧)
- 距离定位(距主位近的位子高于距主位远的位子)
- 面门为上(面对餐厅门的位子高于背对餐厅门的位子)
- 交叉排列(男、女，生人、熟人交叉)

图 5 - 3 - 7　西餐座次原则

西餐以长桌为主，长桌的位置排法主要有美式和法式两种。法式是主人位置居中间，男女主人对坐，女主人右边是第一男主宾，左边是第二男主宾，男主人右边是第一女主宾，左边为第二女主宾。陪同尽量往两边坐。

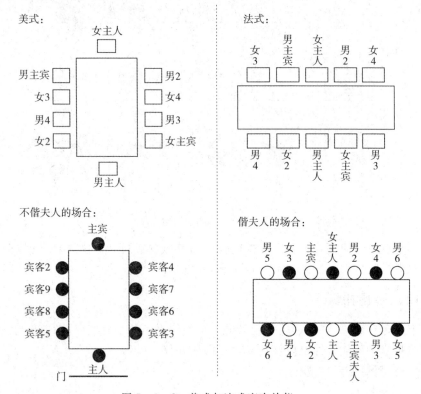

图 5 - 3 - 8　美式与法式座次礼仪

### 2. 西餐菜单

点餐前要了解西餐菜单和上菜流程。正式的西餐上餐顺序分别是开胃品、汤菜、副菜、主菜、甜品、饮料。西餐的第一道菜是头盘，也称为开胃品。开胃品的内容一般有冷头盘和热头盘之分。开胃品一般都具有特色风味，味道以咸和酸为主，而且数量较少，质量较高，打开味蕾，促进食欲。汤菜润滑肠道。副菜过渡肠胃，缓解主菜对肠胃的刺激。主菜为肉类。甜品为布丁、果冻等，这样可有饱胀感，并起到愉悦心情的作用。饮料为咖啡、茶等。

### （二）西餐点餐礼仪

1. 人到齐入座后点餐，为他人点餐要考虑其口味和禁忌。不认识的菜名别乱点，请服务员做介绍。

2. 点餐适量适度。西餐多采用安静的分餐制，就餐完毕，所有使用完的餐具和空盘子会被服务员撤走。因此，点餐适量和掌控好就餐速度，既可以表现出优雅，又可以避免在没有餐具和食物时单纯地看着他人就餐的尴尬。

3．点菜品制作的生熟度。主菜为肉类，尤其是牛排，有不同熟度可以选择，煎烤熟度分"一分熟（rare）""三分熟""五分熟""七分熟""全熟"。点餐时根据自己的喜好提前做出选择。

4．红肉适合配红酒，白肉适合配白酒。点酒时要根据客人的身份、性别、爱好等进行选择。

5．西餐敬酒不劝酒。如果不喝酒或者自己感觉已经喝够，可轻声婉拒，如实告知："不用了，谢谢。"

### （三）西餐就餐礼仪

图 5 - 3 - 9　西餐摆台

1．左侧入座，餐布摊开放在大腿上。餐布不宜扎在领口或者裤腰上，以防汤汁滴落在衣物上。忌用餐布擦脸，擦汗，擦鼻涕。

2．西餐就餐时，身体要端正，并与桌子保持一定的距离以便于使用餐具，手臂不要放在桌子上。

3．女性的包包放在自己的身边或者左边地板上，切勿放在桌上。

4．西餐的面包要用手撕开，要小口吃，不要用刀把面包切开，也不要把整个面包放入口中咬食。喝汤时，由内向外把汤盛起。

5．使用刀叉进餐时要从外往内取刀叉，右手持刀，左手持叉。切东西时左手拿叉按住食物，右手拿刀将其切成小块，每次切下的大小最好以一次入口为宜。不要一次性将盘中食物都切碎，再一块块叉起来吃。

6．从大餐盘向自己的小餐盘取餐，请使用大餐盘中的公用餐叉和餐勺。单手无法夹菜时，一般用右手持餐勺盛菜，左手持餐叉押住后，放到自己的餐盘内。盛菜以少量为好。

7．正确饮用咖啡的方法：用左手取糖和奶精放入咖啡中，然后用右手取小调羹均匀搅拌。用完后的调羹，应放在咖啡杯手柄的另一侧，这便于端起杯子饮用。端杯子时，用大拇指和食指捏住杯柄，但不能把手指紧扣入杯环中。

8. 餐具刀叉语言。就餐完毕，叉与刀并列，并叉齿向上。刀叉并用时，叉齿向下，表示还会继续用餐，请勿收走。

上图为英式
- 休息时(图1)
- 完毕时(图2)

下图为法式
- 休息时(图3)
- 完毕时(图4)

叉口朝下　刀口朝内

刀叉像八字一样趴在餐盘上表示：我还在用餐。

刀口朝内

叉口朝上

刀叉并排在餐盘上表示：我已经吃完了，可以收走了。

图 5 - 3 - 10　餐具刀叉语言

9. 西餐就餐过程中不要在餐桌上用牙签剔牙，可以尝试喝水漱口，如还不行，就去洗手间，用力漱口或用牙签将异物清除。

10. 作为客人，接受斟酒时不必端起酒杯或挪动酒杯，将酒杯放在远处，对斟酒的人点头微笑以示谢意即可。

## 五、离席礼仪

一般酒会、正式宴会和茶会的时间很长，大约有一两个小时。非不得已不要中途离场，确实需要中途离席，要掌握一些技巧和礼仪。

首先，要避免引发散场尴尬。常见一场宴会进行得正热烈的时候，因为有人想离开，而引起众人一哄而散的结果，可能致使宴会主人急得跳脚，这种行为也最难被宴会主人谅解。欲避免这种大煞风景的后果，中途退场人千万别和谈话圈里的每一个人一一告别，只要悄悄地和身边的两三个人打个招呼，然后悄悄离去便可。

其次，中途离开酒会、宴会现场，一定要向邀请你来的主人说明、致歉，不可不告而别。和主人打过招呼，应该马上就走，不要拉着主人在大门口聊个没完，避免占用主人太多时间，造成主人对其他客人的怠慢和失礼。

一个人有没有修养，吃一顿饭便一目了然。女性要懂得宴请礼仪规矩，并在餐桌上表现出自己优雅端庄的气质涵养。

# 第四节　馈赠礼仪

馈赠作为社交活动的重要手段之一，是人们人情往来普遍使用的社交方法。得体的馈赠，恰似无声的使者，给交际活动锦上添花，给人们之间的感情和友谊注入新的活力。

## 一、礼品的准备

互相馈赠礼物是人们表达情意的一种沟通方式。从客观上讲，送礼受时间、环境、风俗习惯的制约；从主观上讲，送礼因对象、目的的不同而不同。赠送礼品也是一门艺术，准备礼品时要考虑各种因素。

### （一）礼品要突出纪念性

送礼是表示尊敬、友好的一种方式，礼品重纪念、重情谊，不重价值。纪念性是指礼品要与一定的人、事、环境有关系，让受礼人见物思人、忆事。因此，选择礼品应和送礼时的事件、人物有关，要有一定的寓意。

### （二）礼品要有针对性

所谓"宝剑赠英雄，红粉赠佳人"，送礼一定要看对象。不论是正式活动还是私人应酬，交往对象因国家、民族、年龄、性别、职业、兴趣不同，选择礼品时要注意以下几个方面。

#### 1. 因人而异

务必要根据不同的对象选择不同的礼品，满足不同的需要。礼品不在价值高低，而在受礼人喜爱。要想让受礼人喜爱、乐于接受，就要在选择礼品时，尽可能地了解受礼人的性格、爱好、修养与品位，尽量把礼品送到受礼人心坎儿上。送礼尽量让礼品起到增进友好关系的作用。

#### 2. 因事而异

在不同情境下，向受礼人赠送不同的礼品。比如，出席家宴时，宜向女主人赠送鲜花、土特产和工艺品，或是向主人的孩子赠送糖果、玩具；探视病人时，向对方赠送鲜花、水果、书刊、滋补品为好；对于参观拜访者，赠送有中国文化或民族地方特色的物品；等等。另外，要根据不同的目的选择礼品，是用于迎接客人，还是告别远行；是慰问看望，还是祝贺感谢；是节假良辰，还是婚丧喜庆；等等。

#### 3. 因关系而异

要根据双方不同的关系选礼品。选择赠送的礼品时，要区分是公务交往，还是私人应酬；是亲朋，还是老友；是同性，还是异性；是国人，还是国际友人；

是商务往来，还是文化交流；等等。

**4. 因爱好而异**

要根据对方的兴趣爱好，投其所好。选择礼品要站在受赠者的立场上，为受赠者考虑。如果礼品适合受赠者的兴趣和爱好，它的作用就会倍增，否则，就会成为包袱，留之无用，弃之可惜，让人头疼。

**5. 因目的而异**

目的不同，用途不同，选择的礼品也大不相同。比如，带着滋补品看望病患，表示慰问和关心，若用滋补品祝贺年轻人生日，则显得不可思议。

**6. 因承受能力而异**

所谓"千里送鹅毛，礼轻情意重"。送礼可表达对对方的情意和尊重，表达祝贺、感谢、慰问、友好的情感。真正好的礼品不是用价格可以衡量的，送礼的心意重于礼品本身价值。购买者要考虑购买力。馈赠礼品要将礼品价格隐去，这样会凸显礼品本身表达的含义，同时减少受礼者的心理压力。

### （三）礼品要体现民族性

俗话说："越是民族的东西，就越是世界的。"每个民族、国家都有自己独特的文化传统和特点。"物以稀为贵"，而送礼中的"贵"是珍贵，不是价值贵。中国的剪纸、国画、旗袍等非物质文化遗产都是很有民族代表性的礼品。

### （四）礼品要尊重文化差异

不同民族、宗教信仰、国家有不同的文化传统，也就有不同的文化禁忌。例如，回族穆斯林崇尚绿色、喜欢绿色，因此有绿色标志、绿色头巾、绿色服装、绿色门窗等。但是，如果将绿色的帽子送给汉族男士就不合适，这是因为"绿帽子"在汉族文化中有着与回族穆斯林文化不一样的含义。

礼品选择不当是馈赠礼品的最大禁忌。礼品的选择要考虑各国的历史、文化、风俗和习惯，还要考虑社会与宗教的压力，特别是一些国家、个人和民俗的禁忌。因此，选择礼品一定要注意以下几个方面：

1. 要尊重由于风俗习惯、民族差异和宗教信仰等形成的禁忌。选择礼品不要凭自己的"想当然"办事，要自觉地、有意识地避开对方的礼品禁忌，注意礼品的品种、色彩、图案、形状和包装等。比如，在我国是绝不能把一台崭新的钟送给老年人的；不能送给基督教徒一尊佛像，就算是古玩也是不妥当的。

2. 要尊重个人的禁忌。每个人由于经历、兴趣和习惯的不同，可能会形成个人的禁忌，选择礼品时，要注意了解受礼对象的个人忌讳。

3. 违规物品不得做礼品赠送。要遵守国家规定，不能选择违法违规的物品做礼品。

4. 送礼一般要送"双"，表达好事成双的愿望。在丧葬上要送单数花。"九"是个位数中最大的阳数，被称为"天数"，与"久"谐音，因此备受青睐。送礼一般忌"三、四、五、十"数字。

**延伸阅读**

### 礼品表达的含义

礼品，有时也称礼物。礼物是在社会交往中为了表达祝福和心意，或以示友好而互赠的物品。礼物是送礼者向受礼者传递信息、情感、意愿的一种载体。

1. 戒指：代表爱你到心里，情愿为你的爱而受戒，你永远属于我。

2. 项链：代表将你紧紧锁住，希望你的心里面只有我一个人，没有其他异性。

3. 手镯：代表除了想圈住你以外，还暗示了只疼爱你一个人。

4. 手链：代表想绑住你一辈子。

5. 脚链：代表拴住今生，系住来世，希望来生还能在一起。

6. 日记本：希望把两个人的回忆珍藏在里面。

7. 钱包：代表愿永伴你身旁。

8. 皮带：代表拴住你一辈子。

9. 剃须刀：代表你在我心中是优秀的成熟男性。

10. 相册：永远珍藏你和我的回忆。

11. 千纸鹤：希望我和你的爱情有个美好的结局。

12. 手表：代表想和你拥有分分秒秒的感情。

13. 领带：表示把你套牢了，让你永远在我身边不离开。

14. 口香糖：希望跟你交往得很久。

15. 巧克力：我爱你。

16. 打火机：你是我的初恋，我和你的感情一触即燃。

17. 花：我希望把我的名字放在你的心上。

18. 围巾：我永远爱你。

## 二、收礼礼仪

送礼讲究礼尚往来，但不懂规矩，不仅会闹笑话，还有可能造成对方的误解。

### （一）表示感谢

接受礼物时要体现礼节、礼貌。接受礼物本身就是一种礼貌的体现，双手接过礼品的同时，应向对方立即道谢。"谢谢您"三个字表明感谢的不只是礼物本身，还感谢对方送给自己礼物的这一举动，感谢送礼人所花费的心血，更感谢对方为买到合适的礼品所付出的努力。

接受礼物时神态要专注。接受礼物时，不管在忙什么事，都要停下来，不能心不在焉。不管礼物的轻与重，都要给对方充分的尊重。接受礼物时，要起身站立，面向对方，以便有所准备。

接受礼物时要双手捧接。接受礼物时，不要单手去拿，而要双手捧接，同时面带微笑，注视对方的双眼。礼物不能随手乱放，要把礼物放在家里比较显著的位置，以示尊重和重视。

### （二）适当客气

接受礼物时要注意礼貌，但不要过于推辞，没完没了地说："受之有愧，受之有愧"，以致让送礼者感到厌烦。即使送的礼物不合心意，也应有礼貌地进行感谢。

### （三）表示欣赏

收礼后，不要当着送礼者的面把礼物打开，而是要把礼物放在一边，之后再看，这样做是为了避免自己万一不喜欢对方所送礼物时的尴尬，也表示自己看重的是对方送礼的心意，而不是所送的礼品。若送礼者是外国友人，则应当面打开，并表示赞赏。

### （四）礼尚往来

收到馈赠的礼品后，受礼者一般要回赠，"来而不往非礼也。"受礼者可以在节日庆典时期回赠，也可以在对方走时立即回赠。在生日婚庆、晋级升迁等时候接受的礼品，应在对方有类似的情形或适当时候再回赠。如果没有时间上门及时回赠礼品，那么可以进行线上送礼。回赠的礼品切忌重复，一般要价值相当。

一般人在选择礼物时，无意之间会选择自己喜欢的物品。因此，回赠对方时，不妨参考一下对方馈赠的礼物，这样较易赢得对方的喜悦。

### （五）学会拒绝

作为收礼方，通常是不能拒绝别人送的礼品的，这是因为这样会很失礼，容易造成尴尬，让送礼者很没面子。但有些礼物需要慎重收取。

对方所送礼品价值过重，且跟你的关系又不是至亲，同时对方不告知送礼目的的，那就已经超越联络感情的目的了，这种情况下最好别收。"天下没有白吃的午餐"，送礼必有所图，当你不知道是否能帮助对方的情况下收礼，那么你可能要被迫办一些事情。拒绝时，需要直接表明态度："无功不受禄"。如果对方不告知目的，那么直接与对方说不能接受礼品。

## 三、送花礼仪

送花要讲究艺术。花之美在于色、在于香、在于姿、在于韵，不同的花有不同的寓意，因此面对不同的事、不同的人要送不同的花。大部分现代女性都是爱花之人，因此应该详细了解送花礼仪。

## （一）送花的形式

**以人区分**：本人亲送、亲友转送、雇人代送。

**以花区分**：束花、篮花、盆花、插花、饰花、花环、花圈。

## （二）送花的时机

### 1. 例行时机

①喜礼之用；②贺礼之用；③节庆礼之用；④嘉奖礼之用；⑤慰问礼之用；⑥丧葬礼之用；⑦祭奠礼之用。

### 2. 巧用的时机

①做客：前往他人居所做客时，以鲜花为礼，既脱俗，又不至于让对方为难，或产生接受礼物的压力。

②迎送：到机场、车站迎接远道而来的朋友时，可以送上一捧花以示欢迎；朋友即将远行，赠一束鲜花，可以巧妙地向对方委婉表达自己的感情。

③纪念：重要的私人纪念日，如结婚纪念日，送花给对方。

④示爱：向意中人吐露爱慕之意，不妨以花为媒，借花开道。

⑤回绝：不好直接拒绝对方，可用约定俗成的、对方知晓的送花方式回绝对方。

⑥致歉：对他人产生误解时，可赠送鲜花给对方，以花致歉，还可附道歉卡。

## （三）解读花语

花语，是指借用花卉来表达人类某种情感、愿望或象征的语言。常见花语有必要做到人人精通。鲜花的寓意，是指按照人们的一般看法，使某一种鲜花依其品种、色彩、数目、搭配的不同而表示不同的含义。根据花语选花、插花、送花会显得恰如其分。比如，玫瑰表示爱情，丁香表示初恋，柠檬表示忠诚的爱，橄榄表示和平，水仙表示尊敬，等等。

■ *知识链接* ▶--------------------------------

### 常见花语

1. 玫瑰——纯洁的爱，美丽的爱情，美好常在。

玫瑰花色：红色、粉色、白色、黄色。

玫瑰（红色）——我爱你，热恋，热情，热情地爱着；

玫瑰（粉红）——初恋，初恋求爱，特别的关怀；

玫瑰（白色）——天真、纯洁；

玫瑰（黄色）——爱的开始，高贵、美丽，道歉。

赠送宜忌：①赠恋人、情人宜用红、粉色系列；②黄色代表道歉；③忌给朋友的女友和妻子送玫瑰；④忌给上司或异性随意送玫瑰。

一般只有红玫瑰才会有数量上的区别。红玫瑰作为示爱的首选，其所代表的意义最多。

1朵代表一见钟情、你是我唯一的爱、对你情有独钟、我的心中只有你。

2朵代表二人世界、你侬我侬、心心相印、世界只有我和你、眼中世界只有我俩。

3朵代表我爱你、山盟海誓、甜蜜恋情、爱在心底。

4朵代表至死不渝。

5朵代表由衷欣赏。

6朵代表互敬、互爱、互谅。

7朵代表我偷偷地爱着你。

8朵代表感谢你的关怀、扶持及鼓励。

9朵代表长久。

10朵代表十全十美、无懈可击。

11朵代表一心一意，最爱、只在乎你一人。

12朵代表对你的爱与日俱增。

15朵代表对你感到歉意。

17朵代表绝望、无可挽回的爱。

18朵代表真诚与坦白。

19朵代表期待陪伴，忍耐。正式恋爱后可赠送，特别适合异地恋的情侣。

20朵代表我仅一颗赤诚的心。

29朵代表不需言语的爱，热恋时送花的心意之选。

33朵代表三生三世的爱，适合在相爱纪念日赠送。

66朵代表真爱不变，适合恋爱走过轰轰烈烈后送给对方。

99朵代表长长久久的爱，较多用于示爱或求婚。

100朵代表百分之百的爱。

101朵代表最爱。

2. 百合花——事业顺利。

百合花色：黄色、粉色、白色。黄百合——爱慕。粉百合——浓烈爱火。白百合——圣洁/幸福。

赠送宜忌：①赠恋人、情人宜用白色系列；②赠朋友宜用粉色系列；③赠长辈宜用金色系列；④贺喜宜用白色百合点缀红色玫瑰，取百年好合之意。

3. 康乃馨——母爱，温馨，亲情，思念。

康乃馨花色：红色、粉色、白色。

赠送宜忌：①赠母亲宜用红色、粉色系列；②赠朋友宜用粉色、白色系列；③赠长辈宜用红色系列；④忌送男性，以免误认为说他幼稚。

4．郁金香——亲密。

郁金香花色：红色、粉色、白色、黄色、紫色、金色。

赠送宜忌：①赠恋人、情人宜用紫色、红色、白色系列；②赠朋友宜用粉色系列；③赠长辈、艺术家宜用黄色系列；④贺喜宜用金色，取金"郁（玉）"良缘之意。

5．马蹄莲——博爱、永恒、优雅、高贵、纯洁。

马蹄莲花色：白色、黄色、红色。

赠送宜忌：①白色宜赠送年轻朋友；②忌向一般异性朋友赠橙红色，以免引起误会；③宜在婚礼上做新娘的捧花；④忌送单枝。

6．向日葵——仰慕、崇拜、爱慕。

向日葵花色：金黄色、红色、白色。

赠送宜忌：①可赠热恋中的男友；②可赠性格爽朗、大方和充满活力的好友；③赠艺术家宜用黄色品种。

7．满天星——清纯、关怀、思恋、纯洁、真爱、配角。

满天星花色：白色、粉色、蓝色。

赠送宜忌：①宜赠清雅高洁之士，赞誉其宁静致远的品格。②做玫瑰的衬材，宜赠恋人。花型小，浅色，花姿蓬松，有立体感，气质高雅清秀，给人以朦胧感，花序群体效果极佳，是重要的陪衬花材。③配剑兰，宜赠即将毕业的同学，意为"大展宏图"。④忌配水仙，意为"冷酷无情"。

8．勿忘我——永志不忘。

勿忘我花色：紫色、粉色、蓝色、白色。

赠送宜忌：①宜恋人之间互赠，以示眷恋不舍；②和玫瑰搭配，其花语为"不变的爱情"；③与康乃馨搭配，其意为祝福母亲或"渴望母爱的温暖"；④忌随意赠异性，以免引起误会。

此外，还有火凤凰——真心不变，星花——呵护备至，爱丽斯——浪漫，菊花——长寿、高洁，红掌——大展宏图，莲花——纯洁、清高、默恋，兰花——优雅。

### （四）送花宜季

不同季节，送花有一定的艺术，否则弄巧成拙，就会失去送花的意义和价值。

1月：以浅黄水仙、连翘等为妙。黄色花再配以白色，用包装纸包裹，表达期盼的心情。

2月：送绿色花与白色花，能给人以坚韧与力量。青、绿融白的色调，正是早春二月的象征。

3月："吹面不寒杨柳风"，这一时节送上一束淡粉红花，在被送花者眼中胜似春风漾来。

4月：春日百花争艳，温煦的阳光和回暖的情绪缠绕。淡色之花恰能表达"春意正好"。

5月：初夏的耀眼阳光，在绿地上会创作出缤纷的世界。绿色代表了生命的茂盛与清纯。

6月：梅雨后放晴，此时送花无疑以柔和的橘黄色为妙。

7月：在强光与闷热中，以色彩鲜艳夺目的粉红之花最为适合，展示无畏的精神与风采。

8月：酷暑之际，令人易感疲倦。此时送花以带凉爽气息的白花为佳。

9月：高高清澄的蓝天中，白云悠悠飘动，秋高气爽。各种花色的组合象征秋收的喜悦。

10月：在橘黄的季节中，紫色花可表达老成、可信，同时可表达不可抑制的崛起意念。

11月：深秋是各种果实成熟之际，宜送象征成熟的金橘、牡丹等。

12月：红色代表热情，送一束可以点燃激情的红色花，在寒冷的冬季，人们大都会喜欢。

### （五）送花宜时

送花时，应根据对象和需要选择不同花种。

1. 给病人送花：忌送整盆的花，以免病人误会为久病成根；忌香味很浓的花，对手术病人不利，易引起咳嗽；忌颜色太浓艳的花，会刺激病人的神经，激发烦躁情绪；忌送山茶花，这是因为山茶花容易落蕾，被认为不吉利。

看望病人宜送兰花、马蹄莲、剑兰等，或选用病人平时喜欢的品种，有利于病人怡情养性，早日康复。

2. 拜访德高望重的老者：宜送兰花，这是因为兰花品质高洁，又有"花中君子"的美称；送长辈长寿花、龟背竹、万年青、报春花等，具有延年益寿的含义。

3. 升迁与乔迁：宜送稳重、高贵的花木，尤其是盆景或盆栽的大型花木，表示隆重及对其高风亮节的尊重。送富贵竹，表示富贵吉祥，而送水培富贵竹更有富贵吉祥的好兆头。

4. 祝贺友人生日：宜送石榴花、象牙花、大红月季花等，通常象征火红年华，前程似锦。

5. 祝贺结婚：宜选用玫瑰、百合、郁金香、香雪兰、扶郎花等。新娘披纱时所用的捧花还可适当加入一两枝满天星。花色为红色、橙色、黄色、紫色等"暖色"和花名含有吉兆的花卉大多可用于喜庆事宜。

6. 因爱情受波折的人：宜赠送秋海棠。秋海棠又名相思红，寓意苦恋，以示安慰、鼓励。白色、黑色、灰色、蓝色等"冷色"和花名含有贬义的花大多用于伤感事宜。

　　社交礼仪内容包罗万象，需要不断学习与践行。女性掌握社交礼仪对建立人际关系具有重要的润滑作用。良好的社交礼仪素养，是女性建立人际关系的通行证，也是女性立足社会的重要基础。提升女性社交礼仪修养，不仅可以提高女性社交的自信心，还可以营造和谐的社交环境，从而让女性在爱情、婚姻、事业上获得更多机遇。

# 第六章　职场礼仪打造成功女性

　　随着社会的发展，现代女性在社会中的地位日益上升。更多女性开始追求职场中的不断发展与成功，而职场也越来越注重女性在细节方面的表现。优雅、自信、得体的职场礼仪，不仅能为个人形象加分，而且有助于女性事业的发展。

## 第一节　求职礼仪

　　求职礼仪是公共礼仪中的一种，其反映了一个人的修养。女性求职者在求职过程中表现出较高的礼仪修养往往能给用人单位留下深刻印象，并且让对方产生信任感和亲切感，促使求职顺利。因此，女性求职者必须学习求职礼仪，提高自身礼仪素养，了解面试环节，掌握面试技巧和策略，这样才能在竞争中脱颖而出。

### 一、求职前的准备

　　人们常说："不打无准备之仗。"职场应聘也是一个没有硝烟的战场，竞争激烈，危机重重，但机会总是青睐那些准备充分的人。把握时机才能赢得先机。只有细致、周密地做好求职前的准备工作，才能在求职过程中游刃有余。

　　**（一）信息准备**

　　"知己知彼，百战不殆。"面试前，求职者应该多留意并且尝试更多的渠道和方式搜集招聘单位的就业信息及其招聘岗位信息。掌握丰富的就业信息意味着有更多的机会，这对求职成功是非常有益的。

　　**1. 获取求职信息的渠道**

　　（1）人才交流中心或人才市场。随着我国市场经济的发展，人才市场中介机构应运而生。近年来，我国从中央到地方都建立了不同类型的人才交流中心和人才市场，它们为各类专业人才的流动和求职提供了很好的平台，是获取就业信息的主要渠道。这些机构一般属于当地劳动部门，有的是劳动人事部的直属机构，它们面向社会开展职介服务。人才交流中心主要负责发布人才招聘信息，办理人才交流登记，为用人单位和求职者搭建桥梁。一般来说，这些机构的服务相对规范，它们的人才需求信息可信度高、可靠性强。

（2）招聘会。通常每年春节前后或夏季，各省（市）的政府部门都会组织大规模的招聘会，参与的企业较多，覆盖面广，是求职者找工作的重要途径。应届毕业生可以参加由学校或者当地毕业生就业主管部门举办的校园招聘会。一些大公司、大型国企通常都会把职位需求信息发给各大高校的就业处，然后与就业处联系协商妥当后，来学校召开专场招聘会（即现场宣讲会、见面会）。校园招聘会提供的职位主要针对应届毕业生，一般不要求工作经验，但注重求职者的综合素质和未来发展潜力，因此这是应届毕业生找工作的途径之一。

（3）互联网。由于科技发展，信息网络化日益显著，网络已经成为我们工作、生活、招聘、求职必不可少的帮手。利用网络找工作是现在非常流行、也是非常方便的途径之一。当下网络求职的途径有许多种，各大专业招聘网站各有特色。网站与大公司合作，发布最新的招聘信息，并提供在线职位申请服务。大部分网站还可以帮助求职者制作在线简历与求职信，并提供简历在线投递服务。很多用人单位也会将最新的招聘信息放在本单位网站上，为求职者提供在线职位申请服务。

（4）来自亲朋好友的求职信息。除了通过以上几种渠道可以获取求职信息外，人际关系渠道也非常重要。要充分利用父母、亲戚、朋友等的社会关系，寻找好的求职机会。这种通过社会关系网获取的信息，一般来说效果比较好，就业成功率也较高。但应该注意的是，这样的推荐要通过正当途径，不可为了就业不择手段。

**2. 熟悉求职单位及应聘岗位的情况**

求职就好像是推销，求职者必须把自己推销给中意的单位，这个过程就需要了解单位的信息，比如用人单位的性质、隶属关系、人数规模、成绩业绩、行业地位、发展趋势、文化背景等。要广泛收集各方面的资料与信息，准确把握岗位需求，并善于从岗位要求中读取各类相关信息。有了充分的资料准备，即便是在面试中"临场发挥"也会是相当精彩和出色的。这些准备工作看起来无足轻重，却往往能决定求职的结果，而且用人单位也不喜欢没有准备的求职者，他们会觉得求职者非常随意，不重视这个岗位。

**（二）求职材料准备**

求职竞争中，决定胜败的因素有很多，其中求职前充分的材料准备是非常重要的一步。求职材料是求职者综合实力、综合素质最具说服力的证明。必备材料一般包括以下几个方面。

1. 求职信。求职信是申请信的一种，是求职者就应聘岗位向用人单位提出申请。首先要阐述清楚写求职信的理由，以及申请的岗位；其次简述个人信息；最后进一步强调自己的能力，展示自身优点，请求给予面试机会，并留下联系方式。

2. 个人简历。个人简历是评判、考察求职者的重要参考，需要将个人学历、经验、特长、爱好及其他有关情况做出简明、扼要的介绍，因此个人简历的撰写不能马虎。

3. 推荐信。推荐信一般是由求职者的领导、导师、朋友等有一定社会威望的人书写的。推荐信的目的是客观地介绍、宣传被推荐人的优点，为其顺利入职助力。

4. 各种证件、证书、成绩单、科研成果等。面试前，一定要准备好身份证、学历证、学位证、专业技术资格证、获奖证书、近期免冠证件照片以及公开发表的文章、科研成果、设计作品等。这些都是证明求职者能力、提升个人价值最直观的材料。

以上材料一般都需要按顺序装订成册，纸张大小、字体大小、排版间距保持一致，整齐划一。材料装在干净的文件袋或文件包里。材料准备是否充分，也能让用人单位看出一个人做事是否认真、其对待面试是否重视等信息。

（三）心理准备

面试之前，求职者首先要认知的就是自我。只有正确认知自我，才能保证高效的面试沟通。认知自我就是客观地分析、认识和评价自我，对自身的学识、能力等有一个综合性的客观评价，找准位置和方向，确立合理的期望值。其次，要调整好心态，树立自信心。求职不仅是能力的较量，而且是心态的比拼。求职者在准确定位的情况下，要勇于接受挑战，主动出击，做到自信，但不自负、不自傲。最后，求职者要做好一些突袭面试的准备，比如现在流行的电话面试，不要等到电话响了，才发现自己原来什么都没准备好。

面试时，面对陌生的环境太紧张说不出话怎么办？面对陌生的环境，紧张是人类的本能，因此求职者可提前准备一个漂亮的开场白，这便是著名的"首因效应"。一般情况下，面试的第一个环节就是让求职者做一个自我介绍，其效果影响着整个面试的结果。求职者可以尝试面对镜子多次练习，提高语言表达能力和表情管理。"台上一分钟，台下十年功。"面试前，求职者通过反复模拟面试场景，熟悉面试流程，做到熟能生巧，可有效消除过度紧张的心理，增加自信心。

## 二、简历的设计礼规

求职前需要做好各种准备工作，而在这些准备工作中，最重要的就是个人简历的设计。简历是用最简练、浓缩的内容在最短的时间内尽可能地让用人单位对求职者产生兴趣。个人简历是求职者的敲门砖，也是用人单位了解求职者的重要工具。要想获得用人单位的"入场券"，做好个人简历便是一个好的开始。

（一）简历设计应包含的基本内容

1. 标题。标题一般写成"个人简历""求职简历"，在正文的顶端，字体居中加粗，字号酌情加大。

2. 个人基本信息。个人基本信息的要求是简洁、直观、紧凑。个人基本信息通常包括姓名、性别、出生年月、年龄、籍贯、政治面貌、学历、通信地址、电话号码、邮箱、简历照片等。不少求职者为了让自己的基本信息看起来更丰富，将身高、体重、身份证号等信息一条不漏地写到简历上，这样就冲淡了主要内容。这一部分要写得"简""繁"适宜，太简单不利于用人单位了解求职者的基本情况，可能会很快被淘汰；太烦琐会使用人单位没有兴趣往下看，从而错过重要信息。而联系方式、邮箱要写得详细、准确，要确保用人单位能快速、无障碍地联系到求职者。简历的右上角放上求职者的免冠照片，照片虽小，却是"门面"，要到专业照相馆认真拍摄一张自己满意的免冠照。女性求职者拍照时不要浓妆艳抹，也不要素面朝天，做到干净清爽即可，否则很可能输在第一印象上。

3. 寻求工作的目标职位或表明应聘岗位的类型。求职者确定求职目标一定要结合自己的实际情况，根据自己专业特长和经验积累去选择。求职意向一定要简练、明确，描述目标职位时要用词专业、准确。

4. 教育背景。教育背景包括受教育的时间、毕业学校名称、专业、学历学位名称等。受教育时间都是从近到远开始写的，即从自己的最高学历开始写。求职者介绍教育背景时要着重突出与应聘职位的相关学习经历，特别是主要课程、研究领域、研究成果、取得的成绩、获奖情况等，以此突出自身优势。

5. 工作经历/实践经历。工作/实践经历是展示自我特色最核心的一部分，也是用人单位最关心的一部分，因此应该在简历中所占比例最大。其主要从以下几方面来写：时间、地点、职位、职责、业绩、收获。具体填写过程中应注意以下几点：

（1）时间顺序。一般按照倒序方法，将最有价值的经历放在第一位。

（2）内容选择。根据用人单位招聘启事中的岗位职责和任职要求罗列与岗位相关的经历。

（3）语言表述。表述时，多用动词打头的句子，比如"策划了 2019 年××学校毕业盛典，锻炼了组织协调能力""制订了××管理政策，促进了团队合作"；多用数字说话，增强可信度；引用专业词汇，避免用大白话。

如果是刚毕业的大学生，工作经历比较欠缺，那么可以将在校期间组织参与的学生活动作为社会实践经历写入简历中，还可以加入一些寒暑假兼职、打工或者做志愿服务等经历。

6. 荣获奖项/成就。所获奖项和成就作为求职者能力的体现，是其价值的最好证明，能为简历增添色彩。填写时要列出获奖时间、获奖全称、等级，必要时可以说明获奖条件，以突出奖项的含金量。一般也是按时间倒序的方法填写，获奖时间最新的、与应聘岗位相关的奖项和成就优先填写。

7. 个人技能。求职者向用人单位展示其个人技能，可以表明其能很好地胜任求职岗位，从而增强用人单位的信心。求职者应写明自身具备的能力、素质，重点列出外语水平、计算机等级，以及其他与求职岗位相关的专业技能。

8. 自我评价。自我评价是简历的最后一部分，是求职者对自我的概括总结。用人单位更想从自我评价中看到求职者对自己的了解，以及对求职岗位的了解，从而判断求职者与求职岗位的匹配程度。很多求职者都喜欢用"个性阳光开朗、积极向上、刻苦努力"之类的套话，缺乏新意。我们可以尝试基于岗位要求并结合自身特点，有理有据地说明自身具备的品质。

### （二）简历设计的注意事项

设计简历讲究技巧，应该注意以下几个问题。

1. 简明扼要，突出重点。简历首先要"简"，内容精简，格式简洁，语言精练，突出个人特色，切记不要洋洋洒洒上万言，与求职岗位无关的内容要果断删除，通常以1页纸为宜。太长的简历会消磨人的耐心，使用人单位不会看完它，从而错过重要信息，最终使自己丧失面试机会。

2. 有针对性，更新完善。要为不同的职位设计不同的简历。求职者在设计简历之前要深入了解用人单位情况及求职岗位要求，然后有针对性、有目标地撰写简历。不同的求职岗位有不同的招聘要求，求职者在设计简历时需要调整相应的侧重点。随着工作经历、实践经历的变化要时常更新、完善简历内容。一份简历走天下的结局就是淘汰。

3. 关注细节，力求准确。细节决定成败，简历决定了求职者能否获得面试的"入场券"，因此要格外注重简历上的细节。好的简历需要千锤百炼。求职者写完简历一定要细心检查，逐字逐句仔细校对，避免出现错字、多字、少字、用词不当、语句不通等错误。不要杜撰经历、经验、荣誉，要实事求是，经得起推敲和检验。一旦用人单位发现简历中有虚假的内容，就会觉得求职者不可信任。

4. 排版简洁，条理清楚。简历排版简洁、美观，让人一目了然，有助于用人单位发现有用信息；字体、字号尽量一致，最多不超过两种。一致的字体和字号可以使简历看起来整齐有序；正确使用项目符号，清晰地排列多个要点，可以增加条理性。但是，在使用项目符号时，整篇简历最好都只用同一种项目符号。

## 三、求职信写作礼规

求职信，又称为自荐信，是求职者向用人单位介绍自己的基本情况，展示自我能力，并提出求职申请的文字材料。求职信是用语言推销自己，其是简历的一个重要组成部分。

### （一）简短

简明、扼要地概括自己的背景材料，重点突出与应聘单位和职位最有关系的内容。

### （二）精炼

研究表明：求职信太长会使其有效性大大降低。比如，一封英文求职信的内容如果超过 400 个单词，那么它的有效性就降低了 75%，即阅读者只会对其中 1/4 的内容留下印象。

### （三）准确

根据细节精准的原则，求职信中的措辞是特别需要注意的方面。求职信本身的作用就是把自己作为"产品"销售出去，它是一种职业化的行为。因此，求职信特别忌讳错字、别字、病句和文理不通的现象出现。

### （四）诚信

求职信的内容要本着诚信、真实的原则，没有人会喜欢过分吹嘘的人，包括你自己。过分虚夸的语言会使用人单位产生厌恶之情。

### （五）个性化

求职信范文、求职信模板掩去了最有特点的个性化部分。笔者建议求职者不要套用范文模板，要自己设计，展现真实的一面，亲切、自然、实在很重要，即使不是真实的自己，最起码也要像自己才行。

### （六）检查

写好求职信，不妨先让自己身边的人代自己检查一遍。每个人的理解角度不同，看法也许会有很大的差异，去芜存菁，何乐而不为呢！

### （七）感谢

为了表明你的诚意，表明你真的有心应聘该企业，结尾可以提出你的进一步行动请求，或建议进一步联络，并留下可以随时联系到你的电话或地址。另外，要对阅读者表示感谢。

## 四、求职材料投送礼规

投寄求职材料时，要注意投寄礼规，不要因为投寄不当错失良机。

1. 有针对性地改动简历。求职者投寄不同职位时，要有针对性地改动简历的一小部分。求职者要在简历中把投寄的职位放在首位，且与投寄职位相关的工作经验要尽量详细，以便用人单位了解情况。

2. 新颖的邮件标题。求职者投寄求职材料时可在邮件题目上做文章。用人单位一天收到几百封邮件，只有标题新颖的邮件才有机会被打开。

3. 不要投寄同一个公司多个职位。投寄简历时，不要一口气投寄同一个公司的多个职位，特别是一些根本不相关的职位。这样的投寄只会让人事部的人员认为你根本还没考虑清楚自己究竟要做什么。

4. 求职材料的投寄格式。如果是通过各种求职网站投寄求职材料，那么一定要严格按照网站要求的格式输入邮件标题，如"姓名＋应聘岗位＋信息来源"，否则，会被一些企业的内部邮件系统自动归类到"垃圾邮件"中。

5. 要用私人邮箱。求职者给用人单位发送简历的时候，要用自己的私人邮箱，切勿用公共信箱。

总之，求职前的材料准备十分重要，它是迈向成功的第一步。女性求职者一定要突出女性特有的细致、周密的优势，认真设计求职材料。

# 第二节　面试礼仪

女性面试时不仅要注意面试形象设计，还应该了解面试的礼仪规矩，这样才能一举成功。

## 一、面试仪容礼规

仪容能给人直接且敏感的"第一印象"。美好的仪容总能令人敬慕和青睐。当年，尼克松和肯尼迪竞选美国总统，尼克松带病参加竞选，体重大减，脸上棱角突出，出汗，同时拒绝电视导演费尽心机为他设计的补救措施。结果，观众在电视屏幕上看到的尼克松是两眼深陷、面颊苍白、汗流如注、声嘶力竭的形象。相反，肯尼迪经过电视导演的精密筹划，养精蓄锐，精心彩排，显得意气风发，红光满面。这是美国历史上第一次总统电视竞选，选民们注意的并不是双方政见，而是他们的仪表风度。选民对"形象"的好恶在一定程度上决定了选票的投向，最终尼克松在竞选中败北。可见，仪容对事业的成功具有举足轻重的作用。女性面试时一定要注意自己的仪容美，从而赢得面试官员的好感，促使面试成功。

### （一）面试化妆要淡而美

美容化妆对女性的仪容有画龙点睛的作用。面试应该化淡妆，切忌化浓妆。化妆应该与形体、肤色、服饰、发型、年龄、性格、身份相协调，而且要与面试的目的和要求有机结合起来，应以自然、真实为度，以协调、高雅、精神、舒适为美，以清洁、健康为旨，塑造一副淡雅清秀、健康自然、鲜明和谐、富有个性的容貌，从而焕发出青春的光彩。靓丽的仪容可以增强自信心，并在面试的过程中增加魅力。

人们都说："手部是人的第二张脸。"女性的手通常是其气质外观之一。女性为充分显示个人魅力，应保持手部干净，指甲修剪整齐，千万不要留长长的指甲，更不要涂艳丽的指甲油。"爱美之心人皆有之。"但对于求职者而言，其服饰除了要符合一般社交场合服饰的共同要求外，也要注重和突出服饰的职业特点，从而使自身的着装打扮与应聘的职业相称，给人一种鲜明的职业形象的感觉。如果应聘的职业是教师、工程师、公务员等岗位，打扮就不能过分华丽、过分时髦，而应该选择庄重、素雅、大方的着装，以显示稳重、文雅、严谨的职业形象；如果应聘的职业是导游、公关等服务岗位，就可以选择靓丽、时髦的着装，以表现活泼、热情的职业特点。

## （二）发型要适宜

有人说："女人的美一半在头发。"的确，女性有一头秀发，能增添无限的风韵和魅力。"头上青丝如墨染"就是形容中国美女的千古佳话。干净、整洁、有型是职场对头发的基本要求。

发型要与自己的风度、气质相一致。举止端庄、稳重的人要选择朴素、沉稳的发型，活泼、直爽的人要选择线条明快、造型开朗的发型，潇洒、奔放的人要选择豪爽、浪漫的发型。

发型必须适合自己的脸型。椭圆的脸型是标准脸型，可任选发式。长脸型的发式应该稍大些，设计的发型应该两侧蓬松，顶部头发遮住前额，即采用阔轮廓的发型。圆脸型的发式不宜过大，设计的发型应额角和顶角部分要隆起，即采用高轮廓的发型。方脸型的发式宜采用弧轮廓的发型。菱形脸型的发式两侧要厚些，设计的发型应两侧隆起呈椭圆形。女性选择发型之前，应该先分析、研究一下自己的脸型，只有彻底了解之后，才会选择出最适合脸型的发型。

女性面试时，尽量把头发四面向上梳，要把短发两侧的头发别到耳后，不要将发帘遮挡眼睛。

总之，发型的设计只有与风度、气质、脸型相一致、协调，才能具有和谐美。另外，女性面试前一定要精心梳理头发，保持头发干净清爽，不必涂抹过于油腻的发蜡，不要出现头屑、头油，不要佩戴闪亮的头饰。

## 二、面试仪表礼仪

服饰是面试中的主要知觉对象之一。面试时服装的选择在自我表现中起举足轻重的作用。美国行为学专家迈克·阿盖尔曾经做过这样一个实验：他本人以不同的衣着打扮出现在某市的同一地点，当他手执文明棍，头戴礼帽，西装革履，风度翩翩地出现时，很多人向他点头致意、打招呼，而且大多是穿着讲究的绅士阶层；但是，当他破衣烂衫、蓬头垢面地再度出现在同一地点时，接近他的多是流浪汉和无业游民。这个实验表明，同一个人穿着不同的服装会产生不同的社会效果。服饰不仅反映了一个人的个性、习惯、爱好、审美情趣和文化修养，而且反映了一个人的道德和礼仪修养水平。在面试过程中，女性的服饰可以让主考官了解诸多方面的情况：是否成熟，审美能力如何，鉴赏能力如何，对工作环境的理解能力，等等。因此，面试着装，一定要三思而后行。

## （一）服装的选择要得体

女性求职服装一般以西装、套裙为宜，这是最通用、最稳妥的着装。不论年龄，一套剪裁合体的西装或套裙，一件配色的衬衣或罩衫，再外加相配的小饰物，会使女性看起来优雅且自信，并会给他人留下良好的印象。不要穿太紧、太透和太露的衣服。不要穿超短裙（裤），不要穿领口过低的衣服。夏天，内衣（裤）颜色应与外套协调一致，避免透出颜色和轮廓，否则会让人感到不庄重、不雅致，也给人轻佻之感，这是求职的大忌。大量的求职实践表明，不论应聘何种职业，穿着保守的求职者会被视为有潜力的候选人，会比穿着开放的求职者更容易被录用。

女性求职者服装的颜色可根据应聘的岗位特征进行选择，有的岗位要求严肃，女性面试时尽量要穿深色套装，这种穿法会显得成熟、稳重；有的岗位需要女性多姿多彩，面试时就可以穿较鲜艳的颜色，比如，应聘公关、秘书职位的女性穿亮色服装就容易被用人单位接受，如红色感染力强，容易打动主考官，使其印象深刻。不过，女性面试应该避开粉红色，这种颜色往往给人以轻浮、圆滑、虚荣的印象。

### （二）鞋子要便利

女性面试如何穿鞋也有学问，总的原则是应和整体服装相协调，颜色和款式与服装相配。面试时，不要穿长而尖的高跟鞋，而中跟鞋是最佳选择，既结实又能体现职业女性的尊严。设计新颖的靴子也会显得自信而得体。

### （三）袜子也很重要

女性着裙装要穿连裤丝袜，袜子不能脱丝。时装设计师都认为，肉色作为商界着装是最适合的。为保险起见，女性应在包里放一双备用丝袜，以便脱丝能及时更换。另外，不论腿型多漂亮，都不应在面试时光腿，也不能穿短袜，形成三截腿。

### （四）饰物要少而精

#### 1. 公文包或手提小包

女性面试时带一个包即可，不要带两个以上的包。在多数面试场合，携带公文包比手提小包能体现出更多的权威。女性面试时可以将相关资料和用品装进公文包内，但不要将包塞得太满。如果女性个子较矮小，那么包不宜过大，这样会变得极不协调。

#### 2. 帽子

不管你是否戴帽子，对此你必须持谨慎态度。假如要让帽子与全身相配，就请选择一顶既无饰边也不艳丽却很雅致的帽子。一般有面纱的、松软宽边的法式帽子在职场上不合时宜。另外，面试时尽量把帽子脱下。

#### 3. 丝巾

丝巾飘逸、清秀的特点最能烘托出女性的美。一条漂亮的丝巾有锦上添花的妙用。但女性选择丝巾时一定要注意与衣服的协调搭配。如果穿一套藏青色的西服，应搭配一条纯白色的丝巾，这样既能显示红唇黑眸，又能保持藏青色清爽如水的气质，衬托出女性的敏捷和果断。

**4. 首饰**

女性面试时，尽量少戴首饰。女性佩戴戒指时应避免几个手指都戴戒指；佩戴耳环应当小巧精致且不引人注目。为了使自己感到舒适，面试时注意力集中，女性戴的耳环不要过长，以免发出叮当的声响或者触及脖颈，甚至挂到衣服上。总之，戴首饰的重要原则就是少而精。

**5. 眼镜**

眼镜会为一些人外表增色，也可能使一些人显得不协调。女性应尽量选择适合自己脸型的镜框，款式不要太夸张。另外，女性千万不可戴太阳镜（护目镜）去面试，当然更不能戴反光镜，但可以选择隐形眼镜。

## 三、面试仪态礼仪

女性面试一定要注意自己的姿态，恰到好处地通过行姿、站姿、坐姿、手势、表情表现自己的气质风度和礼仪修养。

### （一）行姿

面试行姿的基本要求是"安静、淡定、从容、合礼"。人走路的形态能反映一个人的个性、情绪及修养等，是形象礼仪的一部分。求职者要想塑造良好的形象就不得不注意行姿。正常行走姿势，应当是身体挺立、昂首挺胸、收腹直腰，两腿有节奏地向前迈步；两眼直视前方，目光自然平静，不要左顾右盼、东张西望。具体而言，女性应步履轻捷，步伐略小，走直线。

### （二）站姿

面试站姿的基本要求是站立端正、双腿并拢、双脚安稳，避免散漫松垮。站姿的禁忌是歪脖、斜腰、挺腹、屈腿、翘臀等。不要双手叉腰、放进裤袋或抱在胸前；不要东倒西歪、左摇右晃、耸肩勾背；不要弯腰驼背或挺肚后仰。这样会使人显得拘谨、缺乏自信和经验，更重要的是有失形象。

### （三）坐姿

求职者在面试时的坐姿应稳重、安静、直挺和端正。求职者入座时，要稳、缓、轻，动作协调柔和，从椅子旁边走到椅子前入座，轻轻用手拉出椅子不要弄出大的声响，背对椅子平稳坐下，尽可能坐在椅子的 1/3 至 1/2 处，落座后，挺胸收腹、腰部挺起、双腿并拢，将两手自然放于桌上。求职者起座时，动作要轻缓，不要过急或过猛。

### （四）手势

求职者的手势应当规范，尽量少用或滥用手势。面试答题时，求职者的手势不宜多，动作不易过大。求职者面试答题时不得用手抓挠身体的任何部位，避免出现拉衣袖、抓头发、抓耳挠腮、玩饰物、揉眼睛、不停抬腕看表等手势动作。

### （五）表情

求职者面试时，表情庄重自然，尽量保持面含微笑，眼睛要看着面试人员，不要低垂眼皮或仰头望着天花板，更不要眼神飘忽不定甚至挤眉弄眼。

## 四、面试时细节礼规

礼貌体现了一个人的品质修养，包含着对他人的尊重宽容、谦和逊让、与人为善的良好品质。一个谦逊礼貌的人总会给人留下良好的印象，反之，一个举止粗鲁、桀骜不驯、目中无人的人会令人不舒服甚至厌弃。面试中良好的礼仪表现会给面试人员留下良好的印象，这对求职者来说是有利的条件。女性在面试中需要注意礼仪问题，做到彬彬有礼，为面试加分。

### （一）遵守时间

在如今这样快节奏的生活里，人们的时间观念越来越强，大多数人都非常在意他人是否遵守时间。因此，确定面试时间后，求职者一定要提早到达面试地点，以表示诚意，以及对对方的尊重，同时会给用人单位留下求职者很有时间观念的印象，而且提早到达还可以做一下自我调整，不至于因为时间仓促而手忙脚乱。因此，求职者要在面试前确认好面试时间和地点，提早前去。如果确实因为客观原因迟到了，那么要想办法弥补回来，做好解释。

### （二）注意细节

求职者到了面试地点后，首先平复一下紧张的情绪，然后从容地走入面试地点，进门之前要轻轻敲一下门，得到允许后再进去。开关门动作要轻柔、缓和，面对面试人员微笑，主动打招呼示好，称呼要得体。不要急于落座，面试人员示意请坐的时候再道谢坐下，坐下后身体保持挺直，不要显得大大咧咧，满不在乎，避免引起对方的反感。求职者在面试过程中要微笑并仔细聆听，在面试结束时微笑起立，道谢并再见。

### （三）谈话技巧

求职者要认真聆听对方的问题和介绍，适当点头示意或提问，回答问题时要口齿清晰，音量适中，语言简练，意思明确。不要打断面试人员的问话，或者跟面试人员在某一问题上发生争执。当意见不统一时，可保持沉默，切记不要急躁地与对方辩解，这样既浪费时间又浪费情绪。对于某些自己不知道的问题，可以如实回答，不要胡侃乱诌。当面试人员纠缠于你不愿回答的问题时，也不要表现得不耐烦，要保持自己应有的风度。

### （四）举止大方

不只语言体现一个人的内在修养，举止大方得体、谦逊有礼也能体现一个人的品质修养。因此，在面试过程中，求职者应有的姿态是举止文雅大方，谈吐谦虚谨慎，态度积极热情。求职者回答问题时，要注视对方的眼睛以示尊重，眼神要坚定自信，不要飘忽不定，否则会显得不自信，甚至轻浮。当双方意见不统一时，也不要情绪激动地与人争辩，要不卑不亢，从容不迫。如果是某些特殊的岗位，不排除有人故意试探，如果求职者的情绪不对，那么有可能功亏一篑。

另外，面试时切忌有小动作。很多人都有做小动作的习惯，有些是刻意的，有些是下意识的，而心理紧张的时候，小动作会更多。过多的小动作，如挠头、搓手、挖鼻、抖腿、抖脚等不仅会表明求职者很紧张或不自信，而且会干扰他人的注意力，给人留下不好的印象。

## 五、面试后沟通礼仪

面试结束后，每个求职者最想知道的就是自己的面试结果。那么什么时候询问，怎样询问比较合适呢？

### （一）写信致谢

面试结束后，如果不能及时知道结果，那么过几天可以给用人单位或面试人员写信致谢，这样不仅可以体现求职者对单位的重视，而且可以表达对面试人员的尊重，还可以提醒单位想到求职者。

### （二）电话咨询

写信致谢后，求职者还可以过几天再打电话咨询。打电话一定要符合电话礼仪要求，询问要有礼貌，说话要委婉，不可咄咄逼人，更不可表达不满情绪，即使被告知没有被录用，仍然要表示感谢，并表达希望有机会被贵单位录用的意愿。

面试对求职者来说是非常重要的环节，面试有讲究，礼仪应注意。除了专业能力，礼仪修养也是面试考察的重要方面。求职者在面试过程中自觉遵守面试礼仪，会使面试结果事半功倍。

# 第三节　职场工作礼仪

职场女性如果想要在职场获得好人缘，获得更多人脉，并使工作更顺利，就必须学习并遵守职场礼仪。

## 一、电话礼仪

在信息发达的现代社会，电话成为人们日常生活、工作必不可少的通信工具。随着手机功能日益增多，一部手机几乎可以搞定所有事情，手机不离身成为人们的现状，因此出现了各种各样的社会问题。讲究礼仪地打电话并没有想象中那么容易，无论是接听电话还是拨打电话都有很多礼仪规矩。电话礼仪成为现代职场礼仪的重要组成部分。

## （一）使用固定电话的礼仪

通常，办公室都会有固定电话，用于办公室与外界的联络。比较大型的公司或企业还会有专门的电话服务台。无论是办公联络还是电话服务，电话礼仪越来越规范，越来越重要。电话礼仪包括接听电话和拨打电话两个方面。

### 1. 接听电话的礼仪

接听电话最重要的是第一声。优美的第一声就像给人的第一印象一样，十分重要。换位思考，当我们打电话给某单位，若一接通就能听到对方亲切、优美的招呼声，心里一定会很愉快，从而对该单位的印象会比较好，这样双方的对话更容易顺利展开。接听电话时，"铃响不过三声"，即尽量在铃响三声之内接听，并自报家门说："你好！这里是××公司。"办公室工作人员接听电话时应有"我代表单位形象"的意识。

接听电话时要迅速、准确。由于现代工作人员业务的需要，桌上往往会有两三部电话。当听到电话铃声响起时，我们应准确、迅速地拿起听筒。电话铃响后，若长时间无人接听电话，或让对方久等之后接电话都是很不礼貌的，对方在等待时心里会十分急躁，这样会给对方留下极坏的印象。即便电话离自己很远，但当听到电话铃声响起后，附近没有其他人时，我们应该用最快的速度拿起听筒，这样的习惯是每个办公室工作人员都应该养成的。如果电话铃响了五声才拿起话筒，应该先向对方道歉："对不起，让您久等了。"要是让对方久等了却只是很冷淡地"喂"一声，很容易给对方留下十分恶劣的印象。

接听电话的过程中，要认真对待，不能三心二意。绝对不要一边接听电话一边吸烟、喝茶或者吃零食，更不能在接听电话的时候和旁边的人说话。通话时，要专注地与对方交谈，要专心致志、一心一意。接听电话时还要注意个人电话形象，坐姿要端正，若弯着腰躺在椅子上，对方听你的声音就是懒散的、无精打采的。因为即使是隔着电话，对方也能通过你的声音听出你是否给予他足够的关注与尊重。同样，办公室的工作人员最好在接听电话时尽量保持喜悦的心情。接听电话时，我们如果保持良好的心情，那么即使对方看不见你，但是从欢快的语调中也会被你感染，从而对你留下极佳的印象。面部表情会影响声音的变化，因此即使在电话中也要抱着"对方看着我"的心态去应对。接听电话时，说话的声音要尽量清晰悦耳，吐字要清楚，语调应平和，音量要适中，以对方听清楚为宜。如果因为信号不好或其他的原因而不能让对方听清楚自己的声音，那么可以选择换一个合适的时间再重新通话。

办公室人员接听电话需要认真清楚地做通话记录，并及时转达给相关人员。上班时间打来的电话几乎都与工作有关，公司的每个电话都十分重要，不可敷衍。接听电话时，一定要弄清楚对方来电的目的，尽量弄清楚每一个细节。如果没有听清楚，那么可以礼貌地让对方重复。重要内容要简明扼要地记录下来。电话记录既要简洁又要完备，这些资料在工作中都是十分重要的。转接电话时，应先问清对方所说的话，再将电话转给另一方。即使对方要找的人不在，切忌只说"不在"就把电话挂了。对方要找的人不在，如果有必要的话，那么可以主动问对方需不需要转达或者回电话。

当结束电话交谈时，一般应当由打电话的一方提出，然后彼此客气地道别，说一声"再见"再挂电话。挂电话时，一般要先等地位高的人、长者或受尊敬的人先挂机，然后另一方再挂断。不可只管自己讲完就挂断电话。

另外，接听电话时，万一遇到掉线的情况，要及时拨回去，当这个电话再次接通之后，要说明情况并表示歉意，不要让对方误会你有意不听对方电话。

**2. 拨打电话的礼仪**

除了以上接听电话的基本礼仪外，还要懂得拨打电话的基本礼仪。给别人拨打电话时，除了要遵循前面接听电话过程中所应该注意的礼节外，还需要注意以下几点：

给人拨打电话要选择恰当的时间。一般的公务电话最好在上班半个小时后、下班半小时前拨打，这是因为上班后半小时之内工作人员往往还没有进入工作状态，而下班前半小时工作人员急于下班，很可能达不到你拨打电话的目的。此外，给亲朋好友或同事拨打电话时，应避开吃饭和休息的时间，特别是早七点前、晚十点后。因为每个人的生活习惯不同，不要因为你的电话影响别人休息。另外，注意给海外人士拨打电话时，要考虑时差问题。

拨打电话的语言要尽量简洁明了，掌握"三分钟原则"。一般给其他公司企业拨打电话时，要先道明自己是谁，为何给贵单位打电话，所为何事。语言尽量要精简明了，通话时间要简短，主次分明，不要"公话私聊"。此外，如果拨打电话时发现拨错号码，就应该马上说："对不起，打扰了"，并向对方道歉。另外，借用别家单位电话拨打电话时应注意，一般不要超过十分钟。遇特殊情况，非得长时间拨打电话时，应先征求对方的同意和谅解。

**（二）使用移动电话的礼仪**

随着移动电话的普及，人们对移动电话也有了一些礼仪规范，具体的内容可以分为以下几个方面：

**1. 放置移动电话要选择恰当的位置**

在一切公共场合，移动电话在没有使用时，都应该放在合乎礼仪的常规位置。放移动电话的常规位置可以是随身携带的公文包，也可以是上衣的内袋。但是一般不要将移动电话别在腰上或挂在脖子上，这样既不雅观也不安全。另外，如果正在和客户聊天，那么移动电话不要放在桌子上，以免铃声打扰客户。

**2. 使用移动电话要选择恰当的场合**

由于移动电话的可移动性，我们几乎可以把移动电话带到任何地方使用，可是在不同的公共场合中，需要注意一些使用移动电话的礼仪。比如，出于对公事的重视，我们在会议中或和别人洽谈的时候，最好的方式还是把移动电话关掉，不然也要调到静音状态。出于对别人的尊重，在图书馆、剧场、电影院以及医院等公共场所，关掉移动电话或是把移动电话调到震动状态也是必要的。出于安全的考虑，开车中、飞机上或者在加油站等会因使用移动电话而引起安全事故的场所，要关闭移动电话，这样既是对自己生命的珍惜，也是对别人生命的负责。即使和朋友一起出去吃饭，在餐桌上关掉移动电话或把移动电话调到震动状态也是必要的，避免正吃到兴头上的时候，被一阵烦人的铃声打断。在十字路口或楼梯口等人员流动密集的地方不接打移动电话，以免影响别人通过。在保密会议场合或考场，一定要关掉移动电话，并把移动电话放到室外指定地点。

**3. 接打移动电话时要使用恰当的方式**

一方面，接听移动电话和接听固定电话一样，要认真对待，要考虑到声音清晰、语言简洁等方面。另一方面，由于移动电话的可移动性，需要考虑其他一些特殊的方面。首先，接打移动电话除了要考虑通话对方可以清楚听到你说的话外，还要考虑你说话的声音不会影响到你周围其他人。即使是公共场合，如楼梯、电梯、路口、人行道等地方，也不可以旁若无人地使用移动电话，应该把自己的声音尽可能地压低一下，不大声说话。就算是在吵闹的地方如公交车上大声地接打移动电话也是失礼的行为。如果周围环境很吵，不适合通话，那么可以告诉对方，选择其他时间再打。

**4. 注意移动电话铃声的设定**

移动电话应选择健康、音量合适的铃声。现在有不少人，特别是年轻人喜欢使用彩铃，有些彩铃很搞笑，或很怪异，与千篇一律的铃声比较起来，确实有独特之处。但是，彩铃是给打电话的人听的，如果需要经常用移动电话联系业务，那么最好不要用怪异或格调低的彩铃，以免影响你的形象和单位的形象。

使用移动电话编辑短信时，短信的内容选择和编辑上应该和通话语言一样重视。因为通过你发的短信，意味着你赞同至少不否认短信的内容，同时反映了你的品位和水准。因此，不要编辑或转发不健康的短信，特别是一些带有讽刺伟人、名人甚至是革命烈士的短信。保密单位更要注意避免短信泄露机密。

## 二、传真礼仪

### （一）商务传真使用礼仪

**1. 必须合法使用**

国家规定，任何单位或个人在使用自备的传真设备时，均须严格按照电信部门的有关要求，认真履行必要的使用手续，否则即为非法之举。具体而言，安装、使用传真设备前，须经电信部门许可，并办理相关的一切手续，不准私自安装、使用传真设备。安装、使用的传真设备，必须配有电信部门正式颁发的批文和进网许可证。如果要安装、使用自国外直接带入的传真设备，那么必须首先前往国家指定的部门进行登记和检测，然后到电信部门办理使用手续。使用自备的传真设备期间，按照规定，每个月都必须到电信部门交纳使用费用。

**2. 必须得法使用**

使用传真设备通信，必须在具体的操作上力求标准而规范，不然，也会令其效果受到一定程度的影响。本人或本单位所用的传真机号码，应被正确无误地告之自己重要的交往对象。一般而言，在商用名片上，传真号码是必不可少的一项重要内容。对于主要交往对象的传真号码，必须认真地记好，为了保证万无一失，有必要在向对方发送传真前，先向对方通报一下。这样做，既提醒了对方，又不至于发错传真。发送传真时，必须按规定操作，并以提高清晰度为要旨。与此同时，要注意传真内容简明扼要，以节省费用。单位所使用的传真设备，应当安排专人负责。无人在场而又有必要时，应使之处于自动接收状态。为了不影响工作，单位的传真机尽量不要同办公电话采用同一条线路。

**3. 必须依礼使用**

商界人员在使用传真时，必须牢记维护个人和所在单位的形象问题，必须处处不失礼数。发送传真时，要先给对方打电话，表达必要的问候与致谢。发送文件、书信、资料时，更要谨记这一条。出差在外，有必要使用公众传真设备，即付费使用电信部门所设立在营业所内的传真机时，除了要办好手续、防止泄密之外，对工作人员也须依礼相待。人们在使用传真设备时，最看重的是它的时效性。因此，在收到他人的传真后，应当第一时间拨打电话告知对方，以免对方惦念。需要办理或转交、转送他人发来的传真时，千万不可拖延时间，耽误对方的要事。

**（二）商务传真礼仪禁忌**

发送传真时要注意语言，要礼貌不要生硬，不要说："给我信号，我要发传真"，或者没有在传真上注明是给某某部门和某某人的情况下，说："传真是给某某的"，不给对方留出记录的时间就挂断电话，这样会使对方因为匆忙没有记牢而无法送达的情况出现。接收传真时，当对方不能准确说出要发送传真的部门和个人就武断地说："公司没有这个人"，并挂断传真电话，粗暴地拒绝接收传真，这样做的后果不仅会破坏公司形象，而且可能会打消对方想诚心商务交往的想法，从而失去合作的机会，耽误大事，甚至造成严重的损失。收到传真之后，要给对方电话回复，以便对方确定传真发送成功。

## 三、职场介绍礼仪

介绍是职场最常见的重要礼节之一，它是初次见面的双方开始交往的起始。介绍在人与人之间起到很好的桥梁作用。掌握正确的介绍礼仪是职业素养要求的必备能力。

**（一）介绍他人**

关于介绍礼仪，第五章已经阐述。介绍他人一般由熟悉双方的第三人充当介绍人，介绍时应该遵循"尊者有优先知情权"的原则。

## （二）自我介绍

在不同场合，遇见不认识自己的人，在场又没有介绍人，就应该做自我介绍。介绍时可以先向对方微笑点头示意，然后说："您好！我们认识一下吧！我是某单位某某，久闻大名，很荣幸认识您！"自我介绍一定要简洁，不要太啰唆，更不要自夸，否则容易引起对方的反感。

无论是介绍他人还是自我介绍，介绍姓名时，一定要口齿清楚，发音准确，否则会使对方误听，记错名字。

## 四、职场握手礼仪

握手时，应伸右手，手不能湿、不能脏，忌戴墨镜、手套，忌交叉握手，中间不能有障碍物。握手应注意保持一米距离，目光恰当，面带微笑，让对方有被尊重的感觉。

1. 顺序恰当。尊者先伸手，职务高者先伸手，女士、年长者先伸手。

2. 握位恰当。掌心不能向下。异性握手虎口打开 45°，轻握女性的手指部位；同性握手掌心相对，虎口开满。

3. 时间恰当。控制握手时间，在 3～5 秒之间，最少停留 3 秒。若想表示真诚、热烈的心情，可以适当延长握手时间，同时可上下摇晃几下。但不要长久握着对方的手不放。

4. 力度恰当。不能过于用力，控制好力度，体现自己的谦卑、热情的态度。

5. 互相寒暄。迎接客人时，接待方应先伸出手，表现对客人的欢迎、尊敬，适时介绍、寒暄；与客人分别时，客人应先伸出手，以示告别。

6. 眼神交流。握手时，一定要看着对方的眼睛，彼此要有眼神的交流，不可边握手边左顾右盼。

7. 由近及远。与多人握手时，应该由近及远地握手，不可越过身边的人与远处的人握手；如果知道尊卑关系，可以先和尊者握手。

## 五、职场名片礼仪

名片的使用历史悠久，古代叫"谒"，后来叫"名刺"，其中包含着深厚的礼仪文化。职场女性一定要了解名片礼仪文化，善于用名片建立人际关系。

递送名片：主动将自己的重要信息告诉对方，站立对正，上身前倾，手握名片两端，字的正面朝向对方，双手捧递，齐胸送出，清楚报名，说寒暄语。

接收名片：感谢对方信任，立即起立，面向对方，双手捧接，齐胸高度，认真拜读，做到头动、眼动、嘴动，表示感谢，存放得当。注意事项：接到名片后要收放到合适位置，不要在手中把玩名片，不能将名片压在水杯、烟缸之下，这样会使对方有不被尊重的感觉。

递送名片的顺序是卑者主动先递名片。同级之间应该是等男性递送后，女性再递送。其他礼规在第五章已阐述，在此不再赘述。

## 六、公务接待礼仪

当今社会，随着经济全球化的发展，国内外的政务、商务活动日益频繁。在政务、商务活动中，掌握相应的接待礼仪至关重要。良好的公务接待礼仪既可以维护公司的形象，又直接影响着公司的经济效益。在政务、商务接待活动中，如果能够合理应用接待礼仪的相关礼规，那么会产生事半功倍的效果，进而实现预期的目标。

我国是礼仪之邦，十分注重礼节。在政务、商务交往中，我们不仅要做到以礼待人，而且要掌握礼仪艺术。要想做好政务、商务接待工作，接待人员必须强化自身的专业礼仪知识，遵循相应的礼仪规范。接待人员合理运用接待礼仪，必然会给拜访客人留下深刻的印象，并对后面业务交往的全面展开起到重要作用。成功的接待，不仅可以体现接待人员的内涵与公司形象，还可以体现公司的服务宗旨和文化理念，甚至会给公司带来意外惊喜。公务接待礼仪与社交接待礼仪有重叠相同的部分，但也有区别，公务接待更加严肃，其接待礼仪要求更加严格，接待流程更加具体明确。

### （一）公务/商务礼仪接待流程

#### 1. 接待前的准备

（1）对客人基本信息的了解。接待人员应明确来访人员的主要意图、来访日期、到达时间、会见地点等，要全面具体地掌握来访人员的基本情况，包括姓名、人数、国籍、信仰等，最好能了解主要客人的性格、爱好等。总之，了解越多对今后的交流越有利。

（2）接待人员的安排。根据来访人员职务等级的不同，制订相应的接待规格，合理安排每个环节中对应的接待专员。接待人员应具备良好的心态，适当运用接待礼仪技巧，提前做好应对措施，遇到突发事情做到不慌、不乱、不急。

（3）接待方案的制订。根据掌握的资料，确定相应规格的接待方案，流程细化，分工明确，专项专人。如果涉及需要与其他部门配合完成的工作，需要提前做好沟通。把礼仪落实到商务接待工作的每个环节，彰显专业性、规范性、系统性。

（4）环境设施与物资的准备。接待人员要对接待中涉及的场所提前做好准备工作，要对客人的居住环境、会客室、会议室等进行合理布置，保持空气清新。各接待场所的色彩搭配要和谐，温度、温度要适宜，整体给人舒适感。接待人员调试要使用的相关设备，确保能正常使用，还要反复核对桌签、会标，避免有误。

**2. 接待时的注意事项**

（1）迎宾。迎宾人员一般提前 15 分钟左右抵达目的地，不得迟到，否则会给对方留下不好的印象。迎宾人员见到客人时，应热情主动、亲切问候，表示欢迎对方的到来。迎客时要掌握以下几点。

时机要适当。迎宾人员在恰当的时候向对方打招呼，会让对方感到自然且亲切。适时的赞美会让人听起来悦耳。当客人抵达预先安排的住所后，迎宾人员应控制停留时间，让客人早点休息，在离开时，要将之后的时间安排、会面地点等信息告知客人。

使用适当的语言。迎宾人员在接待客人时，要在称呼方面格外注意，正确使用礼貌用语，保证讲出的话与当时的环境相适应，彰显个人的综合素养。

表现得体。迎宾人员在与客人交谈时应注意礼仪：合适的距离、恰当的眼神与微笑、自然得体的举止。迎宾人员在接待客人时，应注意使用接待礼仪中的握手礼、介绍礼、名片礼等。

（2）引导。引导人员在接待指引客人抵达相应场所的过程中，要采用专业的引导手势，保证礼仪姿势的端正。

走廊引导：以右为尊，语言提示，动作自然。引导人员应该与客人保持 2、3 步的距离，尽量保持步调的协调一致，让客人有被尊重的感觉。

楼道引导：以高为尊，以右为尊，相隔有度，安全为重。如果要上楼，那么应该让客人在前 1、2 台阶；下楼的时候，引导人员应走在客人前面。若引导人员为男士，要始终走在客人之前。在上下楼梯过程中，引导人员要让客人有安全感。

电梯引导：专梯时，引导人员应先进入电梯；梯内有人时，引导人员应指引客人先进入电梯。引导人员右手按住开键、左手挡门边，当客人进入电梯站稳后，再将电梯门关闭。电梯行进中，引导人员与客人斜侧占位，到达指定楼层时，按住开键，让客人先走出电梯。引导人员在引导过程中要让客人有被照顾的感受。

会客厅引导：引导人员引导客人走入会客厅，并做出相应指示，指引客人坐下。等到客人坐下后，引导人员要行点头礼并后退 2 步再离开。

**3. 乘车及乘车路线**

在接待之前，应制订合理路线图，选择适合的交通工具。注意：不同车型，客人乘车座次也有所不同。

（1）五座商用车：由司机驾驶时，为客人优先提供后排右侧座位，其次是后排左侧座位，最后是副驾驶座位；由接待人员驾驶时，为客人优先提供副驾驶座位，其次是后排右侧座位，最后考虑后排左侧座位。后排中间的座位，不适合安排给客人。

（2）七座商用车：由司机驾驶时座次顺序为后排右侧座位→后排左侧座位→

后排中间座位→中排右侧座位→中排左侧座位→副驾驶座位；由接待人员驾驶时座次顺序为副驾驶座位→后排右侧座位→后排左侧座位→后排中间座位→中排右侧座位→中排左侧座位。

（3）多排座车：由专门司机驾驶，位次原则如下：右为上，前为上，近门为上。

另外，开车司机身份不同，座次也不同，如果是专职司机，那么后排右侧座位为上座；如果驾车司机是单位领导或主人，那么副驾驶座位为一号座，详见第五章乘车礼规。

**4. 会见与谈判座次**

在会谈中，根据具体情况选择相对式或并排式座次。适用原则为常见谈判与会见，主客双方面对面；面门门右都是客，主方背门或左边；国际通行右为上，国内机关尊左边；单数首先定中心，双数首先画中线。

**5. 奉茶与交谈**

我国的接待习惯主要以茶水待客为贵。接待之前，应选择适合的茶具和茶叶，并安排专门的奉茶人员做好沏茶、倒茶、奉茶及蓄水的相关事宜。相关服务人员要做到操作轻、走路轻、说话轻，倒茶不可太满，倒七分满即可，并及时关注会谈人员喝水情况来调整续茶时间。

**6. 送客**

送客时，主客彼此相互馈赠比较常见。主人应提前了解对方的喜好，挑选合适礼品，并做好细致的外包装，体现主人心意，增进双方感情。送别时，要热情有礼，依接待等级选择相应的送客规格。送客一定要送到看不到客人身影方可离开。

**7. 接待后联系**

完成接待后，应适时与客人进行信息及电话回访，对客人所赠送的礼品表示感谢。接待方应召集相关接待人员根据本次接待情况进行系统的会务总结，为下次的接待工作做经验积累。

**（二）公务接待注意事项**

**1. 接待人员的着装**

接待人员的服装应统一要求，着得体正装，简洁大方，不标新立异，最好与接待活动主题相匹配，着黑色制式皮鞋。女性在正式场合穿着不宜过紧、露、透、花、乱、夸张等，如穿套装裙，需要内穿肉色长筒袜，鞋跟高度为5厘米左右。

**2. 接待时间**

接待人员要提前做好时间的安排，如需要接机、接站等，要耐心等候，迎接客人，不得迟到，应注意接待中每个环节的时间把控与连贯，专人专事，落实责任人，尽量给客人留下周到、严谨的良好印象。

**3. 接待方案宜细不宜粗**

在职场中，接待是一项重要工作内容。接待，可以充分体现公司文化、管理理念。因此，一次成功的接待活动必须制订详尽的接待方案，使接待工作做得精细、精心、精准，确保接待过程万无一失。接待无小事，稍有不慎，就会出现纰漏，给对方留下不好的印象，甚至会影响到双方的合作。因此，接待方案制订得详细周全，可以为双方的进一步交往打下基础，进而推动双方顺利沟通合作。

## 七、公务拜访礼仪

拜访又叫拜会，是指前往他人的工作单位或住所探望对方，从而进行接触与沟通。不论是公务交往还是私人往来，拜访都是社交中人们最常用的社交活动。公务拜访比一般的社交拜访要更正规，更严肃，需要严格遵循礼仪规范。公务拜访一般是在工作场所的业务拜访。

### （一）选择合适拜访时间

公务拜访的时间尽量避开对方业务繁忙的时间或生理倦怠期，如一般周一常常会比较忙，而周五一些人已经在为即将到来的周末做准备，拜访如安排在这些时间，会给对方带来不便。拜访客户适宜时间：一是对方心情很好的时候，但这点不太可控，如果拜访时发现对方情绪不好，那么可以尽快结束拜访；二是对方不太忙碌的时间，要避免在刚上班的时间、午休或下班前去拜访，尤其不要在下班前去拜访对方，因为你的这种莽撞行为可能会耽误对方需要办理的私事；三是双方合作的工作告一段落的时间，这是你前去拜访的最佳时段，因为在这个时段对方比较放松，往往能够坐下来和你好好交谈。

### （二）有约在先

约定拜访时间是拜访的第一步。约定强调的是不能贸然拜访，而是要依约前往。与客户约定时间时，要以对方的时间为准，在对方方便的时候拜访，可以充分体现对对方的尊重，这样在未见面时就会先给对方留下较好印象。约定会面，除了定出拜访日期和时间外，还应告知对方将要商谈事情的概要，避免到时重点不明，浪费彼此时间；要将前往拜访的人数、姓名、职位等告诉对方，以便对方安排会客相关事务。

### （三）准备拜访物品

拜访前一天就应准备好文件资料、名片及必要的笔、纸张等用品，以免出发前手忙脚乱或丢三落四，还可准备一些有特色的小礼品，合适的礼品能体现一片诚意，让对方产生好感，有利于接下来的交谈。

### （四）确认拜访

拜访前应打电话再次确认，特别是在预约时间离会面时间比较久的情况下。

应该在约定时间的前一天打电话加以确认，这样可以避免对方因为业务繁忙而忘记与你约定的情况，也可让对方对你留下细致有礼的好印象，从而使自己处于主动地位。

### （五）修饰仪表

为了表达尊敬他人和自重之意，整洁干净的仪表是不可或缺的。拜访之前，应该充分重视自己的形象，整理妥当后再前往。整洁干净的仪表彰显的是对对方的敬意和尊重，同时可表明自己对拜访的重视。衣着要大方得体，女性可以穿套装套裙，不要穿时装。女性尽量把头发束起来或盘起来，短发也不要让头发挡住眼睛，这样显得端庄稳重。

### （六）如约而至

双方约定了具体的会面时间，拜访者应该按照约定时间如约而至，如果确有特殊原因导致拜访不能成行，应及早向对方致歉并说明原因，取得谅解，避免打乱对方的安排。如果约定的时间是9：00，那么应该在8：50到达。预留的10分钟是用来搭电梯或走楼梯、整顿服装仪容的时间，因此最好能在守时的前提下早到几分钟。千万不要迟到，这是最为失礼的行为，也会让对方产生"连事先约定的时间都不能遵守，不足为信"的印象。如果确实有紧急的事情，要及早通知拜访的对象，说明原因并争取他的谅解，尽量不要用如堵车、生病、家里有事等理由。不要过早到达，这会造成因对方没有做好准备或还忙于其他事情的尴尬。在进入拜访地点之前，要做好以下自我检查工作：第一，确认是否带齐了谈话中可能涉及的资料；第二，确认资料摆放的顺序在出示时是否方便；第三，因为见面之后要彼此交换名片，所以需要再次确认名片是否准备妥当。

### （七）进门守礼

不能闯入别人的工作场所，不管是否开着门，都要先轻叩房门2、3次，得到允许方可入内。如果对方正在开会或有其他客人，就应该自动退在门外等候，而不应站在一旁或在门口走来走去，妨碍他人。

如果初次拜访，那么应向接待人员进行自我介绍或递交名片，请求与会见者见面。若已事先约定，则应提及双方约定之事，让接待人员明白来意。见到对方应该热情问好，若房内有其他人员，则应礼貌寒暄或点头致意。

对方未请入座前不要随便入座；对方请坐后，要按指定的位置入座。如果请你随意入座，要注意尽量不要坐他人的办公座位，以免影响他人正常办公。对后到的客人应起身相迎，等待介绍或点头致意。对方上茶时，要起身双手迎接并热情致谢。

打招呼和谈话时嗓门不要太大，以免影响他人。当对方站立说话时，你也应该站立起来说话，以示尊重，站的时候不要倚靠在别人的办公桌上。

记住"非礼勿听，非礼勿视，非礼勿动"。不要故意偷听对方与他人的交谈；未经允许，不要随意翻阅对方的资料，这种行为会令对方对你产生厌恶的情绪；

不要碰触别人的任何东西，包括电子产品，尤其是电脑，因为电脑中可能会存有机密性资料，你的触动还可能将其中的档案和程序弄乱。除非对方有安排，否则不要随意参观。

### （八）适时请辞

到工作场所拜访，一般都是在工作时间。因此，拜访时间不宜过长，一般控制在15～30分钟之间。如果拜访时间过长，就会耽误对方的其他事情，因此要适可而止。见对方有倦意或流露出"厌客"之意，应知趣地果断告辞。如果对方请你留下用餐，那么餐后不宜马上离开，应在饭后停留一会儿再走。

告辞时，要真心诚意地跟对方说"感谢你们！感谢你们今天的招待！耽误你们的时间了！""打扰了"等话语。致谢时，切忌使用过于夸张的语言动作。告辞时，如果有其他客人在场，那么也要和他们一一告别。

出门后，请对方留步，不必远送。握手道别时，可说"拜托了""谢谢了""麻烦了""留步""再见"等礼貌用语。如有意邀请对方回访，就可在与对方告别握手时提出邀请。

### （九）过后感谢

好的结束和好的开始同样重要，拜访过后的一张感谢函有利于给对方留下好印象，为将来的合作打下良好基础。

## 八、会务礼仪

职场女性经常会遇到安排会议的工作任务。安排会议很重要的一个环节就是安排座次，因此职场女性需要掌握会务座次礼仪。

### （一）座次排定

1. 环绕式。环绕式排位，就是不设立主席台，把座椅、沙发、茶几摆放在会场的四周，不明确座次的具体尊卑，与会者入场后自由就座。这一安排座次的方式，与茶话会的主题最相符，也最流行。

2. 散座式。散座式排位，常见于在室外举行的茶话会。它的座椅、沙发、茶几四处自由地组合，甚至可由与会者根据个人要求而随意安置。这样容易创造出一种宽松、惬意的社交环境。

3. 圆桌式。圆桌式排位，指的是在会场上摆放圆桌，请与会者在周围自由就座。圆桌式排位又分下面两种形式：一是适合人数较少的，仅在会场中央安放一张大型的椭圆形会议桌，请全体与会者在周围就座。二是在会场上安放数张圆桌，请与会者自由组合。圆桌式会议座次一般以门为参考物，如果是南北向的门，客方面门而坐，主方背门而坐，位高者居中，其次右为上；如果门在侧面，那么主方在右侧，客方在左侧。

4. 主席台式。主席台式排位，指在会场上，主持人、主人和主宾被有意地安排在一起就座。主席台上位高者居中，左为上。

## （二）发言礼仪

会议发言有正式发言和自由发言两种，前者一般是领导报告，后者一般是讨论发言。正式发言者，应衣冠整齐，走上台应步态自然，站姿端庄，表情自然，表现出胸有成竹、自信自强的风度与气质。发言时应口齿清晰，讲究逻辑，简明扼要。如果是书面发言，那么要时常抬头扫视一下会场，不能低头读稿，旁若无人。发言完毕，应对听众的倾听表示谢意。

自由发言则较随意，应要注意，发言讲究顺序和秩序，不能争抢发言；发言应简短，观点应明确；与他人有分歧，应以理服人，态度平和，听从主持人的指挥，不能只顾自己。

若有会议参加者对发言人提问，则应礼貌作答，对不能回答的问题，应机智而礼貌地说明理由，应认真听取提问者的批评和意见，即使提问者的批评是错误的，也不应失态。

## （三）与会礼仪

作为职场中人，一定要养成顾全大局的习惯。参加会议之前，要做好准备。开会前，如果临时有事不能出席，必须告知办会方。参加会议前，要多听取领导或同事的意见，做好参加会议所需资料的准备。开会的时候，如果需要发言，那么应简明扼要地发言。在听其他人发言时，如果有疑问，要通过适当的方式提出来。在别人发言时，不要随便插话，破坏会议的气氛。开会时不要说悄悄话和打瞌睡，更不能玩手机。没有特别的情况，不要中途退席，即使要退席，也要征得主持会议的人同意，轻手轻脚，不影响他人。要利用参加会议的机会，与各方面疏通，建立良好的人际关系。

会议参加者应根据会议要求进行穿着，做到衣着整洁，仪表大方；准时入场，进出有序，依会议安排落座。发言人发言结束时，应鼓掌致意。

## （四）主持礼仪

各种会议的主持人，一般由具有一定职位的人来担任，其礼仪表现对会议能否圆满成功有着重要的影响。

1. 主持人应衣着整洁，大方庄重，精神饱满，切忌不修边幅，邋里邋遢。

2. 走上台应步伐稳健有力，行走的速度因会议的性质而定。

3. 入席后，如果是站立主持，应双腿并拢，腰背挺直。持稿时，右手持稿的底中部，左手五指并拢自然下垂。双手持稿时，应与胸齐高。坐姿主持时，应身体挺直，双臂前伸，双手轻按于桌沿。主持过程中，切忌出现搔头、揉眼、抖腿等不雅动作。

4. 主持人言谈应口齿清楚，思维敏捷，简明扼要。

5. 主持人应根据会议性质调节会议气氛，或庄重，或幽默，或沉稳，或活泼。

6. 主持人面对会场上的熟人不能打招呼，更不能寒暄闲谈，但可在会议开始前点头、微笑致意。

## 九、公务乘车礼仪

乘车是公务场合中最常见的事情。职场女性应该了解在公务接待中的乘车"规矩"。

1. 主人亲自驾驶。座位顺序应当依次是副驾驶座、后排右座、后排左座、后排中座。实际的操作是这样的：如果只有一个人乘坐，就坐副驾驶座；如果正好满员，一群人都是同事关系，那么稍微胖一些的人或者女士坐副驾驶座。

2. 专职司机驾驶。座位顺序应当依次是后排右座、后排左座、后排中座、副驾驶座。从礼仪角度来看，专职司机驾驶时后排三席的等级最高。但实际执行时还是看辈分或职位最高的乘员选择。因为满员时，舒适度最高的还是前排副驾驶座。

3. 乘坐平级的车。对方开车，你就不能坐后排，以示相伴。否则，按照上面的逻辑，他很有可能会认为你把他当司机看待了。从安全角度来看，除非是领导与司机的关系，或者公司接待的关系，否则其他非特殊情况下，单人乘车时，乘员都最好坐在副驾驶座，这样既方便沟通，又安全。

4. 有领导乘坐时。副驾驶座一般也叫随员座，通常坐于此处者多为助理、译员、警卫等。领导自然后排就座。

5. 私家车座位安排原则：

(1) 后排需要让给嘉宾、领导或"关系相对远的那方"乘坐。

(2) 必须尊重客人对轿车座次的选择。

(3) 如果坐在前排副驾驶座，最好不要睡着，以显示尊重，也是为安全着想。

6. 公务乘车注意事项：

公务接待中，除了注意车辆的正常座次排列外，还需要把握以下几点：

(1) 乘坐主人驾驶的轿车时，最重要的是不能让前排空着。一定要有一个人坐在那里，以示相伴。

(2) 由专人驾驶车辆时，从安全角度考虑，一般不应让女士坐副驾驶座，孩子与尊长也不宜在此座就座。

(3) 必须尊重客人本人对轿车座次的选择，客人坐在哪里，哪里就是上座。

(4) 主人夫妇驾车时，主人夫妇坐前座，客人夫妇坐后座。如果主人夫妇搭载友人夫妇的车，就应邀友人坐前座，友人之妇坐后座。

(5) 主人亲自驾车，坐客只有一人，应坐在主人旁边。若同坐多人，中途坐前座的客人下车后，在后面坐的客人应改坐前座，此项礼节最易疏忽。

## 十、公务合影礼仪

正式场合所拍摄的合影，一般应当进行排位。非正式场合所拍摄的合影，既可以排列位次，也可以不排列位次。在合影时，所有的参与者一般均应站立。必要时，可以安排前排人员就座，后排人员在其身后呈梯级状站立。但是，通常不宜要求合影的参与者以蹲姿参与拍摄。另外，如有必要，可以先在合影现场摆设便于辨认的名签，以便参与者准确无误地各就各位。

## （一）国内合影的排位习惯

国内合影时的排位，一般讲究"居前为上""居中为上"和"以左为上"。具体来看，它又有"人数为单"与"人数为双"的分别。在合影时，国内的习惯做法通常是主方人员居右，客方人员居左。

## （二）涉外合影的排位惯例

涉外场合合影时，应遵守国际惯例，讲究"以右为尊"，即宜令主人居中，主宾居右，其他双方人员分"主左宾右"依次排开。

总之，职场是庄重严肃文明之处，不能有半点失礼行为。遵守职场礼仪，可以使职场女性获得更多尊重，使人际关系、工作氛围更加轻松和谐。职场女性可以通过良好的职场礼仪修养展示其职业素养和工作能力，从而获得更多成功的机遇。

# 第七章　国际礼仪开阔女性国际视野

随着改革开放和国际接轨，国际交流与合作日益频繁，这就要求女性人才在具备专业技能的同时，要有国际视野，掌握国际礼仪。

## 第一节　国际礼仪概述

礼仪是人们在社会交往中彼此用以规范行为、沟通思想、交流情感、互尊互敬、促进了解而形成的约定俗成的规则，是一个民族道德修养、文明程度的外在表现。虽然礼仪的共同特点是尊敬，但是由于不同民族、不同地域的不同文化背景，不同国家的礼仪规范又有差异性，因此形成了丰富多彩的国际礼仪文化。

### 一、国际礼仪的含义

国际礼仪也称为涉外礼仪，是指人们在长期的国际交往中，根据不同地区、不同民族礼仪文化的差异性，在对外国人表示友好、尊重的各种礼仪和进行各种活动和庆典的仪式中逐步形成的对外礼仪规范。改革开放以来，我国与世界各国、各地区在经济、政治、科技、文化、体育等领域的合作与交往日渐频繁，因此涉外礼仪日趋重要，一方面，它具有高度的政治性，体现着一个国家的对外开放政策；另一方面，它在一定意义上反映了一个国家的社会风尚、民族文化和文明程度。

### 二、国际礼仪的形成与发展

随着人类历史的进步以及社会经济、政治和文化的发展，人际交往日趋频繁，社会生活更加复杂化和多样化，"礼"也不断丰富和发展，因此人们在国际交往中就需要一套彼此认同的礼仪规范。

#### （一）国际礼仪的产生

"礼"是上层建筑的一部分，它的发展以物质生产为基础。有一些礼节是在社会文化生活和相互交往中逐渐演变而来的。比如，国际通用的握手礼，传说是西方中世纪骑士相互格斗，势均力敌时，作为和解的表示。他们会把平时持剑的右手伸向对方，握手言和，而这演变成今天的一种国际通行礼节。

人类进入阶级社会，建立了"国家"之后，"礼"的发展也达到一个新的阶段。这时候，"礼"已不仅是个人之间交往的"私人礼节"，而且成了国家统治的一种手段。统治阶级为了巩固自己的统治地位，建立并稳定自己的统治秩序，规定了许多礼节条文，要求本阶级的成员严格遵守。统治阶级内部的关系一稳定，他们对全社会的统治也就比较稳固了。因此，过去在外国，"礼（Etiquette）"也往往意指上流社会中的行为规范或宫廷礼仪，以及官方生活中的公认准则。

在历史上，不同的国家制定了相应的礼仪规范。不论是中国、古希腊、古罗马，还是古印度、古埃及，都形成了具有各民族特点的礼仪。无论是古希腊、古罗马的诗歌，还是古埃及的墓葬壁画，其中都有关于古代礼仪的描述。它们生动地反映了不同国家、不同时期的文明习俗，是人类文化的宝贵财富。

由于国家的产生，也就有了国与国之间的交往。国家之间的交往也需要一定的规范与准则，于是就产生了国际礼仪。国际礼仪是国际交往中的一种约定俗成的行为规范，它在一个国家本土礼仪规范的基础上又发展了一步，并逐步为大多数国家所公认和接受。

### （二）国际礼仪的发展

在中国，唐朝的经济与文化空前繁荣，国际交往十分频繁，因此中国的礼仪文化也传播到了海外，从而对国际礼仪产生深刻影响。在欧洲，国际礼仪也有悠久的历史。古希腊就有"优遇外侨"的制度和职司礼宾的"外侨官"；古罗马则有"礼待客卿法"。到了17世纪以后，随着商品经济的发展，各国交往迅速增加，欧洲多国纷纷制定相应的礼仪与礼节，这对现代国际礼仪的发展产生了较多的影响。

如上所述，无论在东方，还是在西方，各国在长期交往的过程中，已经形成了许多国家间通行的国际礼仪。现代的国际礼仪正是历代国际礼仪的延续和发展。礼仪习惯的演变，以及国际关系迅速、广泛、深入的发展，使国际间过去通用的礼仪形式也发生相应的变化，从而形成了一套现代的国际礼仪。

现代国际礼仪，就其内容而言，包含国际交往中的日常交际礼节、典礼仪式、外交礼遇、外交特权与豁免等方面。其中，有的已形成国际公约，如《维也纳外交关系公约》涉及的有关内容已具有法律效力，在国际上有约束力，而其余大部分内容则是在各国相互交往中"约定俗成"的，并逐步成为国际惯例，为各国所承认和接受。

### 三、国际礼仪的特点

由于自然地理、人文历史等方面的影响，各国、各民族对礼仪的认识存在差异。长期的国际交往逐渐形成了一套外事礼仪规范，也叫涉外礼仪，即不同地区的人们在参与国际交往时所遵守的惯例规范或行为准则。

现代国际礼仪，一般有一定的惯例，但各国也会根据本国、本民族的传统和风俗习惯做出调整，有一定的独特性。我们在涉外交往中除了应发扬我国礼仪之邦的优良传统外，还应尊重其他各国、各民族的礼节风俗，要做到不卑不亢。归纳起来，涉外礼仪中的基本特点包括以下几个方面。

**（一）相互尊重**

国际礼仪必须以相互尊重、主权平等为基础。现代的国际关系，应当是完整的主权国家之间的关系。对于不同国家、民族、地区的不同风俗习惯，均应给予尊重。现代国家，不论大小强弱，主权应当一律平等。因此，现代的国际礼仪也应当能体现这种主权国家间平等的相互关系。同时，各国相互之间也应注意遵守社会规范、公共道德。

**（二）创新变通**

由于国际环境、条件的变化，国家之间除了双边关系的发展外，多边往来急剧增加的趋势十分明显，这使礼仪在做法方面也出现了许多新问题，我们必须不断创新变通。

**（三）内涵丰富**

国际礼仪的内涵丰富，包括政治外交、经济贸易、文化教育、军事国防以及民间往来等各个方面。各个层次的国际往来也都通过一定的礼仪形式进行活动。因此，随着国际经济贸易的发展，为了应对国际交往与合作带来的大量国际事务，许多公司、企业都设有专职礼仪人员或公关部门。

**（四）讲究实效**

国际间的礼仪活动更加讲究实效，活动的形式更加多样化，具体安排更加灵活。例如，国家领导人之间的实质性会谈更加受到重视；日程安排更加紧凑合理；参加宴会的人数有所压缩；宴会上发表正式讲话的次数有所减少；相互访问的代表团人数注意控制；生活接待更加注意安全、舒适，减少铺张浪费；等等。

特别值得一提的是"礼仪简化"问题，由于国际交往和活动的急剧增多，繁文缛节势必成为人们不堪负荷的重担。因此，外交礼仪简化在国际上成了一种必然的趋势，是提升国际礼仪时效性的重要手段。

# 第二节　国际礼俗文化与习惯

在社会生活中，礼仪无处不在。从国家到家庭，从内政到外交，从企业到学校，一切行业、部门、场所都会运用相应的礼仪。迎宾送客、接待出访、探亲访友、请客赴宴、逢年过节、婚丧嫁娶等，人们的一切日常生活都会遇到礼仪问题。现代国际礼仪是在我国传统礼仪和西方礼仪的共同影响下形成的。我们学习、了解中国传统礼仪和西方礼仪的形成和演变，对掌握现代国际礼仪文化有着重要的作用。

## 一、东方礼俗文化

中国是文明古国，礼仪之邦，也是东方礼俗的发源地之一。说到东方礼仪文化，不能不谈中国礼仪文化。关于中国古代礼仪文化，笔者在绪论部分已有陈述，在此重点介绍中国礼仪习俗。

### （一）中国礼仪风俗习惯

我们常谈到"礼俗"一词，其实"礼"和"俗"是有区别的。一般来说，"礼"适用于贵族之中，即"礼不下庶人"；庶人则适用于"俗"，即民俗。但是，二者又有"礼源于俗"的密切关系。《说文解字》中提到，"俗，习也。""俗"是指生活习惯。人们在不同的环境中生活，久而久之便形成了各自的习俗。古代蛮荒落后的风俗对社会产生了深远影响，公元前 11 世纪，周公吸取前朝灭亡的经验，提出了"德政"的政治纲领。其实是为统治者建立了一套全新的政治制度和系统的行为规范，这二者统称为"礼"。周公制礼是中国古代文明的重要开端，后经过孔子和荀子等先贤的发展，"礼"逐渐演化成一个庞大的体系，包括政治制度、道德标准和行为准则等。"礼"不再仅仅是对统治者的要求，而是君子，甚至是全天下人的行为标准。

风俗的转化更加复杂。儒家认为，要移风易俗，就需要"因俗制礼"，即尽可能地将现有风俗的形式及合理部分进行整理提升，注入新的精神，从而使人民被其所化。统治者通过儒家思想，一方面保留了各地的基本风俗，另一方面通过推行各种形式的"礼"来移风易俗。从周代开始，礼乐文化就成为中华文明的主要内容，并延续了 2000 多年。从"俗"到"礼"，是中国文明的一次重大飞跃，奠定了中华文明在东方文明甚至世界文明中的重要地位，这是我们的祖先对世界文化做出的重要贡献。

中国是个多民族国家，因此礼俗文化十分丰富，有二十四节气，一年又有很多节日，每个节气和节日都有丰富多彩的礼俗。不同地区、不同民族关于婚丧嫁娶、生老病死等人生重大事宜又衍生出很多礼俗，可谓风俗习惯千差万别，这就形成了中国丰富且独特的风俗习惯，而这些风俗习惯甚至影响了周边邻邦。

延伸阅读

### 中国传统节日的礼俗文化

1. 春节

春节是我国传统习俗中最隆重的节日，古人称之为元日、元正、新春、新正等。现代人们称"春节"是在采用公历纪年法之后。春节，一方面是庆贺过去的一年，另一方面是祈祝新年快乐、五谷丰登、人畜兴旺，多与农事有关。传统习俗中的迎龙、舞龙是为了取悦龙神保佑，风调雨顺；舞狮源于震慑糟蹋庄稼、残害人畜的怪兽的传说。现在，有一部分传统习俗只在小部分地区流传，有一部分习俗被逐渐淘汰，如接神、敬天等，还有一部分习俗仍广为流行，如贴春联、放鞭炮、舞龙、舞狮、拜年贺喜等。

2. 元宵节

元宵节是我国民间传统节日，也称为正月半、上元节等。元宵节的很多传统习俗沿用至今，包括赏花灯、猜灯谜、闹元宵、迎厕神。宋代开始有吃元宵的习俗。

3. 端午节

端午，又称端阳、重午、重五。端午原是月初午日的仪式，因"五"与"午"同音，农历五月初五遂成为端午节。一般认为，端午节与纪念屈原有关，人们以吃粽子、赛龙舟等活动来悼念他。端午节的习俗有喝雄黄酒、挂香袋、吃粽子、插花、挂菖蒲、斗百草和驱"五毒"等。

4. 中秋节

中秋节，又称团圆节，有赏月与祭月的习俗。月圆带来团圆的联想，使得中秋节更加深入人心。唐代将嫦娥奔月与中秋赏月联系起来后，更富有浪漫色彩。中秋节的主要习俗包括赏月、观潮、吃月饼等。

5. 除夕

除夕，原意为"岁除"，指岁末除旧布新的日子。除夕是农历年的最后一天。在这一天，人们换上带有喜庆色彩的新衣，辞旧迎新，贴春联，挂年画，贴门神，全家欢聚一堂，吃丰盛的"年夜饭"，通宵不眠，或喝酒聊天，或嬉戏游乐，谓之"守岁"。在古代传统习俗中，零点时要在院庭中拢火燃烧，古称"庭燎"，取其兴旺之意，并放出三个"冲天炮"，以求首先发达，大吉大利。

## （二）日本礼俗习惯

由于受中国礼仪文化的影响，很多日本礼仪习俗与中国的相似，但也有其独特之处。日本的见面礼仪是鞠躬，并且以鞠躬的角度区分见面的对象身份。日本非常重视送礼习俗。日本人将送礼看作向对方表示心意的物质体现。日本人无论是访亲问友，还是出席宴会都会带去礼品。一个日本家庭每月要花费 7.5％的收入用于送礼。到日本人家做客必须带上礼品，一般要包装好几层，再系上一条漂亮的缎带或纸绳。日本人认为绳结之处有人的灵魂，标志着送礼人的诚意。收礼人一般不当着送礼人的面打开礼品，这主要是为了避免因礼品的不适而使送礼人感到窘迫。送日本人礼品要选择适当，中国的文房四宝、名人字画、工艺品等最受欢迎，但字的尺寸不宜过大。日本人送礼一般不用偶数，因为偶数中的"四"在日语中与"死"同音，而且为了避开晦气，日本诸多场合都不用"四"。通常用奇数，但又忌讳其中的"九"，因为在日语中"九"的读音与"苦"相同。按日本习俗，向个人送礼必须在私下进行，不宜当众送出。日本人不喜欢绿色、荷花，而喜欢樱花、乌龟和鸭子。

延伸阅读

### 日本鞠躬礼

日本人鞠躬有个"度"，也就是鞠躬时弯腰的角度很有讲究，而且每一种特定的角度都有自身的含义。日本鞠躬礼仪最基本的有四种。

第一种是一种很轻的鞠躬礼仪：颔首轻微点头，上半身呈15°倾斜。这种鞠躬礼比较浅，一般多用于上下班问候、进入退出时、跟上级或客人擦身而过时等。因为这是一种很轻的鞠躬礼仪，稍微停下脚步轻轻地点下头就能给人一种很有礼貌的印象。

第二种是在所有场景中最常用的鞠躬礼仪，是迎送客人、拜访客户时等常用的，表示对客人和长辈的敬意。身体上半身前倾30°。行礼时，眼睛看着自己脚尖前120厘米的地方。

第三种是鞠躬倾斜角度为45°，这是一种郑重的鞠躬礼仪，多用于成人式、婚丧节日以及表示感谢、道歉时，以显示对人的尊重。

第四种是礼节性最高的鞠躬礼仪，也是最郑重的90°鞠躬，表示特别的感谢、特别的道歉，普遍用于宗教场所，也经常用于官方道歉的场面。另外，为了表达对天皇的尊敬，日本人对天皇行礼时也要行90°鞠躬礼仪。

### （三）韩国礼俗习惯

韩国的社交礼仪包括日常生活的习俗。韩国人崇尚儒教，对长辈要恭敬，如见到长者时要起立问候，和长者谈话时要摘掉墨镜，鞠躬问好。吃饭时应先为老人或长辈盛饭上菜，老人动筷后，其他人才能吃。乘车时，要给老人让座。

韩国人见面时的礼节也是鞠躬。晚辈或下级走路遇到长辈或上级时，应鞠躬问好，站在一旁，让其先行以示敬意。鞠躬礼节一般在生意人中不适用。和官员打交道一般可以握手或轻轻点一下头。

在韩国，若有拜访必须预先约定。到别人家做客应带小礼品，韩国男性多喜欢酒、领带、打火机、电动剃须刀等，女性喜欢化妆品、提包、围巾和厨房里的调料，孩子则喜欢包装好的食品。不宜送外国香烟给韩国友人。韩国人不会当着客人的面打开礼物。敬酒时用右手拿酒瓶，左手托瓶底，然后鞠躬致祝词，最后再倒酒。敬酒人应把自己的酒杯举得低一些，用自己的杯沿去碰对方的杯身。

### （四）东南亚礼俗习惯

东南亚国家的礼俗文化多有相通，以马来西亚为例，较常见的礼仪习俗如下：他们在社交上注重衣冠整洁和守时，一定要在约定时间到达，到访家中必须在进屋前将鞋脱掉，放在门口，否则会被视为失礼行为。进屋后要对主人家庭成员——问候，特别是对主人的父母和长辈。在主人的要求下，可以席地而坐，男性客人一般盘腿而坐，女性客人则屈膝侧身坐。不可歪戴帽子，没有征得主人同意不得吸烟。马来西亚人不要求客人送礼，可送些日常食品以示友好。主人对客人十分热情，且谦恭礼貌，他们会出门欢迎客人，并且喜欢挽留客人在家吃饭。在马来西亚的传统观念中，如果不留客人在家中吃饭，别人会怀疑自己妻子的烹调水平不高。餐前一般会用当地有名的糕饼或茶点配以咖啡或茶招待客人，客人一定要多少品尝一些，否则会被认为是拒绝主人的善待之情，引起主人不悦。吃饭前必须洗手。另外，桌上一般备有"水盂"，以方便在用餐过程中随时浸涮手指。东南亚一带忌讳抚摸别人的头，即使理发，理发师要先恭恭敬敬地说一声："对不起啦"，才开始剪发。

## 二、西方礼仪文化

古希腊是西方文明和西方古代文化的发源地。西方礼仪起源于古希腊并形成于 17 至 18 世纪的法国，经历了以下几个阶段：

### （一）古希腊礼仪文化

公元前 11 世纪，古希腊进入荷马时代，那时关于礼仪的论述包括讲诚信、英勇作战、能言善辩、谦恭有礼等。古希腊众多哲学家对礼仪有相关论述，有记载的包括毕达哥拉斯率先提出"美德即是一种和谐与秩序"这一观点。苏格拉底教导人们要以礼相待，并且以身作则，他认为哲学的意义不在于谈天说地，而在于认识人的内心世界，培植人的道德观念。柏拉图指出教育的重要性，他认为理想的道德目标包括智慧、勇敢、节制和公正。亚里士多德在其著作《政治学》中指出："人类由于志趣善良而有所成就，成为最优良的动物，如果不讲礼法、违背正义，他就堕落为最恶劣的动物。"

公元前 146 年，古罗马帝国统治西欧，在继承古希腊文明思想的基础上，也有创新和发展。在此时期，教育理论家昆体良撰写的《雄辩术原理》论述了罗马帝国的教育，提出一个人的道德修养、礼仪素养教育应从幼儿期开始。

### （二）欧洲中世纪的礼仪

12 至 17 世纪，欧洲封建社会处于鼎盛时期，封建等级制度通过土地关系，将人与人的关系联系在一起，并形成了严格而繁杂的"上等人统治，下等人服从"的等级秩序，国王、贵族和骑士构成了上等统治者，与之配合地形成了宫廷、贵族礼仪。贵族要接受的礼仪培训内容有"骑士教育"、培养绅士风度等。

### （三）文艺复兴时代的礼仪

14 至 16 世纪，欧洲进入文艺复兴时代，提倡人权，反对神权，主张以人为本，开始出现反映资产阶级意志和利益的礼仪规范。其中，意大利作家加斯梯良的著作《朝臣》，论述了从政的成功之道和礼仪规范的重要性。英国哲学家弗朗西斯·培根在《论礼节与仪容》中指出："一个人若有好的仪容，那对他的名声大有裨益。"

### （四）现代西方礼仪

17至18世纪的欧洲爆发了英法大革命，欧洲进入资产阶级新时代。随着资本主义制度的确立和发展，封建社会的礼仪被完整的、系统的资本主义礼仪规范所取代。资本主义社会奉行"自由、平等和博爱"的原则，大量有关道德修养、礼仪规范的著作相继问世。例如，英国哲学家、教育家、思想家约翰·洛克的《教育漫话》全面而深入地论述了礼仪的地位、作用以及礼仪教育的意义和方法。

随着生产力水平的提高，人类文明进程不断加快。具有现代文明特征的交际礼仪已经渗透西方各国，逐渐形成了系统的西方礼仪文化。西方礼仪文化对国际礼仪也产生了深远影响。

## 三、中外礼俗文化差异及成因

著名史学大师钱穆先生谈及中西方文化的区别，认为"礼"是中国传统文化的核心思想。美国学者邓尔麟在谈及中西方礼俗文化的区别时提道："中国文化是由中国士人在许多世纪中培养起来的，而中国的士人是相当具有世界性的。与欧洲不同的是，中国士人不管来自何方都有一个共同的文化。在西方人看来，文化和区域相连，各地的风俗和语言就标志着各种文化。但对中国人来说，文化是宇宙性的，所谓乡俗、风情和方言只代表某一地区。要理解这一区别必须理解'礼'这个概念。西方语言中没有'礼'的同义词。'礼'是整个中国人世界里一切习俗行为的标准，标志着中国的特殊性。西方只是用风俗的差异来区分文化，似乎文化只是其影响所及地区各种风俗习惯的总和。如果你要了解中国各地的风俗，你就会发现各地的风俗差异很大。然而，无论在哪，'礼'是一样的。'礼'是一个家庭的准则，管理着生死婚嫁等一切家务和外事。同样，'礼'也是一个政府的准则，统辖着一切内务和外交。中国文化还有一个西方文化没有的概念，那就是'族'。只有'礼'被遵守时，'家族'才能存在。当'礼'被延伸时，家族就形成了。'礼'的适用范围再扩大，就成了民族。中国人之所以成为民族，是因为'礼'为全中国人民树立了社会关系准则。"邓尔麟这段话很好地阐明了中西礼仪文化的差异本质。

### （一）地域性文化差异

地理环境与气候对文化的产生有着直接或间接的影响，同时对人类的行为和社会文化产生影响。比如，中国在地理上处于相对闭塞隔绝的状态，这导致中华文明保持了很强的稳定性和历史延续性。古希腊处于地中海区域的中间位置，使得希腊人拥有海上交通便利的天然优势。海洋带来的竞争使其形成开放的文化品格，造就其灵活开拓的民族精神。

### （二）习俗差异

由于社会背景的不同，习俗上也有一定的差异。比如，龙是中华民族的图腾，是神圣的象征，其重要原因是龙包含着人对自然崇拜的因素，即人们把龙当作主宰风雪雨露的神来敬重，而西方文化把龙描述为一种巨型怪兽，异常凶猛，破坏力极大，通常是邪恶势力的代表，这可以体现中西文化的差异。由此可见，不同的意识形态、传统习俗对礼仪文化会产生影响。

### （三）文化差异

华夏文化的形成与发展处在封建社会的形成与发展时期，因此华夏文化必然受到儒家思想的影响多一些。"仁、义、礼、智、信"是中国传统礼仪文化的核心。五四活动之后，西方的平等、自由思想才逐渐进入中国。而纵观西方的文化历史，资本主义文化形成于 16 世纪的"文艺复兴"时期，在这场文化运动中，人们宣扬"人文主义"，肯定人的价值，尊重人的权利，这样背景下孕育的文化必然会带有"人文主义"的特征。

### （四）宗教信仰差异

在东方，不论是佛教还是道教，推崇的是顺其自然，而西方教义推崇反对异族压迫等，这种在宗教上的差异也与其形成时的社会背景密切相关。

由于以上几个因素的影响，形成了各具特色的礼俗文化。在国际交往中，我们必然要考虑不同国家、不同民族的礼俗文化。

**延伸阅读**

#### 不同国家的礼俗禁忌

日本：日本人喜欢樱花，但对荷花很反感。荷花一般用在葬礼活动。菊花是日本皇室的标志，不要作为礼物送人。带有泥土的花不要送给病人。探望病人时还应注意不要送山茶花、仙客来和白色或淡黄色的花。日本人不喜欢有狐狸图案的礼品，因视其为贪婪的象征。礼品的外包装不要扎蝴蝶结。日本人不喜欢互相敬烟，这是因为他们认为吸烟是有害身体的。日本人认为在公共场合以少说话为好，因此乘坐地铁或公交车时，很少能看见大声喧哗的现象。

韩国：逢年过节见面时，不能说不吉利的话，不能吵架、生气。农历正月前三天不能倒垃圾、扫地、杀鸡宰猪。生肖相克忌婚姻，婚期忌单日。渔民吃鱼不能翻面，因忌讳翻船。与长者同坐时，坐姿要端正，可盘腿坐或跪坐，但绝不能把双腿伸直或叉开，否则会被认为不懂礼貌或侮辱人。照相在韩国受到严格限制，军事设施、机场、地铁、国家博物馆及娱乐场所都是禁止拍照的对象。

阿联酋：阿联酋是伊斯兰国家，禁食猪肉，禁饮酒。有访客时，女主人一般不同男性客人握手。

# 第三节 涉外礼仪

由于自然地理、文化历史等方面的原因，各国各民族的礼仪文化存在一定的差异。为了便于国际交往，各国逐渐形成了一套求同存异的外事礼仪规范，也叫涉外礼仪，即不同地区的人们参与国际交往时所遵守的惯例规范或行为准则。涉外礼仪强调规范性、对象性和技巧性，涉及范围广泛，常用的包括以下几个方面。

## 一、会见会谈礼节

会见会谈是涉外活动中的一个重要环节，因此涉外会见会谈礼节尤其重要。

### （一）见面礼仪

接待会见是常见的社交活动。接待外宾应视其身份和访问性质，安排相应的接待礼仪。在接待规格上，各国的做法不尽相同，但都根据来访者的身份、双方关系和来访目的，同时遵照国际惯例，对等接待，以下是涉外活动中几种常见的见面礼节。

**1. 握手礼**

握手礼是很多国家普遍通用的见面和离别时相互致意的礼仪。握手既是人们见面时互相问候的主要礼仪，又是祝贺、感谢、安慰的适当表达。

**2. 鞠躬礼**

鞠躬礼是日本、韩国等国家通用的见面礼节。鞠躬分为 30°、45°、90° 等不同形式，鞠躬角度的度数越高，代表向对方表达的敬意越深。

**3. 拥抱礼**

很多西方国家使用拥抱礼。两人正面站立，各自举起手臂，将右手搭在对方的左肩上，左手扶住对方的右后腰。首先向左侧拥抱，然后向右侧拥抱，最后再向左侧拥抱。

**4. 亲吻礼**

在部分国家，长辈和晚辈之间，由长辈亲吻晚辈的额头，晚辈亲吻长辈的下颌。同辈人或兄弟姐妹之间，互相贴面行礼。

**5. 吻手礼**

吻手礼即男士亲吻女士的手背或手指。吻手礼的接受方多限于已婚女性。

**6. 合十礼**

合十礼又称合掌礼。这种礼节多通行于东南亚信奉佛教的国家或佛教徒之间。

应该注意的是，不同国家、不同民族行不同的礼节，一般遵从入乡随俗的原则，也可坚持自己的礼节，但不论行哪种礼节，切记"二礼不同行"，即不能同时行两种不同的礼节。

### （二）会谈礼仪

谈话时与对方保持适当距离，谈话的表情要自然得体。谈话时可适当配合手势，但动作不宜过多过大，不要用食指指人。参加他人谈话时要先打招呼，别人在个别谈话时，不要凑近旁听或插话。谈话中间如需要离开应向谈话对象表达歉意。

有多人在场时，谈话要照顾现场的每个人，一般不提与交谈内容无关的问题。忌只与一两个人说话而冷落其他人。会谈时要善于倾听，目视对方，不轻易打断他人的发言。

会谈内容应注意不涉及他人隐私，不问收入、不问女士的年龄。回避谈论敏感问题，如宗教信仰、人权、政治事务等。遇到对方不愿谈论的话题不要刨根问底，应转移话题。

## 二、签字礼节

签字礼仪通常是指订立合同、协议、条约的各方在正式签署文件时所举行的仪式。举行签字仪式，不仅是对谈判成果的一种文字化、系统化、公开化，而且是有关各方对自己履行合同、协议、条约所做出的一种正式承诺，它标志着有关各方的关系取得了进展。在涉外交往中，有关国家的政府、组织机构或企业之间经过谈判，就政治、经济、文化、科技等领域内的某些重大问题达成一致，拟定协议后一般需要举行签字仪式。不同的签字仪式各有特点，通常包括以下几个基本环节。

### （一）准备工作

签字仪式是十分正规的活动，因此工作人员的准备工作绝不能掉以轻心。一般来说，在举行签字仪式之前，工作人员应做好以下几个方面的工作。

#### 1. 布置签字场所

首先，要布置好签字场所，如签字厅或会议厅。布置会场时要注意展示出庄重、整洁的氛围。一间标准的签字厅，首先不可忽视的就是地毯的运用。地毯应该铺满整个房间，柔软的地毯可以减轻脚步声，有助于缓解代表们的紧张情绪。另外，要注意保持简洁，除了签字使用的桌椅外，其他一切陈设都不需要。正规的签字桌应为长桌，可供签字各方同时使用，以体现签约各方的平等地位。签字桌上最好铺设深色的台布，显得庄重、大方。

依照签字礼仪的规范，签字桌应当横放于室内。签字桌后面可摆放适量的座椅。签署双边性合同时，可放置两把座椅，供签字人就座。签署多边性合同时，可以仅放一把座椅，供各方签字人签字时轮流就座，也可以为每位签字人各提供一把座椅。签字人就座时，一般应面对正门。在签字桌上，按照惯例应当事先放好待签的合同、协议或条约文本以及签字笔、吸墨器等签字时所必需的文具。仪式开始前，必须对签字笔进行检查试用，千万不能出现笔墨流水不畅或不出水的尴尬局面，一般选用的是黑色签字笔。

与外方人士签署合同、协议或者条约时，应注意在签字桌上摆放有关各方的国旗。插放国旗时，在其位置与顺序上，必须按照礼宾序列进行。例如，签署双边性涉外合同、协议或者条约时，有关各方的国旗须插放在该签字人座椅的正前方。

**2. 预备好待签文本**

依照接待礼仪的规则，在正式签署文件之前，应当由举行签字仪式的主办方负责准备待签合同、协议或者条约的正式文本。签署有关涉外的文件时，按照国际惯例，待签的文本应该同时使用有关各方法定的官方语言，或者使用国际上通行的语言文字。

此外，使用外文撰写文件时，应反复推敲，字斟句酌，不要乱用词汇，以免出现不同语言文本表述的差异，或者某一语言文本内容的缺失或增加等情况。待签的合同、协议或者条约的正式文本，应该以精美的白纸印制而成，按大八开的规格装订成册，并以高档质料，如真皮、金属、软木等作为其封面。

**3. 规范仪容仪表**

按照国际惯例，签字人、助签人以及随员在出席签字仪式时，穿着一定要简约、庄重。一般而言，女士着套裙或套装以示正式。

参加签字仪式的礼仪人员和接待人员可以穿自己的工作制服，或是旗袍一类的礼仪性服装。参加签字仪式之前，女性应当认真检查个人仪容仪表，尤其要选择适当的发型。女性应避免佩戴过多的首饰和饰物，化淡妆，展示落落大方的气质。

**（二）座次排列**

根据国际礼仪规范的要求，举行签字仪式时，在力所能及的条件下，一定要严肃认真。要确定好签字人员和参加签字仪式的人员。签字人由签字双方各自确定，其身份必须与待签文件的性质相符，同时签字双方的身份和职位应大体相当。签字仪式的座次排列在仪式上最为突出，它能直接体现签字各方的礼遇问题，不可有怠慢之嫌，应突出签约各方的平等地位。

签字时各方代表的座次是由主办方代为先期排定的。一般而言，举行签字仪式时，座次排列共有3种基本形式，它们分别适用于不同的情况。

**1. 并列式**

并列式排座，是举行双边签字仪式时最常见的形式。它的基本做法是签字桌在室内居中面门横放。双方出席仪式的全体人员在签字桌之后并排排列，双方签字人员居中面门而坐，客方居右，主方居左。

**2. 相对式**

相对式签字仪式的排座与并列式签字仪式的排座基本相同，两者之间的主要差别只是相对式排座将双方的随员席移至签字人的对面，即签字桌在室内居中面门横放，双方签字人员居中面门而坐，客方居右，主方居左。双方出席仪式的全体人员在签字桌之前并排排列。

**3. 主席式**

主席式排座，主要适用于多边签字仪式。其操作特点是签字桌仍须在室内横放，签字席仍须设在桌后面对正门的位置，但只设一个，并且不固定其就座者。举行仪式时，所有各方人员，包括签字人在内，皆应背对正门、面向签字席就座。签字时，各方签字人应按规定的顺序依次走上签字席就座签字，签字后退回原处就座。

**（三）基本程序**

仪式的时间不宜过长，但其程序必须规范、庄重而热烈。签字仪式的正式程序一共分为4项。接待人员在具体操作时，可依据以下基本程序进行。

**1. 宣布开始**

签字仪式的第一项是宣布签字仪式正式开始。此时，有关各方人员应先后步入签字厅，在各自的既定位置上正式就位。

**2. 签署文件**

签字仪式的第二项是签字人正式签署合同、协议或条约的文本。通常是首先签署由己方所保存的文本，然后再签署由他方所保存的文本。此种做法通常称为"轮换制"，它的含义是在文本签名的具体排列顺序上，应轮流使有关各方均有机会居于首位一次，以显示机会均等、各方平等。

**3. 交换文本**

签字仪式的第三项是签字人正式交换已经正式签署的合同、协议或条约的文本。此时，各方签字人应该起立并诚挚地握手，互致祝贺，并相互交换刚才用过的签字笔，以示纪念。

**4. 饮酒庆贺**

签字仪式的最后一项是饮酒互相道贺。所饮用的酒水应为香槟酒，由主办方开启香槟，有关各方人员一般应在交换文本后当场饮一杯香槟酒，并相互碰杯致意。这是国际上通行的增加签字仪式喜庆色彩的一种常规性做法。

## 三、国旗礼节

国旗，是一个国家的标志和象征。它是由一个国家法律规定的，具有一定正式规格与式样的旗帜，用以在正式场所进行悬挂。目前，世界上的大多数国家都拥有自己正式颁布的国旗。

在正式活动中，人们往往通过升挂本国国旗来表达自己的民族自尊心、自豪感以及对祖国的热爱。在对外交往中，恰如其分地升挂国旗，不仅有助于维护本国的尊严与荣誉，而且有助于对他国表示尊重与友好。为了维护国旗的崇高地位，各国对升挂本国或外国的国旗大都自有一套通行做法，并且逐渐形成了一些有关国旗使用的惯例，这就是所谓的国旗礼仪。接待人员在使用国旗时，必须严格遵守国旗礼仪，并重点掌握国旗的悬挂、升旗的仪式以及国旗的排序这三个方面的礼规。

## （一）悬挂国旗

正式场合悬挂本国国旗，不仅是一种国际惯例，而且是人们向祖国致敬的一种方式。悬挂国旗的基本礼仪，主要包括三个方面：

### 1. 基本规定

各国对本国国旗的制作、使用以及升挂，一般都有明确的规定。有的国家还特意为其立法。

（1）国旗的标准

作为国家的标志与象征，各国国旗大都具有标准的固定式样。《中华人民共和国宪法》（以下简称《宪法》）规定："中华人民共和国国旗是五星红旗。"根据规定，我国国旗的形状、颜色应两面相同，旗上五星两面相对，旗面应为长方形，其长与高的比例为 3：2，旗杆套为白色。

（2）国旗的维护

每一名执行公务的接待人员在工作中都应自觉维护国旗。《中华人民共和国国旗法》（以下简称《国旗法》）规定："中华人民共和国国旗是中华人民共和国的象征和标志。每个公民和组织，都应当尊重和爱护国旗。"国旗的维护包括下面两个方面的内容：

一方面，接待人员必须明确，我国国旗至高无上。依据惯例，悬挂国旗，应以正面面向观众，不准随便将其交叉悬挂、竖挂或反挂，更不得倒挂。有必要竖挂国旗或使用其反面时，须按照国家的有关规定。在室外升挂国旗时，不宜使其角触及地面，尤其是不得将其直接弃置于地面之上。遇有恶劣天气时，可以不升挂国旗。夜间通常不在室外升挂国旗，倘若有此必要，则必须将其置于灯光照射之下。

另一方面，《国旗法》规定，我国"国旗及其图案不得用作商标、授予专利权的外观设计和商业广告，不得用于私人丧事活动等不适宜的情形"。不得升挂破损、污损、褪色或者不合格的国旗。在公共场合，故意以烧毁、损毁、涂画、玷污、践踏等方式侮辱我国国旗的，均属违法行为，将被依法追究刑事责任。

### 2. 升挂要求

对于升挂我国国旗的时间与地点，我国《国旗法》均有十分具体、详尽的要求，接待人员必须严格遵守。

（1）升挂国旗的时间

升挂我国国旗，一般应当早晨升起，傍晚降下。

国内举行重大庆祝、纪念活动、大型文化体育活动、大型展览会，可以升挂我国国旗。

（2）升挂国旗的地点、机构

我国《国旗法》规定，下列场所或者机构所在地，应当每日升挂国旗：其一，北京天安门广场、新华门；其二，中国共产党中央委员会、全国人民代表大会常务委员会、国务院、中央军事委员会、中国共产党中央纪律检查委员会、国家监察委员会、最高人民法院、最高人民检察院、中国人民政治协商会议全国委员会；其三，外交部；其四，出境入境的机场、港口、火车站和其他边境口岸，边防海防哨所。

**3. 升降方式**

升降国旗时，接待人员必须认真掌握、严格遵守以下做法。

（1）升旗的做法

①宣布仪式正式开始。

②出旗。出旗是指国旗正式出场。出旗应由专人负责，其负责操作者通常由一名旗手和双数的护旗手组成。出旗时，通常为旗手居中，护旗手在其身后分列两侧随行，大家一起齐步走向旗杆。

③正式升挂国旗。升旗者可以是旗手，也可以是事先正式指定的各界代表。

④奏国歌或唱国歌。升旗时，通常与演奏国歌同步进行，一般讲究旗升乐起，旗停乐止。若演唱国歌，则可在升旗之后进行。

在直立的旗杆上升挂国旗时，应当将其徐徐升起。升挂国旗时，一定要将其升至杆顶。在同一旗杆上，不得升挂两面国旗，也不可同时升挂一面国旗与另外一面其他旗帜。

须同时升挂国旗与其他旗帜，或者同时升挂我国国旗与外国国旗时，通常应当首先升挂我国国旗。

（2）降旗的做法

此处的降旗，特指降下升旗仪式中所升挂的国旗。做好此项工作，升旗仪式才谈得上有始有终。正式的降旗活动，往往称为降旗仪式。

一般而言，降旗的具体形式不限，并非需要组织专门仪式，但仍须由训练有素的旗手、护旗手负责操作。

降下国旗时，应将其缓缓降下。降旗时，国旗不许落地。

**（二）升旗仪式**

出席升旗仪式时，所有人员均应有意识地对自己的行为严加约束，以下三点尤应重视。

1. 要肃立致敬。我国《国旗法》规定：举行升旗仪式时，在国旗升起的过程中，在场人员应当面向国旗肃立，行注目礼或者按照规定要求敬礼。因此，当国旗升降之时，任何在场者均应停止走动、交谈，并且停下手中的一切事情，面向国旗立正，并向其行注目礼。届时，戴帽者应脱帽，身着制服者可例外。

2. 要神态庄严。参加升旗仪式时，每人均应以庄重、严肃的态度与表情向国旗行注目礼，从而表达对国旗的敬意。此时此刻，绝对不应当态度漠然，或者嬉皮笑脸。

3. 要保持安静。在升旗仪式上，在场人员应自觉保持绝对安静。不许在升旗过程中交头接耳，嬉笑打闹，更不许接打电话。

### （三）国旗排序

接待人员在工作中接触或使用国旗时，往往会遇到具体的排序问题。在正式场合，这一问题在国旗礼仪中常被视为最敏感、最关键的问题。

在实际操作中，国旗排序指的是我国国旗与其他旗帜或外国国旗同时升挂时的顺序排列。具体而言，它应被分为中国国旗与其他旗帜的排序以及中国国旗与外国国旗的排序这两个问题，而这两个问题一般分别体现在国内排序和涉外排序中。

#### 1. 国内排序

国旗与其他旗帜排序，具体是指国旗与其他组织、单位的专用旗帜或彩旗同时升挂时的顺序排列。在国内活动中，此种情况很常见。我国《国旗法》专门规定：升挂国旗，应当将国旗置于中心、较高或突出的位置。一般情况下，我国国旗与其他旗帜有下列两种常见的排序。

（1）前后排列

当我国国旗与其他旗帜呈前后列队状态进行排列时，一般须使我国国旗排于前列。

（2）并排排列

国旗与其他旗帜并排升挂，存在三种具体情况。

①一面国旗与另外一面其他旗帜并列。标准做法是应使国旗位居右侧。

②一面国旗与另外多面其他旗帜并列。在此种情况下，国旗必须居于中心的位置。

③国旗与其他旗帜呈高低不同状态排列时，按惯例，国旗应当处于较高的位置。

#### 2. 涉外排序及相关规定

在某些特殊情况下，我国境内有可能升挂外国国旗。因此，客观上便出现了中外国旗的排序问题。处理这一问题时，接待人员一定要遵守有关的国际惯例与外交部的明文规定。

（1）升挂外国国旗的规定

只有在下述情况下，外国国旗才有可能在中华人民共和国境内升挂使用。

①外国驻我国的使领馆和其他外交代表机构及其主要负责人的寓邸与乘用的交通工具。

②外国的国家元首，政府首脑、副首脑，议长、副议长，外交部部长，国防部长，军队总司令或总参谋长，率领政府代表团的正部长，国家元首或政府首脑派遣的特使，以其公职身份正式来华访问之际所举行的重要活动。

③国际条约和重要协定的签字仪式。

④国际会议、国际性文化、体育活动、国际性展览会、博览会等举行的场所。

⑤民间团体所举行的双边和多边交往中的重大庆祝活动。

⑥外国政府经援项目的签订仪式，大型三资企业的重要仪式、重大庆祝活动。

⑦外商投资企业、外国其他的常驻中国机构。

此外，在一般情况下，只有与我国正式建立外交关系的国家的国旗，方能在我国境内的室外或公共场所按规定升挂。

（2）升挂外国国旗的限制

为维护我国的国家主权，外国国旗即使在我国境内合法升挂，也应受到一定的限制，具体包括以下几点。

①在我国升挂的外国国旗，必须规格标准、图案正确、色彩鲜艳、完好无损，以此为正确且合法的外国国旗。

②除外国驻华的使领馆和其他外交代表机构之外，凡在我国境内升挂外国国旗时，一律应同时升挂中国国旗。

③在中国境内，凡同时升挂多国国旗时，必须同时升挂中国国旗。

④外国公民在中国境内平日不得在室外和公共场所升挂其国籍国的国旗。唯有其国籍国的国庆日可以例外，但届时必须同时升挂中国国旗。

⑤在中国境内，中国国旗与多国国旗并列升挂时，中国国旗应处于荣誉地位。

⑥中国国旗与外国国旗并挂时，各国国旗均应按其本国规定的比例制作，尽量做到其面积大体相等。

⑦多个国家的国旗并列升挂时，旗杆高度应该统一。在同一旗杆上，不能升挂两个国家的国旗。

**3. 中外国旗并列时的排序**

中国国旗与外国国旗并列时的排序，主要分为双边排列与多边排列这两种具体情况。

（1）双边排列。我国规定：在中国境内举行双边活动需要悬挂中外国旗时，凡中方所主办的活动，外国国旗应置于上首；凡外方所主办的活动，则中方国旗应置于上首。下面以中方主办活动为例说明三种常用的排列方式。

①并列升挂。中外两国国旗不论是在墙上悬挂，还是在地面上升挂，皆应以国旗自身面向为准，以右侧为上位。

②交叉悬挂。在正式场合，中外两国国旗既可以交叉摆放于桌面上，又可以悬空交叉升挂。此时，仍应以国旗自身面向为准，以右侧为上位。

③竖式悬挂。有时，中外两国国旗还可以进行竖式悬挂。此刻，也应以国旗自身面向为准，以右侧为上位。应当注意的是，某些国家的国旗因图案、文字等原因，既不能竖挂，也不能反挂。有的国家则规定，其国旗若竖挂须另外制旗。

（2）多边排列。当中国国旗在中国境内与其他两个或两个以上国家的国旗并列升挂时，按规定应使我国国旗处于以下荣誉位置：一列并排时，以旗面面向观众为准，中国国旗应处于最右方；单行排列时，中国国旗应处于最前面；弧形或从中间往两旁排列时，中国国旗应处于中心；圆形排列时，中国国旗应处于主席台（或主入口）对面的中心位置。

## 四、涉外宴请

涉外宴请形式包括宴会、招待会、茶会和工作进餐。涉外宴请的组织安排包括以下几个方面。

### （一）前期准备

前期准备包括确定宴请目的、名义和对象、范围与形式。宴请的目的是多种多样的，可以为某一个人，也可以为某一事件，如为代表团来访，为庆祝某一纪念日，为展览会的开闭幕，为某项工程的动工、竣工，等等。在国际交往中，还有根据需要举办的一些日常宴请活动。

确定邀请名义和对象的主要根据是主、客双方的身份，也就是说主客身份应该对等。例如，作为东道国宴请来访的外国代表团，东道国接待人员的职务一般同代表团团长对等，身份低使人感到冷淡，规格过高亦无必要。又如，外国使馆宴请驻在国部长级以上官员，一般由大使（临时代办）出面邀请，低级官员请对方高级官员不礼貌。邀请方主人若已婚，一般以夫妇名义发出邀请。日常交往小型宴请则根据具体情况以个人名义或以夫妇名义出面邀请。

邀请范围是指邀请对象的范围，如请哪一级别，请多少人，主人一方请什么人出来作陪，等等。这些都要考虑多方因素，如宴请性质、主宾身份、国际惯例、当前的政治环境等，各方面都要考虑到，不能只顾一面。邀请范围与规模确定之后，即可拟定具体邀请名单。被邀请人的姓名、职务、称呼以及对方是否有配偶都要准确。多边活动尤其要考虑政治关系，对政治上相互对立的国家是否邀请其人员出席同一活动，要慎重考虑。

宴请采取何种形式，在很大程度上取决于当地的习惯做法。一般来说，正式、规格高、人数少，以宴会为宜；人数多，以冷餐会或酒会更为合适；妇女界活动多用茶会。目前，各国礼宾工作都在简化，宴请范围趋于缩小，形式也更为简便。酒会、冷餐会被广泛采用，而且中午举行的酒会往往不请配偶。不少国家招待国宾宴会时，通常只邀请身份较高的陪同人员，不请随行人员。

### （二）确定时间地点

宴请时间应对主客双方都合适。驻外机构举行较大规模的活动，应与驻在国主管部门商定时间。注意不要选择对方的重大节假日、有重要活动或有禁忌的日子和时间。比如，伊斯兰教斋月内白天禁食，宴请宜在日落后举行。小型宴请应首先征询主宾意见，最好口头当面约请，也可用电话或书面形式邀约。主宾同意后，时间即被认为最后确定，可以按此约请其他宾客。官方、正式、隆重的活动，一般安排在政府、议会大厦或宾馆内举行，其余则按活动性质、规模大小、形式、主人意愿及实际情况而定。选定的场所要能容纳全体人员。

### （三）发出邀请

各种涉外宴请活动，一般均发请柬，这既是礼貌，也是对客人起提醒、备忘之用。工作进餐一般不发请柬。有些国家，邀请最高领导人作为主宾参加活动，需要单独发邀请信，其他宾客发请柬。

请柬一般提前一周至二周发出（有的地方须提前一个月），以便被邀请人及早安排。已经口头约妥的活动，仍应补送请柬，在请柬右上方或右下方注上"备忘"字样。需要安排座位的宴请活动，为确切掌握出席情况，往往要求被邀者答复能否出席。因此，请柬上一般用外文缩写注上"请答复"字样，如只需要不出席者答复，则可注上"因故不能出席请答复"，并注明电话号码。

请柬内容包括活动形式、举行的时间及地点、主人的姓名（如以单位名义邀请，则用单位名称）。请柬行文不用标点符号，所提到的人名、单位名、节日名称都应用全称。中文请柬行文中不提被邀请人姓名（其姓名写在请柬信封上），主人姓名放在落款处。请柬可以印刷也可以手写，但手写字迹要美观、清晰。

请柬信封上被邀请人姓名、职务书写要准确。国际上习惯对夫妇两人发一张请柬，我国国内遇需要凭请柬入场的场合则每人发一张请柬。正式宴会，最好能在发请柬之前排好席次，并在信封下角注上席次号。请柬发出后，应及时落实出席情况，准确记载，以安排并调整席位。即使是不安排席位的活动，也应对出席率有所估计。

### （四）订菜

宴请的酒菜应根据活动形式和规格，在规定的预算标准以内安排。选菜不以主人的喜好为准，主要考虑主宾的喜好与禁忌。例如，伊斯兰教徒用清真席，不用酒，甚至不用任何带酒精的饮料；印度教徒不能用牛肉；佛教僧侣和一些教徒吃素；等等。如果宴会上有个别人有特殊需要，也可以单独为其上菜。

### （五）席位安排

正式宴会一般均排席位，也可只排部分客人的席位，其他只排桌次或自由入座。无论哪种做法，都要在入席前通知每一个出席者，使大家心中有数。现场要有人引导。大型的宴会，最好排席位，以免混乱。国际上的习惯是桌次高低以离主桌位置远近而定，右高左低。桌数较多时，要摆桌次牌。同一桌上，席位高低以离主人的座位远近而定。两桌以上的宴会，其他各桌第一主人的位置可以与主桌主人位置同向，也可以以面对主桌的位置为主位。礼宾次序是排席位的主要依据。在排席位之前，要把经落实出席的主、客双方出席名单分别按礼宾次序列出来。除了礼宾次序之外，具体安排席位时，还需要考虑其他一些因素。多边活动需要注意客人之间的政治关系，政见分歧大、两国关系紧张者，尽量避免排到一起。此外，适当照顾各种实际情况。例如，身份大体相同，使用同一语言者或属同一专业者可以排在一起。译员一般安排在主宾右侧。在以长桌做主宾席时，译员也可以考虑安排在对面，便于交谈，但一些国家忌讳以背向人，译员的座位则不能做此安排。

以上是国际上安排席位的一些常规做法。遇特殊情况，可灵活处理。比如，主宾身份高于主人时，为表示对他的尊重，可以把主宾摆在主人的位置上，而主人则坐在主宾位置上，第二主人坐在主宾的左侧，但也可按常规安排。如果本国出席人员中有身份高于主人的，如部长请客，总理或副总理出席，可以由身份高者坐主位，主人坐身份高者左侧，但少数国家亦有将身份高者安排到其他席位上的情况。

### （六）现场布置

宴会厅和休息厅的布置取决于活动的性质和形式。官方正式活动场所的布置应严肃、庄重、大方。宴会可以用圆桌，也可以用长桌或方桌。一桌以上的宴会，桌子之间的距离要适当，各个座位之间也要距离相等。若人数少，则可按客厅布置。

冷餐会的菜台用长方桌，通常靠四周陈设，也可根据宴会厅情况，摆在房间的中间，如坐下用餐，可摆四、五人一桌的方桌或圆桌。座位要略多于全体宾客人数，以便客人自由就座。

酒会一般摆小圆桌或茶几，以便放花瓶、烟缸、干果、小吃等，也可在四周放些椅子，供妇女和年老体弱者就座。

### （七）餐具的准备

根据宴请人数和酒、菜的道数准备足够的餐具。餐桌上的一切用品都要十分清洁卫生。桌布、餐巾都应浆洗洁白熨平。玻璃杯、酒杯、筷子、刀、碗在宴会之前都应洗净擦亮。如果是宴会，那么应该准备每道菜撤换用的菜盘。

中餐用筷子、盘、碗、匙、小碟、酱油碟等。水杯放在菜盘上方，右上方放酒杯，酒杯数目和种类应与所上酒品种相同。餐巾叠成花插在水杯中，或平放在菜盘上。我国宴请外国宾客，除筷子外，还摆上刀叉。酱油、醋、辣油等佐料，通常一桌数份。公筷、公勺应备有筷座、勺座，其中一套摆在主人面前。餐桌上应备有烟灰缸、牙签。

西餐具的摆设与中餐具不同。西餐具有刀、叉、匙、盘、杯等。刀分食用刀、鱼刀、肉刀（刀口有锯齿，用以切牛排、猪排）、奶油刀、水果刀；叉分食用叉、鱼叉；匙有汤匙、茶匙等；杯的种类更多，茶杯、咖啡杯均为瓷器，并配小碟，水杯、酒杯多为玻璃制品，不同的酒使用的酒杯规格亦不相同。宴会上有几道酒，就配有几种酒杯。公用刀叉规格一般大于食用刀叉。西餐具的摆法是正面放食盘（汤盘），左手放叉，右手放刀。食盘上方放匙（汤匙及甜食匙），再上方放酒杯，右起烈酒杯或开胃酒杯、葡萄酒杯、香槟酒杯、啤酒杯（水杯）。餐巾插在水杯内或摆在食盘上。面包奶油盘在左上方。吃正餐，刀叉数目应与菜的道数相等，按上菜顺序由外至内排列，刀口向内。用餐时应按此顺序取用。撤盘时，一并撤去使用过的刀。

### （八）宴请程序及现场工作

#### 1. 宴请程序

如是官方活动，除男女主人外，还有少数其他主要官员陪同主人排列成行迎宾，通常称为迎宾线。其位置宜在客人进门存衣以后进入休息厅之前。客人握手后，由工作人员引进休息厅。若无休息厅，则直接进入宴会厅，但不入座。休息厅内有相应身份的人员照料客人，由招待员送饮料。主宾到达后，由主人陪同进休息厅与其他客人见面。若其他客人尚未到齐，则由迎宾线上其他官员代表主人在门口迎接。主人陪同主宾进入宴会厅，全体客人就座，宴会即开始。

若有正式讲话，则一般正式宴会可在热菜之后甜品之前由主人讲话，接着由客人讲话。冷餐会和酒会的讲话时间则更灵活。吃完水果，主人与主宾起立，宴会即结束。

外国的日常宴请中，当女主人为第一主人时，往往以她的行动为准。入席时，女主人先坐下，并由女主人招呼客人开始就餐，结束时女主人起立，请全体女宾与之共同退出宴会厅，然后男宾起立，尾随进入休息厅或留下抽烟（吃饭过程中一般是不能抽烟的）。男女宾客在休息厅会齐，即上茶（咖啡）。主宾告辞，主人送至门口，主宾离去后，原迎宾人员顺序排列，与其他客人握手告别。

家庭便宴则较随便，没有迎宾线。客人到达，主人主动趋前握手。若主人未发觉客人到来，则客人应前去握手问好。饭后如无余兴，即可陆续告辞。通常，首先是男宾与男主人告别，女宾与女主人告别，然后交叉，最后与家庭其他成员握别。

#### 2. 现场工作

工作人员应提前到现场进行准备工作。若是宴会，则事先将座位卡及菜单摆上。座位卡置于酒杯或平摆于餐具上方，勿置于餐盘内。菜单一般放在餐具右侧。

席位的通知，除请柬上注明外，现场还可如下操作：（1）在宴会厅前陈列宴会简图，图上注明每人的位置；（2）用卡片写上出席者姓名和席次，发给本人；

（3）印出全场席位示意图，标出出席者姓名和席次，发给本人。各种通知卡片，可在客人在休息厅时分发；有的国家是在客人从衣帽间出来时，由服务员用托盘将卡片送上。如果是口头通知，那么由工作人员在休息厅通知每位客人。

若有讲话，则要落实讲话稿。通常双方事先交换讲话稿，举办宴会的一方先提供。代表团访问，欢迎宴会，由东道国先提供；答谢宴会，由代表团先提供。双方讲话由何人翻译，一般事先谈妥。

## 五、馈赠礼节

在外事活动中，礼品问题一向较为敏感。与民间交往中对待礼品有较大随意性不同的是，外事活动中赠送与接受礼品均具有特殊性，主要体现在以下五个方面：第一，我方通常不主动向外方人士赠送礼品；第二，当外方人士主动向我方人员赠送礼品后，我方可酌情予以回赠；第三，我方出席外方的重大活动或正式出访时，可考虑向外方赠送具有纪念意义的礼品；第四，我方人员在任何情况下，均不得向外方索要礼品；第五，我方人员在正式的外事活动中所获赠的外方礼品，不论是送给集体还是送给个人的，通常一律上交给自己所在的工作单位或部门。

在外事活动中，礼品问题实际上包括了礼品的赠送与礼品的接受两个方面。当我方人员向外方人士赠送礼品时，我方通常处于较为主动的位置；而当我方人员接受外方人士的礼品时，我方则一般处于较为被动的位置。不管从哪一方面来讲，外事人员都应严格遵守相关的礼仪规范。二者虽然角度不同，但都不允许外事人员对其有所忽略。

### （一）赠送礼品

礼品的赠送，是由一系列的具体环节所构成的。当外事活动需要赠送礼品时，我方人员通常应对下述三个要点予以重视。

### 1. 礼品定位

礼品唯有定位准确，其在外事活动中才会起到应有的作用，否则就有可能劳而无功。为用于外事活动的礼品进行定位时，应当认真遵守下列五项规则。

（1）突出礼品的纪念性。向外方赠送的礼品，不应过分突出其价值，不宜以价格昂贵作为选择礼物的标准，而应当强调其纪念意义。外事人员必须谨记，与外国朋友交往，没有必要次次送礼，回回大礼。即便有必要向对方赠送礼品，也需要讲究"礼轻情义重"。有时，送给外方人士一本画册、一套明信片、一枚纪念章或有中国特色的纪念品，亦受对方欢迎。

（2）确定礼品的对象性。同样一种礼品，送给不同的对象，效果往往相差甚远。礼品的对象性是指在外事活动中进行礼品选择时，应当根据具体对象的不同而有所区别。礼品的对象性，主要要求外事人员在选择礼品时，必须注意因人而异，因事而异。所谓因人而异，是指选择礼品应当不同对象不同对待，切忌千篇一律。例如，日本人对中国的抽纱手帕十分欣赏，但用它送给意大利人就会被认为十分晦气。所谓因事而异，则是指对礼品的选择应根据具体场合的不同而有所变化。比如，用于国务活动的礼品与用于私人拜访的礼品绝对不宜相同。

（3）体现礼品的民族性。在任何时候，独具特色的礼品往往最受欢迎，将此规则运用于外事活动所使用的礼品上，便是使礼品体现民族性。

（4）牢记礼品的时效性。向外方人士赠送的礼品，一般不宜太过前卫或另类，但是对其时效性不能不注意。礼品的时效性，指的是有些礼品只有在一定的时间段之内才会"大放异彩"，产生其应有的效果。若是忽略其时效性，则其效果往往会锐减。

（5）重视礼品的便携性。在一般情况下，为外方人士尤其是远道来访的外方人士选择礼品时，除须考虑以上几点之外，还须兼顾其便携性问题，至少不应赠送易于损坏或为对方平添不必要麻烦的礼品。有些原本不错的礼品，如以民间工艺精制的陶瓷、玻璃制品，或雕塑、屏风、摆件，由于其易破、易碎、不耐碰撞挤压，或者体积庞大、笨重，通常都不宜向外方人士贸然相赠。

**2. 注意禁忌**

由于"百里不同风，千里不同俗"，同一种礼品在不同国家、不同地区、不同民族里，往往会被赋予一些不同的寓意。鉴于此，在外事交往中为外方人士挑选礼品时，无论如何都不应冒犯对方的有关禁忌，否则其实际效果便会南辕北辙。避免冒犯禁忌是一个绝对不可被外事工作人员忽视的大问题。根据一般经验，共有如下九类物品在外事活动中不宜充当礼品，外事人员通常将其统称为"对外交往九不送"。

（1）一定数额的现金、有价证券。在许多国家里，政府部门、公司或企业往往都有明文规定：禁止其工作人员在对外交往中接受现金、有价证券，或是实际价值超过一定金额的物品。

（2）天然珠宝、纯金属饰物及其他制成品。忌向外方人士赠送此类物品的缘由，与第（1）条基本相同。

（3）药品、补品、保健品。中国人的习惯是有病时吃药，无病时进补、保健。但在国外，个人的健康状况属于"绝对隐私"。

（4）广告类、宣传类产品。不少外国人极度崇尚个人尊严，因此其自我保护意识极强。外事人员若将带有明显广告性、宣传性的物品送给对方，往往会被对方理解为我方有意利用对方，或是借机进行政治性、商业性宣传。

（5）冒犯受赠对象的物品。送给外方人士的任何物品都应以不冒犯受赠对象，包括其本人，其所在国家、所在地区、所在民族为前提条件。若礼品本身，包括品种、形状色彩、图案、数目、外包装或者寓意冒犯了受赠者的个人禁忌、民族禁忌、职业禁忌或宗教禁忌，都会使馈赠行为功亏一篑。

（6）易于引起异性误会的物品。在人际交往中，"男女有别"是必须谨记的。

在任何情况下，外事人员在面对外方异性人士时，都必须有所顾忌，向关系普通的异性赠送礼品时，务必三思而后行，切勿向对方赠送示爱之物或含有色情、下流之意的物品。

（7）以珍稀动物或宠物为原材料制作的物品。出于维护生态环境、保护珍稀动物的考虑，在国际社会中，珍稀动物及其制成品，如以东北虎、藏羚羊的毛皮制成的物品或象牙制品，显然不宜充当礼品。与此同时，以猫、狗等宠物为原材料的制成品也不宜选为礼品。

（8）有悖现行社会规范的礼品。我方人员挑选拟送外方人士的礼品时，勿忘遵守法律、道德等现行的社会规范。此处所说的现行社会规范，不仅是指我国现行的社会规范，而且应当将交往对象所在国家现行的社会规范包括在内。若疏忽了这一点，则可能误人误己，甚至会害人害己。

（9）涉及国家机密、行业秘密的物品。在外事活动中，我方人员必须具有高度的国家安全意识与保密意识。对于外方人士，既要讲究待人以诚，又要注意"防人之心不可无"。在任何情况下，我方人员都不可未经批准擅自将内部文件、统计数据、技术图纸、生产专利等有关国家或行业的核心秘密随意送给外方人士。否则，不仅有损于国家利益或行业利益，而且可能会为此受到法律的制裁。

**3. 遵循通行规则**

向外方人士赠送礼品时，我方人员必须遵循国际社会通行的礼品赠送规则——"六W"规则。

所谓"六W"规则，指的是外事人员向外方人士赠送礼品时，有六大要点必须在总体上予以统筹考虑。在英文里，这六大要点均以"W"字母作为词首或词尾，因此被称为"六W"规则。

第一个"W"是"Who"。它要求外事人员决定向外方人士赠送礼品时，首先必须明确受赠对象是谁，并掌握受赠者的具体情况。对于不同国家、不同民族、不同阶层、不同性别、不同年龄、不同职业、不同受教育程度以及不同文化背景的外方人士，为其所选择的礼品自然应当有所区别。

第二个"W"是"What"。它要求外事人员必须重视送给外方人士的礼品具体应当是"什么"。这是因为选择适用于外事活动的礼品，不仅要因人而异，而且要兼顾赠送者的能力、交往双方的关系、赠送礼品的场合等。

第三个"W"是"Why"。它要求外事人员在为外方人士选择礼品时，需要明确"为什么"。必须强调的是，我方人员向外方人士赠送礼品既不是为了贿赂、收买、拉拢对方，也不是为了逢迎、讨好对方。我方的基本意图从来都是而且只能是为了向对方表达自己的尊重、友好与善意。

第四个"W"是"When"。它要求我方人员作为赠送者时，必须审慎对待"什么时间"赠送礼品为宜的问题。一般而言，在外事活动中，宾主双方处理这一问题的具体做法是有所不同的。作为客人时，外事人员通常应当在宾主双方相见之初或首次正式拜会主人时，即向主人奉上礼品。作当主人时，外事人员则往往应在饯行宴会上或前往客人下榻住处为其送行时，向客人赠送礼品。

第五个"W"是"Where"。它要求外事人员必须认真确定"什么地点"适宜向外方人士赠送礼品。按照国际惯例，处理这个问题应讲究"公私有别"。因公交往赠送的礼品，应在办公地点或公众面前赠送，以示郑重其事或光明正大。因私交往赠送的礼品，则应在私人居所或并无他人在场之际赠送，以示双方关系密切，私交甚深。

第六个"W"是"How"。它要求外事人员应充分考虑礼品赠送的具体方式，即"如何"赠送礼品的问题。就我方人员而言，应着重注意三点：一是要关注赠送者的身份。若有可能，在官方活动中向外方人士赠送礼品时，最好由当时到场的我方身份最高者亲自出马，以提高赠送活动的档次。二是要重视礼品的包装。在国际交往中，礼品的包装一向被视为礼品的有机组成部分。对礼品认真加以包装，意味着赠送者郑重其事的态度以及对受赠者的尊重。若对礼品不加任何包装，则常会使之自行贬值或令受赠者感到不受重视。三是要进行礼品的介绍。关于礼品的产地、特征、用途以及寓意应向受赠者进行必要的说明。

### （二）接受礼品

在外事活动中，外方人士有可能向我方人员赠送礼品。在这种情况下，我方人员的临场表现与反应是十分重要的。在正常情况下，我方人员在收受外方人士的礼品时，需要注意以下四个问题。

**1. 欣然接受**

当外方人士向我方人员赠送礼品时，我方人员通常应当场予以接受。此时此刻，我方人员最得体的表现是落落大方地将礼品当即接受下来，切不可躲躲闪闪，扭捏作态地推来推去，或者跟对方过分客套。具体而言，当场接受外方人士的礼品时，我方人员应当面含微笑，起身站立，先以双手接过礼品，随后与对方握手，并正式向对方表达自己由衷的谢意。在接受外方人士的礼品时，我方人员若面无表情，畏缩不前，使用左手接礼品，或者不向对方口头道谢，都是十分失礼的行为。

**2. 启封赞赏**

在许多西方国家，人们在接受礼品时，大都习惯于当场拆启礼品的外包装，并将礼品取出仔细欣赏一番，然后表达赞赏与感谢。这种中国人以往所难以接受的做法，早已在国际社会里逐渐演化为受赠者在接受礼品时必须遵循的一项重要礼节。在外事活动中，接受外方人士赠送的礼品时，我方人员若不当即将其启封，或者对其不置一词，都会被理解为对礼物不屑一顾，从而会使赠送者的自尊心受到伤害。

**3. 拒绝有方**

对于外方人士所赠送的礼品，我方人员并非应当一律来者不拒。一般而言，外方人士赠予我方人员的违法、违禁、违规的物品，有辱我方国格、人格的物品，有伤风化、有悖社会公德的物品，有碍我方正常执行公务的物品，或有害双方关系的物品，我方人员均应坚决推辞不接受。需要指出的是，拒受外方人士的礼品时，我方人员应阐明具体原因，有礼有节，不卑不亢。若发现对方确无恶意，则还须在拒受礼品的同时，向对方致以感谢。

### 4. 有来有往

接受外方人士的礼品之后，切莫忘记"有来有往"。办法之一是应在适当之时回赠给对方适当的礼品。礼品的性质与档次，大体上可与对方的礼品相近或相仿。办法之二是在接受礼品后，尤其是在接受较为珍贵的礼品后，应真诚地向对方道谢。除了应当场向赠送者正式道谢之外，还可在事后再度表达此意。常规的做法是在一周内致信、发邮件或打电话再次感谢对方，也可在此后再次与对方见面时，提及自己很喜欢对方所赠送的礼品。

国际礼仪是社会文明发展的产物，是国际交流与合作不可缺少的礼规，也是促进国际和平、人类和谐发展的重要催化剂。随着中国改革开放、加入 WTO 和近年来国际地位的提升，各个领域多层面的对外交往越来越紧密，女性参与国际事务也越来越普遍。加强女性国际礼仪教育，开阔女性的国际视野，这对女性的发展具有重要的现实意义和深远的社会影响。

# 参 考 文 献

[1] 杨天宇. 仪礼译注 [M]. 上海：上海古籍出版社，2004.

[2] 杨天宇. 礼记译注 [M]. 上海：上海古籍出版社，2004.

[3] 王静. 女性成才简明教程 [M]. 石家庄：河北教育出版社，2012.

[4] 樊桂林. 女性化妆礼仪文化 [M]. 长春：东北师范大学出版社，2017.

[5] 胡英娣，王静. 家政服务技能教程 [M]. 北京：科学技术文献出版社，2013.

[6] 周汛，高春明. 中国历代妇女妆饰 [M]. 上海：学林出版社，1997.

[7] 徐家华，刘健芳. 中西形象设计史 [M]. 上海：上海人民美术出版社，2010.

[8] 李京姬，金润京，金爱京. 形象设计（第2版）[M]. 韩锦花，吴美花，张锦兰，译. 北京：中国纺织出版社，2015.

[9] 姜永清. 化妆与造型（第二版）[M]. 北京：中国劳动社会保障出版社，2014.

[10] 张晓梅. 中国女性魅力修炼第一书：修炼魅力女人 [M]. 北京：中信出版社，2006.

[11] 唐宇冰，赵凌. 化妆造型设计 [M]. 北京：化学工业出版社，2010.

[12] 徐家华，张天一. 化妆基础 [M]. 北京：中国纺织出版社，2009.

[13] 张颖. 唐诗中女性服装和化妆美初探 [J]. 广州大学学报（社会科学版），2003（11）：22—25，96.

[14] 赵丹. 试论"乘风破浪的姐姐"中的"新女性"形象建构 [J]. 明日风尚，2021（9）：141—143，176.

[15] 班育安. 2019彩妆发展与趋势 [J]. 日用化学品科学，2019，42（7）：4—5.

[16] 张腾霄. 口红颜色的心理效应及其选择情境性 [J]. 南京师大学报（社会科学版），2019（6）：71—82.

[17] 胡玄. 化妆·美容的起源和发展 [J]. 饰，1995（1）：10—12.

[18] 李晓梅. 论当代文学女性形象的文化身份嬗变 [J]. 江汉论坛，2018（4）：94—97.

[19] 程新宇. 女性的身体和女性的尊严：医学整形美容的伦理省思 [J]. 华中科技大学学报（社会科学版）. 2014，28（2）：120—125.

[20] 卫小将，卜娜娜. 快乐、迷茫与痛苦的身体：女大学生毕业整容背后的不平等与抗争 [J]. 中国青年研究，2018（7）：19—25.

[21] 蒋蕾. 美丽色彩妆扮美好人生：彩妆设计教学心得浅谈 [J]. 中国多媒体与网络教学学报（中旬刊），2019（7）：245—246.

[22] 陈瑛. 社会文化变迁下女性身体形象的视觉呈现："颜面指数"分析法 [J]. 新闻知识，2014（8）：42—44.

[23] 李春生. 中国宫廷美容发展简史 [J]. 中医文献杂志，2001（4）：25.

[24] 刘畅. 彩妆潮流篇 换季更要"焕妆"：2019 秋冬彩妆市场潮流趋势 [J]. 中国化妆品，2019（11）：32—35.

[25] 金正昆. 礼仪金说：商务礼仪 [M]. 北京：北京联合出版公司，2013.

[26] 马虹，郭晓晶. 大学生职场礼仪初探 [J]. 南京工业职业技术学院学报，2011，11（3）：86—87.

[27] 杜瑾. 谈"穿普拉达的女王"中的职场礼仪 [J]. 文学教育（上），2015（10）：120—121.

[28] 汪连天. 职场礼仪心得（之三）职场礼仪之个人形象设计 [J]. 礼仪讲堂，2009（3）：58—59.

[29] 杨雅蓉. 高端商务礼仪与沟通 [M]. 北京：化学工业出版社，2019.

[30] 郭能辉. 商务礼仪课程的教学改革和创新 [J]. 科技信息，2010（34）：208.

[31] 黄三连. 学习需求分析视角下的大学生礼仪课程研究：以云南大学为例 [D]. 昆明：云南大学，2013.

[32] 吴晓蓓. 以就业为导向的"商务礼仪"课程改革及实训研究 [J]. 黑河学院学报，2019，10（1）：111—112，115.

[33] 李晓军，陈秀君. 礼仪，助你求职成功 [J]. 时代文学（双月版），2007（3）：163—164.

[34] 聂家昱. 试论馆员职业道德和礼仪的价值意义 [J]. 大学图书情报学刊，2003（3）：31，72—73.

[35] 舒浩珍. 现代教师形象设计初探 [J]. 教育探索，2006（9）：103—105.

[36] 刘红娟. 关于加强当代大学生礼仪教育的思考 [J]. 武汉科技学院学报，2004（4）：99—100.

[37] 尚志平. 就业指导与创业教育（第二版）[M]. 北京：高等教育出版社，2010.

[38] 英格丽·张. 你的形象价值百万：世界形象设计师的忠告 [M]. 北京：中国青年出版社，2008.

[39] 约翰·莫雷. 为成功而打扮 [M]. 陈志华，陈志强，译. 北京：北京

师范大学出版社，2007.

[40] 林叶之."互联网＋"战略背景下的实训教学体系研究 [J]. 湖南广播电视大学学报，2017（4）：88－90.

[41] 杨博. 基于现代化的职业教育体系下的"商务礼仪"课程教学方法改革思路 [J]. 智库时代，2017（6）：160－161.

[42] 杨桂香，王国全."互联网＋"时代高校礼仪教育现状及对策分析 [J]. 沈阳工程学院学报（社会科学版），2017，13（4）：561－564.

[43] 上官丽婉."互联网＋"时代下大学生服饰礼仪课程教学模式的创新探究 [J]. 当代教育实践与教学研究，2018（8）：30－31.

[44] 徐畅. 高职院校礼仪教育赛教结合模式的运用与延伸 [J]. 常州信息职业技术学院学报，2017，16（6）：1－3.

[45] 张文，欧增益，庚伟，等. 现代礼仪实用教程 [M]. 北京：北京邮电大学出版社，2012.

[46] 邓尔麟. 钱穆与七房桥世界 [M]. 北京：社会科学文献出版社. 1998.

[47] 法律出版社，中华人民共和国国旗法. 北京：法律出版社. 2020.